쓰면Write 뱉는Speak 쉬운 영작문

지은이 전지원, 박혜영, 이강희, Mark Freeman
펴낸이 정규도
펴낸곳 ㈜다락원

초판 1쇄 인쇄 2021년 7월 1일
초판 3쇄 발행 2024년 7월 18일

책임 편집 조상익, 권민정, 곽빛나
디자인 구수정, 정규옥

다락원 경기도 파주시 문발로 211
내용 문의 (02)736-2031 내선 550
구입 문의 (02)736-2031 내선 250~252
Fax (02)732-2037
출판 등록 1977년 9월 16일 제406-2008-000007호

사진출처 셔터스톡

ISBN 978-89-277-0996-1 13740

www.darakwon.co.kr

다락원 홈페이지를 방문하시면 상세한 출판정보와 함께 동영상강좌, MP3자료 등 여
러 도서의 다양한 어학 정보를 얻으실 수 있습니다.

머리말

새로운 언어를 공부하는 것은 누구에게나 어렵고 힘든 일입니다. 낯선 언어로 듣고, 말하고, 읽고, 쓰는 법을 배우는 일은 어느 하나 쉽지 않지만, 많은 학생들이 그중에서 가장 힘들다고 꼽는 것은 아마도 작문일 것 같습니다. 하지만 영어로 글을 쓰는 것이 무에서 유를 창조하듯 막막하기만 한 것은 아닙니다. 우리가 이미 알고 있는 간단한 문법 사항들을 잘 활용하면 영어 문장의 기본 뼈대는 생각보다 쉽게 잡을 수 있습니다.

'단어들만 나열해도 뜻이 통하더라'는 호기로운 말을 우스개 소리처럼 할 수도 있겠지만, 정확한 의사 전달의 중요성은 따로 설명할 필요가 없어 보입니다. 더 나아가 비슷하지만 다르게 쓰이는 표현들이 구체적으로 어떤 차이를 보이는지 비교해서 공부하다 보면 조금 더 정확하고 자연스러운 문장들을 작성할 수가 있습니다. 이 책은 유사해 보이는 문법 포인트들을 비교하여 제시함으로써 우리말을 영어로 바꿀 때 이러한 포인트들이 어떻게 다르게 쓰이는지 익힐 수 있도록 구성되었습니다. 또한 문법 포인트와 함께 제시된 여러 가지 표현들을 이용하여 말하는 연습도 할 수 있게 함으로써 말하기와 쓰기 두 가지를 동시에 익힐 수 있도록 했습니다.

말이나 글로 자신의 의사를 표현한다는 것은 수동적이 아닌 능동적으로 영어를 다룬다는 점을 의미합니다. 이 책을 활용해 문장을 쓰고 말해 보며 보다 적극적인 자세로 공부하다 보면 여러분의 영어 실력은 한 단계 한 단계 꾸준히 향상될 것입니다.

마지막으로 이 책을 마무리하기까지 곁에서 응원해 준 가족들과 책의 출간에 도움과 지원을 아끼지 않으신 다락원 출판사의 여러 직원분들께도 감사의 인사를 전합니다.

저자 일동

목차

이 책의 구성

Point 1&2 I

Day마다 중점적으로 학습하게 될 영작 포인트 두 개가 제시되어 있습니다. 주어진 사진과 한글 문장을 보면서 해당 문장을 어떻게 영어로 말할 수 있을지 생각해 본 후 다음 페이지의 내용을 학습해 주세요.

몸풀기 영작 연습

본격적으로 영작을 연습하기 전에 주어진 우리말을 어떻게 영어로 표현할지 생각하면서 영작 준비를 해 보세요.

Point 1&2 II

앞 페이지에서 제시된 문장을 어떻게 영어로 옮겼는지 확인해 보고 아래에 제시된 여러 표현들을 이용하여 다양한 문장을 만들어 보세요.

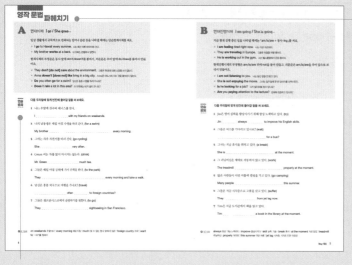

영작 문법 파헤치기

영작에 필요한 핵심 문법 사항이 설명되어 있습니다. 제시된 예문을 꼼꼼히 살피면서 공부하세요.

연습 문제

문법 포인트를 학습한 후, 빈칸에 알맞은 말을 넣으면서 영어 문장들을 완성해 보세요.

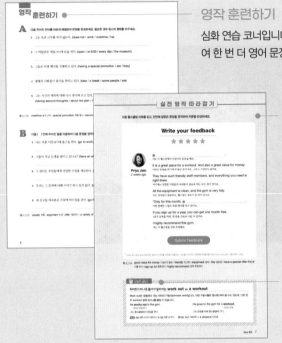

영작 훈련하기

심화 연습 코너입니다. 이전에 학습한 문법 포인트 표현들을 통하여 한 번 더 영어 문장을 완성해 보세요.

실전 영작 따라잡기

일상에서 자주 접할 수 있는 실용문을 보면서 앞서 배운 영어 문장을 응용해 볼 수 있는 코너입니다. 짧은 문장 쓰기에 이어서 긴 글도 완성할 수 있다는 자신감을 키워 보세요.

오늘의 꿀팁

영작을 하면서 헷갈리기 쉬운 영어 단어나 표현 등을 콕 집어서 공부할 수 있습니다.

REVIEW TEST

2-4개의 Day 다음에는 앞서 배운 내용들을 마지막으로 확인해 볼 수 있는 리뷰 테스트가 마련되어 있습니다.
리뷰 테스트를 통해 각각의 문법 포인트를 완전한 내 것으로 만드세요.

Day 01 | 현재 VS. 현재진행

아래 우리말 문장은 각각 습관적인 행동과 진행 중인 동작을 나타냅니다.
어떻게 영작할지 생각해 보세요.

Point 1   저는 이 헬스장에서 종종 운동을 해요.

> 난 자주 이곳에서 운동을 하지.

Point 2   저는 지금 헬스장에서 운동하고 있어요.

> 아~ 지금 나는 열심히 운동 중이야.

몸풀기 영작 연습

우리말에 맞는 영어 표현을 골라보세요.

1 Peter는 일주일에 두 번 운동해요.   Peter (**works out / is working out**) twice a week.
2 Kelly는 친구들과 운동 중이에요.   Kelly (**works out / is working out**) with her friends.

Point 1   현재

I often work out at this gym.

'헬스장에서 종종 운동을 하는 것'은 반복적인 행동이므로 단순현재시제인 I work out을 사용해야 해요. 빈도부사 often(종종), always(항상), usually(보통), sometimes(가끔)와 every day(매일) 같은 부사구들은 현재시제와 함께 쓰여요.

현재시제를 사용하여 반복적인 행동을 묘사하는 문장을 더 살펴봅시다.

Mark는 매일 6시에 퇴근해요.

Mark <u>leaves work at 6 o'clock</u> every day.

위 문장의 밑줄 친 부분을 아래 표현들로 바꾸어 말해 보세요. 필요한 경우 형태를 바꾸세요.

☐ go cycling 자전거를 타러 가다   ☐ play the piano 피아노를 연주하다
☐ work overtime 야근하다   ☐ go for a swim 수영을 하러 가다
☐ take a shower 샤워하다   ☐ wash the dishes 설거지를 하다

Point 2   현재진행

I am working out at the gym now.

현재 일시적으로 헬스장에서 운동을 하고 있다면 현재진행시제인 I am working out을 써야 해요. 반복적으로 일어나는 일이 아니므로 현재시제와 구분해야 해요. 현재진행시제는 주로 now(지금), right now(지금 당장), at the moment(지금) 등과 함께 쓰여요.

현재진행시제를 사용하여 현재 진행 중인 행동을 묘사하는 문장을 더 살펴봅시다.

그녀는 지금 크게 웃고 있어요.

She <u>is laughing loudly</u> now.

위 문장의 밑줄 친 부분을 아래 표현들로 바꾸어 말해 보세요. 필요한 경우 형태를 바꾸세요.

☐ talk to her friends 친구들과 이야기하다   ☐ look for a job 직장을 구하다
☐ sleep in bed 침대에서 자다   ☐ have an argument 논쟁을 하다
☐ put on a jacket 재킷을 입다   ☐ take a break 휴식을 취하다

영작 문법 파헤치기

A 현재시제 I go / She goes...

일상 생활에서 규칙적으로 반복되는 일이나 습관 등을 나타낼 때에는 단순현재시제를 써요.

- I **go** to Hawaii every summer. 나는 매년 여름 하와이에 간다.
- My brother **works** at a bank. 내 오빠는 은행에서 일한다.

현재시제의 부정문은 동사 앞에 don't/doesn't를 붙여서, 의문문은 주어 앞에 do/does를 붙여서 만들어요.

- They **don't [do not] care** about the environment. 그들은 환경에 대해 신경을 쓰지 않는다.
- Anna **doesn't [does not] like** living in a big city. Anna은 대도시에 사는 것을 좋아하지 않는다.
- **Do** you often **go** for a swim? 당신은 종종 수영을 하러 가나요?
- **Does** it **rain** a lot in this area? 이 지역에는 비가 많이 오나요?

연습문제 다음 우리말에 맞게 빈칸에 들어갈 말을 써 보세요.

1 나는 주말에 친구와 테니스를 친다.

I .... with my friends on weekends.

2 나의 남동생은 매일 아침 수영을 하러 간다. (go for a swim)

My brother .... every morning.

3 그녀는 자주 자전거를 타러 간다. (go cycling)

She .... very often.

4 Green 씨는 차를 많이 마시지 않는다. (drink)

Mr. Green .... much tea.

5 그들은 매일 아침 공원에 가서 산책을 한다. (go to the park)

They .... every morning and take a walk.

6 당신은 종종 외국으로 여행을 가나요? (travel)

.... often .... to foreign countries?

7 그들은 샌프란시스코에서 관광하기를 원한다. (want)

They .... sightseeing in San Francisco.

❤ 참고 어휘 on weekends 주말마다 | every morning 매일 아침 | much (셀 수 없는 명사 앞에서) 많은 | foreign country 외국 | want to ~하기를 원하다

12

B 현재진행시제 I am going / She is going...

지금 현재 진행 중인 일을 나타낼 때에는 「am/is/are + 동사-ing」를 써요.

- I **am feeling** tired right now. 나는 지금 피곤하다.
- They **are traveling** in Europe. 그들은 유럽을 여행 중이다.
- He **is working** out in the gym. 그는 헬스클럽에서 운동 중이다.

현재진행시제의 부정형은 am/is/are 뒤에 not을 붙여 만들고, 의문문은 am/is/are을 주어 앞으로 보내서 만들어요.

- I **am not listening** to you. 나는 당신 말을 안 듣고 있다.
- She **is not watching** the movie. 그녀는 영화를 보고 있지 않다.
- **Is** he **looking** for a job? 그가 일자리를 찾고 있나요?
- **Are** you **paying** attention to the lecture? 강의에 집중하고 있나요?

연습 문제

다음 우리말에 맞게 빈칸에 들어갈 말을 써 보세요.

1 Jin은 영어 실력을 향상시키기 위해 노력 중이다. (try)

Jin .... to improve his English skills.

2 그들은 버스를 기다리고 있나요? (wait)

.... for a bus?

3 그녀는 지금 휴식을 취하고 있다. (take a break)

She .... at the moment.

4 그 러닝머신은 현재 제대로 작동하지 않고 있다. (work)

The treadmill .... properly at the moment.

5 많은 사람들이 이번 여름에 캠핑을 가고 있다. (go camping)

Many people .... this summer.

6 그들은 지금 시차증으로 고통을 받고 있다. (suffer)

They .... from jet lag now.

7 Tim은 지금 도서관에서 책을 읽고 있다.

Tim .... a book in the library at the moment.

✔ 참고 어휘   try 노력하다 | improve 향상시키다 | skill 능력, 기술 | break 휴식 | at the moment 지금 당장 | treadmill 러닝머신 |
properly 제대로 | this summer 이번 여름 | jet lag 시차증, 시차로 인한 피로감

영작 훈련하기

A
다음 주어진 단어를 바르게 배열하여 문장을 완성하세요. 필요한 경우 동사의 형태를 바꾸세요.

1 그는 초과 근무를 하지 않는다. (not / work / overtime / he)

....

2 그 박물관은 매일 9시에 문을 연다. (open / at 9:00 / every day / the museum)

....

3 그들은 특별 행사를 진행하고 있다. (have a special promotion / they)

....

4 몇몇의 사람들이 휴식을 취하고 있다. (take a break / some people)

....

5 그는 자신의 계획에 대해 다시 생각해 보고 있다. (have second thoughts / about his plan / he)

....

✔ 참고 어휘 overtime 초과 근무 | special promotion 특별 행사 | second thoughts 재고

B
다음 (   ) 안에 주어진 말을 이용하여 다음 문장을 영작하세요.

1 나는 보통 아침 8시에 출근을 한다. (go to work, usually)

....

2 그들이 지금 논쟁을 벌이고 있나요? (have an argument, at the moment)

....

3 그 센터는 주민들에게 다양한 수업을 제공한다. (offer, the center, a variety of, to residents)

....

4 우리는 그 문제에 대해 이야기 하고 있지 않다. (talk about, the problem)

....

5 내 친구들 대부분은 주말에 하이킹을 간다. (go hiking, most of my friends, on the weekend)

....

✔ 참고 어휘 usually 보통 | argument 논쟁 | offer 제공하다 | a variety of 다양한 | resident 주민

다음 헬스클럽 리뷰를 읽고, 빈칸에 알맞은 문장을 영작하여 지문을 완성하세요.

Write your feedback

Priya Jain
2 weeks ago

❶ _____.
저는 이 헬스장에서 주말마다 운동을 해요.

It is a great place for a workout. And also a great value for money.
이곳은 운동을 하기에 딱 좋은 곳이지요. 그리고 가성비도 좋아요.

They have such friendly staff members, and everything you need is right there.
여기에는 친절한 직원들과 여러분이 필요로 하는 모든 것이 있어요.

All the equipment is clean, and the gym is very tidy.
모든 장비들이 깔끔하고, 헬스장은 정돈이 잘 되어 있지요.

*Only for this month, ❷ _____.
이번 달에만 그들은 특별 행사를 하고 있어요.

If you sign up for a year, you can get one month free.
1년치 등록을 하면, 한 달을 무료로 다닐 수 있어요.

I highly recommend this gym.
저는 이 헬스장을 강력 추천해요.

Submit Feedback

* only for this month(이번 달에만)가 현재를 포함한 한정적인 기간을 나타내기 때문에 현재진행시제인 are having이 사용되어야 해요.

❷ **참고 어휘** good value for money 가성비가 좋은 | friendly 친근한 | equipment 장비 | tidy 정돈된 | have a special offer 특별 행사를 하다 | sign up for 등록하다 | highly recommend 강력 추천하다

🥤 오늘의 꿀팁!

띄어쓰기 하나로 품사가 달라지는 **work out** vs. **a workout**

work out은 '운동하다' 라는 의미의 구동사(phrasal verb)입니다. 이런 구동사들은 명사화하여 쓸 수도 있는데, 그런 경우 workout 앞에 관사 a를 붙일 수 있습니다.

He **works out** in the gym.
(동사) 운동하다
그는 헬스클럽에서 운동을 한다.

He goes to the gym for a **workout**.
(명사) 운동
그는 운동을 위해 헬스클럽에 간다.

비교 rip off 바가지를 씌우다 / a rip-off 바가지   drop out 자퇴하다 / a dropout 자퇴생

Day 02 | 과거 vs. 과거진행

아래 우리말 문장은 각각 과거에 있었던 일을 나타냅니다.
어떻게 영작할지 생각해 보세요.

Point 1   저는 2015년에 기숙사에서 살았어요.

Point 2   그 학기에 저는 기숙사에 살고 있었어요.

그때 난 기숙사에
살고 있었어.

몸풀기 영작 연습   우리말에 맞는 영어 표현을 골라보세요.

1 저는 친구들과 함께 살고 있었어요.   I (**lived / was living**) with my friends.
2 저는 3년 전에 뉴욕에서 살았어요.   I (**lived / was living**) in New York 3 years ago.

Point 1 과거

I lived in the dorm in 2015.

'2015년에 기숙사에 살았던 것'은 과거에 있었던 일로 지금은 이미 끝난 일이기 때문에 과거시제인 lived를 써야 해요. 과거시제는 yesterday(어제), last year(작년에), in 2015(2015년에), 3 years ago(3년 전에)와 같이 과거를 나타내는 부사(구)들과 함께 쓰일 수 있어요.

과거시제를 사용하여 과거에 완료된 일을 나타내는 문장을 더 살펴봅시다.

Mike는 작년에 뉴욕으로 이사했어요.

Mike moved to New York last year.

위 문장의 밑줄 친 부분을 아래 표현들로 바꾸어 말해 보세요. 필요한 경우 형태를 바꾸세요.

☐ graduate from college 대학을 졸업하다
☐ live in a shared house 쉐어 하우스에 살다
☐ move in with friends 친구와 함께 살다
☐ get an A A학점을 받다

☐ drop a course 수강을 취소하다
☐ get a scholarship 장학금을 타다
☐ take a final exam 기말 시험을 보다
☐ drop out of school 자퇴하다

Point 2 과거진행

I was living in a dorm that semester.

과거의 어떤 시점에 진행 중이던 일을 나타내고 싶다면 과거진행시제인 was living을 써야 해요. 과거진행시제는 last night(어젯밤), at that time(그때), at 7:00 P.M. yesterday(어제 오후 7시에) 등과 같이 과거의 특정한 시점을 나타내는 부사구들과 함께 쓰일 수 있어요.

과거진행시제를 사용하여 과거에 진행 중이던 행동을 묘사하는 문장을 더 살펴봅시다.

저는 그때 시험 공부를 하고 있었어요.

I was studying for an exam at that time.

위 문장의 밑줄 친 부분을 아래 표현들로 바꾸어 말해 보세요. 필요한 경우 형태를 바꾸세요.

☐ take a test 시험을 보다
☐ cram for an exam 벼락치기 공부를 하다
☐ take a writing course 작문 수업을 듣다

☐ have a group discussion 그룹 토의를 하다
☐ sit in a class 청강하다
☐ review class materials 수업 자료를 검토하다

영작 문법 파헤치기

A 과거시제 I worked / She went / They took...

과거에 있었던 일이나 행동을 나타낼 때에는 단순과거시제를 써요. 과거시제는 현재와 연관되지 않고 과거에 이미 완료된 일을 나타내요.

- My father **worked** at a post office from 1998 to 2018.
  아버지께서는 1998년에서 2018년까지 우체국에서 일하셨다.
- I **went** to the campus bookstore to buy a textbook. 나는 교재를 사러 학교 서점에 갔다.

과거시제의 부정문은 동사 앞에 didn't를 붙여 만들고, 의문문은 주어 앞에 did를 붙여 만들어요.

- Sam **didn't get** up early this morning. Sam은 오늘 아침에 일찍 일어나지 않았다.
- They **didn't study** for their final exam. 그들은 기말고사 시험 공부를 하지 않았다.
- **Did** it **rain** all day yesterday? 어제 하루 종일 비가 왔나요?
- **Did** you **check** your e-mail in the morning? 아침에 이메일을 확인했나요?

연습 문제

다음 우리말에 맞게 빈칸에 들어갈 말을 써 보세요.

1 내 친구들은 모두 시험에서 B를 받았다. (get)

All my friends _____ a B on the exam.

2 나는 지난 해에 두 번 장학금을 탔다. (win, scholarship)

I _____ a _____ twice last year.

3 나는 어제 기말 시험 공부를 하러 도서관에 갔다. (go, study for)

Yesterday, I _____ to the library to _____ a final exam.

4 Brown 박사는 바이오 기술 분야에서 박사 학위를 받지 않았다. (receive)

Dr. Brown _____ his doctor's degree in biotechnology.

5 지난 학기에 영어 수업을 들었니? (take)

_____ an English course last semester?

6 다행히도 이번에는 시험을 망치지 않았다. (mess up)

Fortunately, I _____ the test this time.

7 당신은 동창회에서 즐거운 시간을 보냈나요? (have)

_____ a good time at the class reunion?

● 참고 어휘 exam 시험 | win a scholarship 장학금을 타다 | final exam 기말 시험 | take an English course 영어 수업을 듣다 | last semester 지난 학기 | mess up the test 시험을 망치다 | have a good time 즐거운 시간을 보내다 | class reunion 동창회

B 과거진행시제 **I was going / They were making...**

과거의 어떤 시점에 진행 중이던 일을 나타낼 때에는 「was/were + 동사-ing」를 써요.

- I **was working** late at night. 나는 밤늦게까지 일하고 있었다.
- Jenny **was wearing** a beautiful dress when I met her.
  Jenny는 나와 만났을 때 예쁜 드레스를 입고 있었다.
- Tracy and her husband **were carrying** a big suitcase. Tracy와 그녀의 남편은 큰 가방을 나르고 있었다.

과거진행시제의 부정형은 was/were 뒤에 not을 붙여 만들고, 의문문은 was/were를 주어 앞으로 보내서 만들어요.

- It **was not raining** when I went out. 내가 나갔을 때에는 비가 내리고 있지 않았다.
- We **were not living** in Singapore in 2007. 2007년에 우리는 싱가포르에 살고 있지 않았다.
- Was David **driving** too fast? David가 너무 빨리 운전하고 있었나요?
- **Were** they all **having** dinner together? 그들 모두 함께 저녁 식사를 하고 있었나요?

연습문제 다음 우리말에 맞게 빈칸에 들어갈 말을 써 보세요.

1 나는 Kroger 박사님의 통계 수업을 청강하고 있었다. (sit in)

  I _____ Dr. Kroger's statistics class.

2 네가 지나갈 때 나는 버스를 기다리고 있었어. (wait)

  I _____ for a bus when you passed by.

3 내 친구들은 벼락치기로 시험 공부를 하고 있었다. (cram)

  My friends _____ for an exam.

4 복사기가 제대로 작동되고 있지 않았다.

  The copy machine _____ well.

5 많은 사람들이 음식을 받기 위해 줄을 서 있었다 .

  Many people _____ in line to get food.

6 내가 집에 도착했을 때 엄마는 저녁을 준비하고 있었다. (get ready for)

  Mom _____ dinner when I got home.

7 하이킹을 하고 집에 오는 길에 발이 너무 아팠다. (kill)

  My feet _____ me on the way back home from hiking.

🔵 참고 어휘 　sit in a class 청강하다 | pass by 지나가다 | wait for a bus 버스를 기다리다 | cram for an exam 벼락치기로 시험 공부를 하다 | work (기계 등이) 작동하다 | stand in line 줄 서 있다 | get ready for dinner 저녁 준비를 하다 | something is killing ~ 때문에 아파 죽겠다 | feet 발 (foot의 복수형)

영작 훈련하기

A 다음 주어진 단어를 바르게 배열하여 문장을 완성하세요. 필요한 경우 동사의 형태를 바꾸세요.

1 Jack과 나는 어제 테니스를 쳤는데, 내가 그를 이겼다. (play a tennis match / Jack and I / I / him / beat / yesterday / and)

_____

2 나는 지난 학기에 너무 바빠서 그 수업을 취소했다. (the course / I / drop / last semester / because I was so busy)

_____

3 그들은 차에서 안전 벨트를 메고 있지 않았다. (wear their seatbelts / they / in the car / not)

_____

4 네가 전화했을 때 나는 기말 시험을 보고 있었다. (take a final exam / I / when you called me)

_____

5 그 선수는 올림픽에서 금메달을 따지 못했다. (at the Olympics / the athlete / win a gold medal)

_____

⊙ 참고어휘 **beat** ~을 이기다 (beat-beat-beaten) | **drop a course** 수업을 취소하다 | **wear one's seatbelt** 안전 벨트를 매다 | **take a final exam** 기말 시험을 보다 | **win a gold medal** 금메달을 따다

B 다음 ( ) 안에 주어진 말을 이용하여 다음 문장을 영작하세요.

1 Jim은 휴가 기간 동안 머물 곳을 찾고 있었다. (look for, during his vacation, stay)

_____

2 창문을 열어 두었나요? (leave the window open)

_____

3 어제 아침에 나는 몸이 좋지 않았다. (be feeling well, yesterday morning)

_____

4 나는 어제 밤 10시 전에 자러 갔다. (go to bed, before 10:00, last night)

_____

5 Paula는 지난 주에 회사에 가지 않았다. (go to work, last week)

_____

⊙ 참고어휘 **a place to stay** 머물 곳 | **leave the window open** 창문을 열어 두다 | **go to bed** 자러 가다

다음 졸업 앨범에 들어가는 글을 읽고, 빈칸에 알맞은 문장을 영작하여 지문을 완성하세요.

2020 YEARBOOK

Cindy Adams

Hey, guys! It's been really great studying with you for the last year at the University of Sydney.
안녕, 얘들아! 지난 한 해 동안 시드니 대학에서 너희와 함께 공부하게 되어서 진짜 좋았어.

I will never forget my experience before I head back to New York City.
뉴욕 시로 돌아가기 전 이곳에서의 경험은 절대 잊지 못할 거야.

What's my greatest memory?
가장 좋은 기억이 뭐냐고?

It was the time when ❶ _____ in a student house by the beach.
바닷가 옆에 있는 기숙사에서 산 때였어.

I had finished my biggest *assignment, and then I went surfing with you.
중요한 과제를 마치고 너희들과 서핑을 하러 가곤 했지.

❷ _____ every wave until ❸ _____ the board. It was fantastic!
보드에서 떨어질 때까지 모든 파도를 타고 있었어. 정말 좋았지!

Anyway, I'm going to miss you all! Keep in touch!
어쨌든, 너희 모두 그리울 거야! 계속 연락하자!

Love Cindy

*assignment는 '과제', '숙제'라는 뜻으로, 대학생들의 과제를 가리킬 때에는 homework이라는 말보다 assignment라는 단어를 주로 써요.

➡ 참고 어휘 **for the last year** 지난 한 해 동안 | **until** ~할 때 까지 | **fall off** ~에서 떨어지다 | **keep in touch** 계속 연락하고 지내다

🥤 **오늘의 꿀팁!**

뒤에 오는 말에 따라 구분해야 하는 win vs. beat

우리말의 '이기다'라는 말을 영어로 옮길 때 많이 하는 실수가 뒤에 오는 말에 관계없이 win을 쓰는 것입니다. 영어에서 '이기다'라는 의미의 동사는 win과 beat 두 개가 있는데, 이 둘을 잘 구분해서 쓰는 것이 중요해요. win은 주로 어떤 게임에서 이기거나, 상금 및 장학금 등을 탈 때 사용되는 동사입니다. 반면 beat는 '경쟁 상대를 이기다'라는 뜻을 나타내어요.

☐ I am sure you will **win** the game [the award].
나는 당신이 경기에서 이길 것[상을 탈 것]이라고 확신한다.

She **won** the championship.
그녀가 우승을 했다.

☐ I **beat** the player.
내가 그 선수를 이겼다.

Korean soccer team will definitely **beat** Japanese team.
분명 한국 축구팀이 일본팀을 이길 것이다.

A 다음 우리말에 맞게 빈칸에 알맞은 말을 선택하여 문장을 완성하세요.

1 나는 매주 토요일에 수영을 하러 간다.

I _____ every Saturday.

☐ go for a swim
☐ am going for a swim

2 Dave는 현재 직업을 구하는 중이다.

Dave _____ at the moment.

☐ looks for a job
☐ is looking for a job

3 우리는 보통 야근을 하지 않는다.

We _____ most of the time.

☐ don't work overtime
☐ aren't working overtime

4 안타깝게도 나는 그때 몸이 좋지 않았다.

Unfortunately, I _____ at that time.

☐ doesn't feel well
☐ was not feeling well

5 우리 가족은 주말에 자전거를 타러 갔다.

My family _____ on the weekend.

☐ went cycling
☐ was going cycling

6 당신은 얼마나 자주 검진을 받습니까?

How often _____ a regular checkup?

☐ do you get
☐ are you getting

7 그들은 지금 무엇에 대해 논쟁하고 있나요?

What _____ an argument about?

☐ do they have
☐ are they having

8 에스프레소 머신이 제대로 작동하지 않고 있다.

The espresso machine _____ properly.

☐ don't work
☐ isn't working

현재시제, 과거시제, 진행시제

B 다음 ( ) 안에 들어 있는 말을 이용하여 주어진 문장을 영작하세요.

1 내 친구들은 작년에 캐나다를 여행하고 있었다. (last year, travel)

....

2 나는 커피를 많이 마시지 않는다. (much coffee)

....

3 당신은 동네에서 산책을 하나요? (go for a walk, in the neighborhood)

....

4 Tony는 시골에 사는 것을 좋아하지 않았다. (living in the countryside)

....

5 그 쇼핑몰은 밤 12시에 문을 닫는다. (at midnight, close)

....

6 매장에서 할인 행사를 진행하고 있다. (the store, have a special promotion)

....

7 나는 어제 회사에 가지 않았다. (go to work)

....

8 Brown 씨는 어젯밤에 컴퓨터 작업을 하고 있었다. (work on the computer)

....

Day 03 | 현재 완료의 경험 vs. 계속

아래 우리말 문장은 각각 과거의 경험이나 과거부터 지금까지 계속되어 온 일들을 나타냅니다.
어떻게 영작할지 생각해 보세요.

Point 1   너는 해외에서 공부를 해 본 적이 있니?

Point 2   나는 늘 세계 여행을 하고 싶었어.

세계 여행은 내가 늘 원했던 거야!

몸풀기
영작 연습

우리말에 맞는 영어 표현을 골라보세요.

1 요가를 해 본 적이 있니?   **(Do you ever / Have you ever)** tried yoga?
2 난 늘 파리에 가보고 싶었어.   I **(have always wanted / always want)** to go to Paris.

Point 1   경험을 나타내는 현재완료

Have you ever studied abroad?

영어에서 '~해 본 적이 있다'는 경험의 의미를 표현하기 위해서는 현재완료시제, 즉 「have + 과거분사」를 써야 해요. 현재완료시제를 이용하여 경험의 의미를 나타낼 때에는 ever, never와 같은 부사가 종종 함께 쓰여요.

현재완료시제를 이용하여 경험을 나타내는 문장을 더 살펴봅시다.

당신은 멕시코 시티에 가본 적이 있나요?

Have you ever visited Mexico City?

위 문장의 밑줄 친 부분을 아래 표현들로 바꾸어 말해 보세요. 필요한 경우 형태를 바꾸세요.

- ☐ visit the art museum 미술관에 가다
- ☐ try Thai food 태국 음식을 먹어보다
- ☐ live abroad 해외에 살다
- ☐ learn to play a musical instrument 악기를 배우다
- ☐ travel all by yourself 혼자서 여행하다
- ☐ lose your passport 여권을 잃어버리다

Point 2   과거부터 계속되고 있는 일을 나타내는 현재완료

I have always wanted to travel all around the world.

과거부터 현재까지 계속되고 있는 일을 나타내고 싶다면 현재완료시제인 I have wanted를 써야 해요. 계속의 의미를 나타내는 현재완료시제는 always(항상), for(~ 동안), since(~ 이후로)와 같은 단어들과 잘 어울려요.

현재완료시제를 이용하여 과거부터 현재까지 계속되는 일을 나타내는 문장을 더 살펴봅시다.

Joshua와 나는 늘 생각이 달랐어.

Joshua and I have always had different ideas.

위 문장의 밑줄 친 부분을 아래 표현들로 바꾸어 말해 보세요. 필요한 경우 형태를 바꾸세요.

- ☐ want to lose weight 살을 빼고 싶다
- ☐ be best friends 가장 친한 친구 사이이다
- ☐ enjoy learning things 배우는 것을 즐기다
- ☐ want to learn a foreign language 외국어를 배우고 싶다
- ☐ help those in need 어려운 사람들을 돕다
- ☐ hope to see you again 당신을 다시 보고 싶다

영작 문법 파헤치기

A 현재 완료 - 경험 Have you ever been / She has never done...

'~한 적이 있다'는 경험의 의미를 나타낼 때에는 현재완료시제 「have/has + 과거분사」를 써요.

- I **have been** to Alaska. 나는 알래스카에 가봤다.
- We **have seen** the guy before at the hotel. 우리는 전에 그를 호텔에서 본 적이 있다.
- Cynthia **has flown** a drone three times. Cynthia는 드론을 세 번 날려봤다.

현재완료시제의 부정문은 have/has 앞에 not이나 never를 붙여 만들고, 의문문은 have/has를 주어 앞으로 옮겨서 만들어요.

- I **have not tried** Vietnamese food. 나는 베트남 음식을 먹어 보지 못했다.
- They **have never reached** an agreement. 그들은 결코 합의에 이른 적이 없다.
- **Have** you ever **ridden** a roller coaster? 롤러코스터를 타 본 적이 있니?
- **Has** she ever **fallen** in love with someone in her entire life?
  그녀가 평생 동안 누군가와 사랑에 빠진 적이 있나요?

연습 문제 다음 우리말에 맞게 빈칸에 들어갈 말을 써 보세요.

1 나는 차를 운전해 본 적이 없다. (drive)

I _____ _____ _____ a car.

2 나는 마라톤을 두 번 해 보았다. (run)

I _____ _____ two marathons.

3 당신은 헬리콥터를 타 본적이 있나요? (fly)

_____ _____ _____ in a helicopter?

4 스카이다이빙을 해 본적이 있니? (go)

_____ _____ skydiving?

5 당신은 유명 인사를 직접 만나 본적이 있습니까? (meet)

_____ _____ a celebrity in person?

6 Julia는 한 번도 학교나 직장에 늦은 적이 없다. (be)

Julia _____ _____ late to school or work.

✔ **참고 어휘** drive a car 차를 운전하다 | run a marathon 마라톤을 하다 | fly in a helicopter 헬리콥터를 타다 | go skydiving 스카이다이빙을 하다 | celebrity 유명 인사 | in person 직접 | be late to ~에 늦다, 지각하다

B 현재완료시제 - 계속 I have lived for / She has always wanted to...

과거부터 현재까지 계속된 일을 나타낼 때에도 현재완료시제 「have/has + 과거분사」를 써요.

- I **have been** here since last Friday. 나는 지난 금요일부터 여기에 있었다.
- She **has had** a headache for a week. 그녀는 일주일 동안 두통을 앓고 있다.
- They **have known** each other for quite a long time. 그들은 꽤 오랫동안 서로 알고 지내왔다.

계속의 의미를 나타내는 현재완료시제는 for(~ 동안), since(~ 이후로)와 같은 단어와 잘 어울려 쓰여요. since 다음에는 명사나 절, 즉 「주어 + 동사」 형태가 올 수 있어요.

- They **have been** married for 3 years. 그들은 결혼한지 3년이 되었다.
- Scott and Judy **have lived** in Boston since 2015. Scott과 Judy는 2015년 이후로 보스턴에서 살고 있다.
- I **have taught** English since I finished my master's degree.

  나는 석사 학위를 마친 후 영어를 가르쳐 왔다.
- How long **have** you **known** Matt? 당신은 얼마나 오랫동안 Matt를 알고 지냈나요?

연습문제

다음 우리말에 맞게 빈칸에 들어갈 말을 써 보세요.

1 그녀는 2010년부터 은행에서 일하고 있다. (work)

She _____ at a bank _____ 2010.

2 나는 10살 때부터 이 동네에 살고 있다.

I _____ in this town _____ was 10 years old.

3 나는 3일 동안 방 청소를 하지 않았다. (clean)

I _____ the room for 3 days.

4 James는 어제 저녁 이후로 아무것도 먹지 않았다. (eat)

James _____ anything _____ last night.

5 나는 오랫동안 해외에 사는 것을 원했다. (want)

I _____ abroad _____ a long time.

6 너는 얼마 동안 피아노를 배웠니? (learn)

How long _____ to play the piano?

---

❷ 참고 어휘 **work at a bank** 은행에서 일하다 | **last night** 어젯밤 | **live abroad** 해외에서 살다 | **for a long time** 오랫동안 | **learn to play the piano** 피아노 치는 법을 배우다

영작 훈련하기

A 다음 주어진 단어를 바르게 배열하여 문장을 완성하세요. 필요한 경우 동사의 형태를 바꾸세요.

1 그녀는 호주에 3년간 살고 있다. (she / in Australia / have lived / for 3 years)

_____

2 영어 말고 다른 외국어를 배워 본 적이 있니? (other than English / you / ever / have learned / any foreign languages)

_____

3 나는 고등학교 졸업 이후로 그녀를 보지 못했다. (not / have seen / since / her / I / I graduate from high school)

_____

4 내 이모는 방콕에서 평생을 살고 있다. (have lived / my aunt / all her life / in Bangkok)

_____

5 밤에 고궁을 방문해 본 적이 있나요? (an old palace / you / ever / at night / have visited)

_____

✅ 참고어휘 learn a foreign language 외국어를 배우다 | other than ~을 제외하고

B 다음 ( ) 안에 주어진 말을 이용하여 다음 문장을 영작하세요.

1 당신은 여행 중에 여권을 잃어버린 적이 있나요? (during a trip, lose)

_____

2 나는 이 일을 그만두는 것을 상상해 본 적이 없다. (imagine quitting this job, never)

_____

3 너는 얼마나 오랫동안 수영을 배웠니? (learn to swim)

_____

4 결혼한 후 쭉 이 동네에서 살고 계신가요? (since, got married, in this area, live)

_____

5 여행 중에 현지 사람들과 어울려 본 적이 있니? (hang out with local residents, during a vacation)

_____

✅ 참고어휘 lose a passport 여권을 잃어 버리다 | quit 그만두다 | learn to swim 수영을 배우다 | get married 결혼하다 | hang out with ~와 놀다, ~와 어울리다 | local residents 현지 사람들

다음 인터뷰를 읽고, 빈칸에 알맞은 문장을 영작하여 지문을 완성하세요.

SMASH MAGAZINE's Big Interview

An interview with the Hollywood movie star Donny Dap (the star of *The Pirates of the Maldive*)
헐리우드 스타 배우인 Donny Dap과의 인터뷰 ('몰디브의 해적'의 주연)

Interviewer: ❶ _____?
몰디브에 가 보신 적이 있나요?

Dap: Yes, I have. ❷ _____, and it is a beautiful place.
네 그럼요. 저는 거기에 네 번 가 봤어요. 정말 아름다운 곳이죠.

Interviewer: Some actors don't like to see themselves on screen. How about you?
어떤 배우들은 스크린에서 자신의 모습을 보는 것을 좋아하지 않는데, 당신은 어떤가요?

Dap: Sometimes I like to watch myself giving a great performance.
저는 가끔씩 제가 연기를 잘하는 모습을 보는 것이 좋아요.

It's good fun. 재미있어요.

Interviewer: ❸ _____?
결혼하신 적이 있나요?

Dap: Err, yes I have. I have been married four times and actually divorced
four times as well. 어, 네, 그래요. 저는 결혼을 4번 했고, 이혼도 4번 했죠.

Interviewer: Have you ever been arrested?
혹시 체포된 적이 있나요?

Dap: Interview *over!
인터뷰는 여기서 그만하죠!

* be over는 '끝나다'라는 의미입니다.

> 🔵 참고어휘 | pirates 해적 | on screen 스크린에서 | give a great performance 좋은 연기를 펼치다 | married 결혼한 | times ~번, ~차
> 례 | be arrested 체포되다

🥤 오늘의 꿀팁!

헷갈리기 쉬운 현재완료 동사 **have been to** vs. **have gone to**

보통 '~에 가 본적이 있다'라고 말할 때 자주 하는 실수가 have gone to를 사용하는 것이에요. 영어로 '~에 가 본 적이 있
다'는 반드시 have been to로 나타내야 해요. have gone to는 '~으로 가버렸다'는 의미이므로 주의해야 해요.

☐ They **have been to** Switzerland. 그들은 스위스에 가 본 적이 있다.
  I **have been to** Switzerland. 나는 스위스에 가 본 적이 있다.

☐ They **have gone to** Switzerland. 그들은 스위스로 가버렸다. (그래서 지금 여기에 없다는 의미를 나타냄)
cf. I **have gone to** Switzerland. (×)

현재완료 VS. 단순과거

아래 우리말 문장은 각각 과거에서 현재까지 계속되고 있는 일과 과거에 있었던 일을 나타냅니다. 어떻게 영작할지 생각해 보세요.

Point 1

나는 오랫동안 해외 여행을 하지 못했다.

여행을 못 간지 너무 오래 됐어.

Point 2

나는 3년 전에 밴쿠버로 여행을 갔다.

3년 전에 난 밴쿠버로 여행을 갔지.

몸풀기
영작 연습

우리말에 맞는 영어 표현을 골라보세요.

1 우리 가족은 작년에 시애틀에 갔다.
   My family (**went** / **have gone**) to Seattle last year.
2 나는 지난 일요일 이후로 그녀를 보지 못했다.
   I (**haven't seen** / **didn't see**) her since last Sunday.

Point 1 현재완료

I haven't traveled abroad in a long time.

'오랫동안 ~하지 못했다'는 의미로 과거에서 지금까지 지속되어 온 상황을 설명하는 문장에는 현재완료시제 「have + 과거분사」가 필요해요.

현재완료시제를 사용하여 과거부터 현재까지 계속되는 일을 나타내는 문장을 더 살펴봅시다.

나는 몇 주째 두통을 앓고 있다.

I have had a headache for a few weeks.

위 문장의 밑줄 친 부분을 아래 표현들로 바꾸어 말해 보세요. 필요한 경우 형태를 바꾸세요.

- ☐ be sick 아프다
- ☐ have a backache 허리 통증이 있다
- ☐ be busy with school 학교 일로 바쁘다
- ☐ be busy with work 직장 일로 바쁘다
- ☐ not study English 영어를 공부하지 않다
- ☐ not meet my friends 친구를 만나지 않다

Point 2 단순과거

I traveled to Vancouver 3 years ago.

현재와의 연관성이 없이 단순히 과거에 일어난 일을 나타낼 때에는 단순과거시제를 써야 해요. '~ 전에'라는 의미를 나타내는 부사 ago가 과거시제와 잘 어울려 쓰여요.

단순과거시제를 이용하여 과거에 일어난 일을 나타내는 문장을 더 살펴봅시다.

Lee 씨는 6개월 전에 회사를 떠났다.

Mr. Lee left the company 6 months ago.

위 문장의 밑줄 친 부분을 아래 표현들로 바꾸어 말해 보세요. 필요한 경우 형태를 바꾸세요.

- ☐ move to Busan 부산으로 이사를 가다
- ☐ graduate from high school 고등학교를 졸업하다
- ☐ get a job 취업하다
- ☐ start an online English course 온라인 영어 수업을 시작하다
- ☐ leave for Japan 일본으로 떠나다
- ☐ get a new car 새 차를 사다

영작 문법 파헤치기

A 현재완료 I have been / I haven't been…

과거부터 현재까지 계속되고 있는 상황을 나타낼 때 현재완료시제를 써요. 현재완료시제를 쓰기 위해서는 과거의 행동과 현재의 행동 사이에 반드시 연속성이 있어야 해요.

- We **have had** three storms so far this summer. 올해 여름 지금까지 세 번의 폭풍우가 왔다.
- I **have been** on flex time for 6 months. 나는 6개월째 탄력 근무 중이다.

계속의 의미를 나타내는 현재완료는 for(~ 동안), so far(지금까지), since(~ 이후로) 등의 표현들과 잘 어울려요.

- I **have** not **been** to the movies **for [in]** years. 나는 몇 년 동안 극장에 가지 않았다.
- Dave and I **have had** 3 arguments **so far** this year. Dave와 나는 올해 지금까지 세 번의 논쟁을 벌였다.

연습문제

다음 우리말에 맞게 빈칸에 들어갈 말을 써 보세요.

1 나는 몇 년 동안 친구들을 만나지 못했다. (see)

I _____ my friends in years.

2 내 동료는 3주 동안 야간 근무를 하고 있다. (work)

My colleague _____ on the night shift for 3 weeks.

3 Jerry는 몇 개월 동안 체육관에 가지 않았다. (be)

Jerry _____ to the gym in months.

4 지난 겨울 이후로 눈이 오지 않고 있다. (snow)

It _____ since last winter.

5 Sam과 Sarah가 결혼한지 5년이 되었다. (be married)

Sam and Sarah _____ 5 months.

6 직장에서 많이 바빴나요? (be)

_____ very busy at work?

7 나는 대학 졸업 이후로 영어 공부를 하지 않았다. (study)

I _____ since I graduated from college.

○ 참고 어휘 work on the night shift 야간 근무를 하다 | gym 체육관 | last winter 지난 겨울 | be married 결혼한 상태이다 | be busy at work 직장에서 바쁘다 | graduate from ~을 졸업하다

B   단순과거시제 I learned / He left...

단순과거시제는 이미 지나간 일을 나타낼 때 사용되기 때문에, ago(~ 전에), yesterday(어제), last year(작년에)와 같이 명백한 과거를 나타내는 부사(구)와 함께 쓰이는 경우가 많아요.

- I **stayed** up all night **yesterday**. 나는 어제 밤을 새웠다.
- My brother **completed** his master's degree **a few months ago**.
  나의 오빠는 몇 달 전에 석사 학위를 마쳤다.
- It is so surprising that Carl **lost** 30kg **last year**. Carl이 작년에 30kg을 뺐다는 것은 너무 놀랍다.

단순과거시제와 달리 현재완료시제는 for the past 3 years(지난 3년간), since high school(고등학교 이후로)과 같이 현재와의 연속성을 나타내는 부사구와 잘 어울려요.

- The doctor **has been** busy at the hospital **for the past few weeks**.
  그 의사는 지난 몇 주 동안 병원에서 바빴다. (현재완료)
- The doctor **was** so busy at the hospital last month. 그 의사는 지난 달에 병원에서 바빴다. (단순과거)

연습 문제

다음 우리말에 맞게 빈칸에 들어갈 말을 써 보세요.

1 나는 지난 주 내내 치통을 앓았다. (have)

   I .... a toothache all last week.

2 나는 지난 금요일부터 계속 허리에 통증이 있다. (have)

   I .... a backache .... last Friday.

3 그 학생은 어제 자신의 수업 중 하나를 취소했다. (cancel)

   The student .... one of his classes yesterday.

4 그는 지금까지 이번 학기 3개의 수업을 취소했다.

   He .... 3 courses so far this semester.

5 나는 온라인 수업 때문에 어제 새 노트북 컴퓨터를 샀다. (get)

   Yesterday, I .... a new laptop computer because of my online classes.

6 나는 17살 이후로 싱글이었던 적이 없다. (not, single)

   I .... since I was 17 years old.

7 그저께 동네에 새로운 빵집이 문을 열었다. (open)

   A new bakery .... in the neighborhood the day before yesterday.

🔹 참고 어휘 have a toothache 치통이 있다 | have a backache 허리 통증이 있다 | cancel 취소하다 | this semester 이번 학기에 |
because of ~ 때문에 | single 혼자인, 싱글인 | in the neighborhood 동네에 | the day before yesterday 그저께

영작 훈련하기

A
다음 주어진 단어를 바르게 배열하여 문장을 완성하세요. 필요한 경우 동사의 형태를 바꾸세요.

1 Jack은 몇 년 동안 가족들을 만나지 않았다. (his family / have not seen / in years / Jack)

....

2 나는 지난 달에 새 SUV를 샀다. (a new SUV / last month / I / get)

....

3 그녀는 가족의 반대에도 불구하고 1년 전에 일을 그만두었다. (quit / her job / she / despite her family's opposition / a year ago)

....

4 내 남편과 나는 2005년 이후부터 시애틀에 살고 있다. (since 2005 / my husband and I / in Seattle / have lived)

....

5 그들은 2015년에 더 나은 직업을 찾아 보스턴으로 이사를 했다. (move to Boston / they / in 2015 / to find better jobs)

....

● 참고어휘 **in years** (주로 부정문에서) 몇 년 동안 | **despite** ~에도 불구하고 | **opposition** 반대

B
다음 ( ) 안에 주어진 말을 이용하여 다음 문장을 영작하세요.

1 나는 그녀와 20년간 함께 일을 해 왔다. (work with, for)

....

2 그녀는 베트남에서 평생을 살았다. (in Vietnam, all her life)

....

3 그들은 지난 달에 아이를 입양하기로 결정했다. (decide to adopt a baby)

....

4 며칠 전 그는 작별 인사도 하지 않고 뉴욕으로 가버렸다. (fly to New York, without saying goodbye)

....

5 우리는 지난 여름 이후로 전기 요금을 내지 않고 있다. (pay the electricity bill, since last summer)

....

● 참고어휘 **all one's life** 평생 동안 | **adopt a baby** 아이를 입양하다 | **say goodbye** 작별 인사를 하다 | **electricity bill** 전기 요금

다음 자기 소개서를 읽고, 빈칸에 알맞은 문장을 영작하여 지문을 완성하세요.

Roger Gastron

CONTACT

📍 Your address

🌐 Website address

📱 Phone number

@ E-mail address

Dear Human Resources,
인재개발팀분들께,

With reference to the advertised position of head chef, I feel that I have all the necessary qualifications and experience.
광고 상의 수석 셰프직과 관련해서, 저는 필요한 자격과 경험을 모두 갖추고 있다고 생각합니다.

❶ _____ with great success over the last five years.
저는 지난 5년간 몇몇 식당에서 일했고 큰 성공을 거두었습니다.

However, ❷ _____ for the last twelve months due to my compulsory military service.
하지만, 군복무 때문에 지난 12개월 동안은 주방에서 일을 하지 못했습니다.

I have several letters of recommendation including one from Pierre d'Fromage, the head chef of the Le Boeuf Roti.
저는 Le Boeuf Roti의 수석 셰프인 Pierre d'Fromage의 추천서를 포함하여 몇 통의 추천서를 가지고 있습니다.

I once ❸ _____ .
저는 2년 전 이 식당에서 일을 했습니다.

I'm available for interviews at any time.
면접은 언제든지 볼 수 있습니다.

I *look forward to hearing from you.
소식을 기다리겠습니다.

* look forward to는 '~을 기대[고대]하다'는 뜻으로, to 다음에는 반드시 명사나 동명사(-ing)가 온다는 점을 기억하세요.

☑ 참고 어휘 **with reference to** ~와 관련하여 | **advertised** 광고된 | **qualifications** 자격 요건 | **due to** ~ 때문에 | **compulsory** 의무적인 | **military service** 군복무 | **letter of recommendation** 추천서 | **available** 이용 가능한, 시간이 되는 | **hear from** ~에게서 소식을 듣다

🥤 오늘의 꿀팁!

어떤 것을 써야 할까? for a long time vs. in a long time

'~ 동안'이라는 기간의 의미를 나타낼 때 for가 아닌 in을 쓰는 경우가 있는데, 주로 부정문에서 for 대신 in이 사용되어요. 하지만 긍정문에서는 반드시 for를 써야 해요.

☐ We haven't traveled abroad **for [in]** a long time. 우리는 오랫동안 해외 여행을 하지 못했다.
   I haven't been to any concerts **for [in]** years. 나는 몇 년 동안 콘서트에 가지 못했다.
☐ Sam has been away **for** many years. Sam은 여러 해 동안 떠나 있었다.
cf. Sam has been away in many years. (×)

다음 우리말에 맞게 빈칸에 알맞은 말을 선택하여 문장을 완성하세요.

1 나는 해외에 살아 본 적이 없다.

I _____ abroad.

☐ didn't live
☐ have never lived

2 나는 늘 외국어를 배우고 싶어 했다.

I _____ to learn a foreign language.

☐ have always wanted
☐ am always wanting

3 Mira와 나는 고등학교 때 친한 친구 사이였다.

Mira and I _____ back in high school.

☐ were best friends
☐ have been best friends

4 우리는 고등학교 때 이후로 계속 친한 친구 사이였다.

We _____ since high school.

☐ were best friends
☐ have been best friends

5 드론을 날려 본 적이 있니?

_____ a drone before?

☐ Have you ever flown
☐ Do you ever fly

6 나는 그녀를 10년 동안 알고 지냈다.

I _____ her for 10 years.

☐ knew
☐ have known

7 한국으로 이사 오기 전에 어디에서 살았니?

Where _____ before you moved to Korea?

☐ have you lived
☐ did you live

8 Jin과 Mike는 몇 달 전에 헤어졌다.

Jin and Mike _____ a few months ago.

☐ broke up
☐ have broken up

현재완료, 단순과거시제

B 다음 ( ) 안에 들어 있는 말을 이용하여 주어진 문장을 영작하세요.

1 나는 두어 달 전에 새 차를 구입했다. (get a new car, a couple of months)

_____

2 두통을 얼마나 오랫동안 앓았나요? (have a headache)

_____

3 나는 어제 그가 한 말을 이해하지 못했다. (understand what he said)

_____

4 나는 그녀의 소설 중 어느 것도 읽어본 적이 없다. (never, read any of her novels)

_____

5 너는 오늘 벌써 커피 세 잔을 마셨다. (have, already, three cups of coffee)

_____

6 그 회사는 지난 3년 동안 많은 이익을 내고 있다. (make big profits, the company)

_____

7 그들은 대학 시절 이후로 서로를 보지 못했다. (since they were in college, see each other)

_____

8 나는 이 부서에서 5년간 일을 해왔다. (in this department)

_____

Day 05 | 미래시제 be going to vs. will

아래 우리말 문장은 각각 미래에 일어날 일을 나타냅니다.
어떻게 영작할지 생각해 보세요.

Point 1 난 이번에는 멋진 호텔에서 지낼 거야.

Point 2 난 오늘 저녁에 아마도 집에 있을 것 같아.

확실치는 않지만 아마 집에 있을 것 같아.

몸풀기
영작 연습
우리말에 맞는 영어 표현을 골라보세요.

1 나는 아마도 이번에는 빠질 것 같아.   I (**will / am going to**) probably pass this time.
2 나는 졸업 후에 취직할 생각이야.   I (**am going to / will**) get a job after graduation.

Point 1   미래시제 be going to

I am going to stay at a nice hotel this time.

'이번에는 좋은 호텔에서 지낼 거야'라는 의미의, 약간의 '결심'이 담겨 있는 미래시제의 문장을 표현할 때에는 be going to를 쓰는 것이 자연스러워요. be going to 다음에는 꼭 동사원형이 와야 한다는 점에 주의하세요.

be going to를 사용하여 결심을 나타내는 미래시제의 문장을 더 살펴봅시다.

그녀들은 이번 주 금요일에 파티를 열 것이다.

The girls are going to have a party this Friday.

위 문장의 밑줄 친 부분을 아래 표현들로 바꾸어 말해 보세요. 필요한 경우 형태를 바꾸세요.

- ☐ go to the movies 영화 보러 가다
- ☐ go shopping 쇼핑하러 가다
- ☐ get some rest at home 집에서 좀 쉬다
- ☐ learn to swim 수영을 배우다
- ☐ check out some books 책을 빌리다
- ☐ go out and have some fun 나가서 놀다

Point 2   미래시제 will

I will probably stay home tonight.

'난 아마도 집에 있을 것 같아'라는 의미의 약간의 '즉흥적인 결정'같은 뉘앙스를 나타내고자 할 때에는 조동사 will을 써야 해요.

will을 이용하여 즉흥적인 결정을 나타내는 미래시제의 문장을 더 살펴봅시다.

저는 그냥 등심 스테이크를 먹을게요.

I will just have a sirloin steak.

위 문장의 밑줄 친 부분을 아래 표현들로 바꾸어 말해 보세요. 필요한 경우 형태를 바꾸세요.

- ☐ skip dinner 저녁을 건너 뛰다
- ☐ stay with a friend 친구와 함께 지내다
- ☐ carry the bag for you 네 가방을 들어주다
- ☐ go and turn on the heater 가서 히터를 켜다
- ☐ call you tomorrow 내일 전화하다
- ☐ call it a day 하루 일을 마치다

영작 문법 파헤치기

A 미래시제 be going to   I am going to go / She is going to make…

미래에 일어날 일에 대해 이야기할 때 「be going to + 동사원형」을 써요. 이때 미래의 일은 즉흥적으로 결정된 일이라기 보다 이전에 결심 혹은 결정해 놓은 일을 나타내요.

- I **am going to go** to the bookstore tomorrow. 나는 내일 서점에 들를 것이다.
- We **are going to invite** Marty to the company dinner. 우리는 회식에 Marty를 초대할 것이다.

be going to가 들어간 문장의 부정문은 be동사 뒤에 not을 붙여 만들고, 의문문은 be동사를 주어 앞으로 보내서 만들어요.

- She **is not going to** like the suggestion. 그녀는 그 제안을 좋아하지 않을 것이다.
- They **are not going to** accept the offer. 그들은 그 제안을 수락하지 않을 것이다.
- **Are** you **going to** give a speech at the conference? 당신이 학회에서 연설을 할 건가요?

연습 문제

다음 우리말에 맞게 빈칸에 들어갈 말을 써 보세요.

1 나는 친구들과 영화를 보러 갈 것이다. (go to the movies)

I _____
_____ with some friends.

2 그런 일은 일어나지 않을 거야. (happen)

That _____.

3 나는 오늘 친구들 몇 명을 집에 초대할 거야. (have)

I _____ some friends over today.

4 우리 둘 다 내년에는 수영을 배울 것이다. (learn)

Both of us _____ to swim next year.

5 집에 오는 길에 세탁물을 찾아 올 거니? (pick up)

_____ the laundry
on the way home?

6 그녀는 다음 학기에 대학원에 가지 않을 것이다. (go)

She _____ to graduate school
next semester.

7 나는 그 옷에 돈을 많이 쓰지 않을 생각이다. (spend)

I _____ not _____ a lot of money on that outfit.

⊘ 참고 어휘   go to the movies 영화 보러 가다 | have some friends over 친구들을 초대하다 | pick up the laundry 세탁물을 찾다 | on the way home 집에 오는 길에 | go to graduate school 대학원에 가다 | outfit 옷, 의상

B 미래시제 will I will have / She will get...

이전부터 결심해 온 일이 아니라 '지금 생각해 보니 그렇게 하는 게 좋겠다'는 느낌을 전달할 때에는 조동사 will이 어울린다는 것을 기억하세요.

- I am so hungry. I **will have** some food delivered to my home.
  배가 고프다. 집으로 음식을 배달시켜야겠다.
- It is so chilly inside. I **will go** and shut the door. 안이 너무 춥군. 내가 가서 문을 닫을게.

즉흥적으로 결정되는 미래의 일은 will로 나타내요. 이런 이유 때문에 조동사 will은 probably나 maybe 같은 부사와 잘 어울려 쓰여요.

- I am not sure what to do. I **will probably hang** out with my friends.
  무엇을 해야 할지 잘 모르겠다. 아마도 친구들이랑 놀 것 같다.
- **Maybe** they **will** not **care** how you do it. 아마도 그들은 네가 그것을 어떻게 할지 신경쓰지 않을 것이다.

연습 문제

다음 우리말에 맞게 빈칸에 들어갈 말을 써 보세요.

1 밖이 너무 춥다. 따뜻한 코트를 가져가야겠다. (grab)

   It is so cold outside. I ＿＿＿＿＿＿＿＿＿＿ a warm coat.

2 그 가방은 너무 무거워 보여. 내가 널 위해 위층으로 옮겨줄게. (carry)

   That bag looks so heavy. I ＿＿＿＿＿＿＿＿＿＿ it upstairs for you.

3 저는 그냥 뜨거운 차랑 쿠키를 먹을게요. (just, have)

   I ＿＿＿＿＿＿ just ＿＿＿＿＿＿ some cookies with hot tea.

4 방이 너무 더운 것 같으니 제가 가서 에어컨을 켤게요. (turn)

   It is so hot in this room. I ＿＿＿＿＿＿＿＿＿ and ＿＿＿＿＿＿ on the air conditioner.

5 난 전혀 배가 고프지 않다. 아마도 저녁은 건너뛸 것 같다. (skip)

   I am not hungry at all. I ＿＿＿＿＿ probably ＿＿＿＿＿ dinner.

6 제가 가서 문제가 무엇인지 알아볼게요. (just, find)

   I ＿＿＿＿＿＿＿＿＿＿ and ＿＿＿＿＿ out what the problem is.

7 아마도 우리는 고속 열차를 타지 않을 것이다. (take)

   We ＿＿＿＿＿ probably ＿＿＿＿＿＿ the express train.

---

❷ 참고 어휘 grab a coat 코트를 가져가다 | upstairs 위층으로 | air conditioner 에어컨 | skip dinner 저녁을 건너뛰다 | find out 알아내다 | express train 고속 열차

영작 훈련하기

A 다음 주어진 단어를 바르게 배열하여 문장을 완성하세요. 필요한 경우 동사의 형태를 바꾸세요.

1 그는 이 나라를 떠나서 외국에서 취업을 할 것이다. (be going to / in another country / get a job / leave this country / and / he)

_____

2 내가 그 제안에 대해서 한 번 더 생각해 볼게. (will / think about / one more time / I / the offer)

_____

3 이 화분을 코너에 놓을 거니? (this flowerpot / in the corner / you / be going to / put)

_____

4 이 보고서를 저와 함께 검토해 주시겠어요? (you / will / go over the report / with me)

_____

5 난 여기 앉아서 이 상황을 받아들이고만 있지는 않을 거야. (I / be not going to / take it / and / just sit here)

_____

⊘ 참고어휘　leave ~을 떠나다 | in another country 다른 나라에서 | offer 제안 | flower pot 화분 | go over ~을 검토하다

B 다음 ( ) 안에 주어진 말을 이용하여 다음 문장을 영작하세요.

1 나는 파리에 3일 간 머무를 예정이다. (be going to, stay, in)

_____

2 내 생각에 그들은 우리의 제안을 거절할 것 같다. (will, turn down, our proposal)

_____

3 내가 그녀에게 전화를 해서 숙제에 대해 물어보겠다. (will, ask about the assignment)

_____

4 돈 좀 빌려줄 수 있어? 다음 주에 갚을게. (some money, pay you back)

_____

5 그는 졸업식에 나타나지 않을 것이다. (be going to, at the graduation ceremony, turn up)

_____

⊘ 참고어휘　turn down ~을 거절하다 | assignment 과제, 숙제 | lend 빌려주다 (↔ borrow 빌려오다) | pay back 갚다 | next week 다음 주에 | turn up 나타나다, 모습을 보이다 | graduation ceremony 졸업식

다음 문자 메시지 내용을 읽고, 빈칸에 알맞은 문장을 영작하여 지문을 완성하세요.

Steve

Hey, David, what are your plans for this weekend?
어이, David, 이번 주말에 뭐할 거니?

❶ _____. Chris랑 나는 영화 보려고 하는데.

❷ _____ either *Scorpion Man 2* or the latest James Pond.
아마도 우리는 '스콜피온맨2' 아니면 James Pond의 최신 영화를 볼 것 같아.　15:10

Oh... ❸ _____ my girlfriend's parents for tea at around 5 P.M.
오... 나는 오후 5시에 여자친구 부모님과 만나서 차를 마실 예정이야.
15:13

Steve

Oh, dear! Well, we could meet up later that evening. After the movie we are going for a drink at that new bar in the city.
오, 이런! 음, 그날 저녁 늦게나 모일 수 있겠군. 영화 보고 나서는 새로 생긴 바에 가서 한 잔 할거야.　15:15

Hmmm, ❹ _____ and see if we can change the plans.
음. 내가 그냥 여자친구한테 전화해서 약속을 변경할 수 있는지 알아볼게.
15:18

* '주말에 약속 있어?'라는 문장을 만들 때 '약속'이라는 의미는 promise 혹은 appointment보다 plans로 나타내는 경우가 많습니다.

🔵 참고어휘　go to the movies 영화 보러 가다 | either A or B A와 B 중 하나 | go for a drink 한 잔 하러 가다 | change one's plans 약속을 변경하다

🥤 오늘의 꿀팁!

어떻게 다를까? turn down vs. turn up

down과 up이 상반되는 의미를 나타내기 때문에 turn down과 turn up도 서로 상반되는 의미를 갖지 않을까라는 생각을 할 수 있는데요, 이 둘은 의미상 연관성이 전혀 없는, 완전히 다른 뜻을 나타내는 표현입니다.

ⓐ **turn down** 거절하다, (소리나 음량을) 낮추다
Could you **turn down** the music? 음악 소리 좀 낮춰 주시겠어요?
He is not going to **turn down** the job offer. 그는 그 일자리를 거절하지 않을 것이다.

ⓑ **turn up** 나타나다
Don't worry about the gloves. They will **turn up**. 장갑은 걱정 마. 어디선가 나올 거야.
The groom didn't **turn up** at the weeding. 신랑이 결혼식에 나타나지 않았다.

Day 06 | 예측의 be going to vs. will

아래 우리말 문장은 미래에 있을 일을 예측 또는 예상하는 문장들입니다.
어떻게 영작할지 생각해 보세요.

Point 1   구름을 좀 봐. 비가 내릴 것 같아.

> 먹구름을 보니
> 비가 내릴 것 같아.

Point 2   내 생각엔 오늘 오후에 눈이 내릴 것 같아.

몸풀기
영작 연습

우리말에 맞는 영어 표현을 골라보세요.

1 그림이 벽에서 떨어질 것 같다.
   It looks like the picture (**is going to / will**) fall off the wall.
2 내 생각엔 내가 시험에 통과할 것 같지 않다.
   I don't think I (**will / am going to**) pass the exam.

Point **1**   근거 있는 예측의 be going to

Look at the clouds. It is going to rain.

be going to로 미래를 예측하는 문장에는 보통 그런 일이 일어날 것이라고 믿게 만드는 '근거'가
제시되는 경우가 많아요. 위 예문처럼 하늘에 구름이 보여 이를 근거로 비가 올 것이라고 예측할 때
에는 be going to를 써서 미래시제의 문장을 만드는 것이 좋아요.

be going to를 사용하여 근거를 가지고 예측을 하는 문장을
더 살펴봅시다.

나는 감기에 걸릴 것 같다.

I am going to catch a cold.

위 문장의 밑줄 친 부분을 아래 표현들로 바꾸어 말해 보세요. 필요한 경우 형태를 바꾸세요.

- □ get sick 아프다
- □ hurt myself 다치다
- □ come down with the flu 독감에 걸리다
- □ be late for class 수업에 늦다
- □ turn right 우회전을 하다
- □ miss the train 열차를 놓치다

Point **2**   단순 예측의 will

I think it will snow this afternoon.

확실한 근거 없이 단순히 미래를 예측할 때에는 will을 주로 사용해요.

will을 사용하여 단순한 예측을 하는 문장을 더 살펴봅시다.

내일 나는 학교에 있을 것이다.

Tomorrow, I think I will be at school.

위 문장의 밑줄 친 부분을 아래 표현들로 바꾸어 말해 보세요. 필요한 경우 형태를 바꾸세요.

- □ pass a test 시험에 통과하다
- □ probably go out 아마도 외출을 하다
- □ sign up for a lesson 수업을 신청하다
- □ come stay with you 당신과 함께 지내다
- □ feel better 몸 상태가 나아지다
- □ win the game 경기에서 이기다

영작 문법 파헤치기

A 근거 있는 예측의 be going to It is going to rain...

미래의 일에 대해 근거 있는 예측을 할 때에는 주로 「be going to + 동사원형」 형태를 이용해요. 보통은 be going to가 사용되기 전에 일어날 일의 근거가 제시되는 경우가 많아요.

- Look at the dark clouds. A storm **is going to come**.
  먹구름을 좀 봐. 폭풍이 올 것 같아. (dark clouds → storm의 근거)

- That boy is playing with the vase. He **is going to break** it.
  저 아이가 꽃병을 들고 장난을 치고 있어. 그것을 깨뜨릴 것 같아. (playing with the vase → break it의 근거)

- Oh, no. It is 7:50. My school bus leaves in 5 minutes. I **am going to be** late for school.
  이런. 지금이 7시 50분인데, 스쿨버스는 5분 후에 떠나. 학교에 늦겠군.
  (school bus leaves in 5 minutes → late for school의 근거)

연습 문제

다음 우리말에 맞게 빈칸에 들어갈 말을 써 보세요.

1 약속해요. 그 일은 다시 일어나지 않을 거예요.

   I promise that it _____ again.

2 저 샹들리에는 위험해 보여요. 천장에서 떨어질 거예요. (fall)

   That chandelier looks dangerous. It _____
   off the ceiling.

3 하늘 좀 봐. 눈이 올 것 같아.

   Look at the sky. It _____ snow.

4 난 키위를 못 먹는데, 방금 조금 먹었어. 곧 알레르기 반응이 일어날 거야. (have)

   I can't eat kiwi, but I just had some. I _____
   an allergic reaction soon.

5 내게 열이 좀 있고, 몸이 너무 안 좋아. 독감에 걸릴 것 같아. (come down)

   I have a temperature and feel awful. I _____
   _____ with the flu.

6 Mike는 2주 동안 열심히 공부했다. 그는 시험에서 만점을 받을 것이다. (get)

   Mike has been studying hard for two weeks. He _____
   _____ a perfect score on the exam.

⏺ 참고 어휘 fall off (붙어 있던 것이) 떨어지다 | ceiling 천장 | have an allergic reaction 알레르기 반응이 나타나다 | have a temperature 열이 있다 | come down with the flu 독감에 걸리다 | get a perfect score 만점을 받다

B 단순 예측의 will It will fall / They will pass...

미래의 일에 대해 단순히 예측을 할 때에는 will을 써요.

- Sue is a good student. I think she **will pass** the test.
  Sue는 훌륭한 학생이다. 그녀가 시험에 통과할 것 같다.
- We have been waiting for 30 minutes. We **will get** in there soon.
  우리는 30분 기다렸어. 곧 안으로 들어가게 될 거야.
- **Will** you **be** home tomorrow night? 내일 저녁에 집에 있을 거니?

미래의 일을 나타내기 위해 조동사 will을 쓸 때에는 I think(내 생각엔 ~ 같다), I don't think(내 생각엔 ~ 같지 않다) 혹은 I expect(~라고 예상한다)와 같은 표현이 잘 어울려 쓰여요.

- **I think** she **will be** satisfied with the service at the restaurant.
  나는 그녀가 식당의 서비스에 만족할 것이라고 생각한다.
- **I don't think** it **will snow** tomorrow. 내일 눈이 오지 않을 것 같다.

연습 문제

다음 우리말에 맞게 빈칸에 들어갈 말을 써 보세요.

1 조심해. 그렇지 않으면 얼음에 미끄러질 거야. (slip)

   Watch out. Otherwise, you .... on the ice.

2 내 예상에 오늘은 추울 것 같다. (chilly)

   I expect it .... today.

3 회사에서 호텔 요금과 음식값을 지불할 거예요. (pay)

   The company .... for your hotel room and food.

4 나는 오늘 아침 일찍 하와이로 떠날 것이다. 내일은 해변에 있을 것이다. (be)

   I am leaving for Hawaii early this morning. I .... at the beach
   tomorrow.

5 나는 내일 여기에 있을 것 같지 않다. (think, be)

   I .... here tomorrow.

6 Susie의 집에 놀러 갈 생각이니? (go over)

   .... you .... over to Susie's
   place?

7 나는 그들이 월세를 내지 않을 것으로 예상한다.

   I .... pay the rent.

◆ 참고 어휘   slip on ~에서 미끄러지다 | chilly 날씨가 쌀쌀한, 추운 | pay for ~ 에 대한 대가를 지불하다

영작 훈련하기

A 다음 주어진 단어를 바르게 배열하여 문장을 완성하세요. 필요한 경우 동사의 형태를 바꾸세요.

1 시험이 매우 어려울 것 같지는 않다. (I / not / think / will / very difficult / the test / be)

_____

2 그들은 다음주 금요일이나 되어야 돌아올 것이다. (until next Friday / they / will / not / be / back)

_____

3 서두르지 않으면 우리는 쇼의 초반부를 놓치게 될 것이다. (the beginning of the show / miss / we / be going to / if we don't hurry)

_____

4 나는 음식이 우리 모두가 먹기에 충분할 것으로 예상한다. (there / enough food / will be / for us all / I expect)

_____

5 우리 팀이 최고이기 때문에 우리가 세계 선수권 대회에서 우승을 하게 될 것이다. (since we are the best / win the world championship / be going to / my team)

_____

✅ 참고어휘 beginning 초반, 시작 | win the world championship 세계 선수권 대회에서 우승을 하다

B 다음 ( ) 안에 주어진 말을 이용하여 다음 문장을 영작하세요.

1 나는 내 동료들이 곧 여기에 도착할 것이라고 생각한다. (arrive here, will, soon)

_____

2 내게 땅콩 알레르기가 있기 때문에 내 몸이 간지러울 것이다. (have a peanut allergy, itchy)

_____

3 내 생각에 이것은 큰 싸움으로 번질 것 같지 않다. (turn into a huge fight, will)

_____

4 아무도 네가 몇 살인지 신경쓰지 않을 것이다. (will, care, how old you are)

_____

5 부모님께서 내년 등록금을 내주실 것이다. (pay my tuition)

_____

✅ 참고어휘 have a peanut allergy 땅콩 알레르기가 있다 | itchy 간지러운 | turn into ~으로 바뀌다 | huge fight 큰 싸움 | pay one's tuition 등록금을 내다

다음 일기 예보를 읽고, 빈칸에 알맞은 문장을 영작하여 지문을 완성하세요.

CBB Weather Forecast

News Presenter: So, John, what's the weather going to be like for tomorrow?
그러면 John, 내일 날씨는 어떤가요?

Weather Presenter: Well, Alan, our meteorologists have predicted that
❶ _____ for most parts of the UK. However,
in Scotland ❷ _____ and windy in the
afternoon.
음, Alan, 기상청에 따르면 오늘 영국 대부분의 지역이 맑을 것으로 예상됩니다. 하지만, 스코틀랜드의 경우,
아침은 맑고, 오후에는 바람이 많이 불 것으로 예상됩니다.

News Presenter: What have the meteorologists forecasted for Wales?
웨일즈 지역에 대한 예보는 어떤가요?

Weather Presenter: ❸ _____.
더울 것으로 예상됩니다.

News Presenter: And how about this Saturday?
I'm off to a garden party then.
이번 토요일은 어떤가요? 제가 그날 가든 파티에 갈 거라서요.

Tomorrow

Weather Presenter: Ha! As it's the weekend
❹ _____
as it has done for the last few weeks.
아! 주말에는 지난 몇 주간 그랬던 것처럼 비가 올 것으로 예상됩니다.

News Presenter: Typical!
또 그렇군요!

💬 참고 어휘 **What ~ like?** ~은 어때? | **meteorologist** 기상학자 | **predict** 예측하다 | **forecast** 예상하다 | **be off to** ~으로 떠나다, ~하러 가다 | **as** ~와 같이, ~처럼 | **for the last few weeks** 지난 몇 주간 | **typical** 전형적인, 늘 하는 식의

🥤 오늘의 꿀팁!

pay와 pay for는 어떻게 다를까?

'~을 지불하다'라는 뜻의 동사 pay를 쓰다 보면, 어떤 경우에는 그 뒤에 for를 쓰고 어떤 경우에는 for 없이 바로 명사를 쓰는 경우가 있어요. 전치사 for의 유무는 뒤에 오는 명사에 따라 결정되어요.

ⓐ pay the <u>rent</u> 월세를 내다
   pay the <u>fee</u> 요금을 내다

pay the <u>tuition</u> 등록금을 내다
pay the <u>fine</u> 벌금을 내다

ⓑ pay for the <u>house</u> 집 값을 내다
   pay for a <u>dress</u> 드레스 값을 내다

pay for <u>school</u> 학비를 지불하다

ⓐ의 밑줄 친 명사들은 그 자체가 돈이나 요금을 나타내기 때문에 pay 다음에 for를 쓰지 않아요. 반면 ⓑ의 밑줄 친 명사들은 어떤 물건이나 장소 등을 나타내기 때문에 pay 다음에 반드시 for를 넣어야 '~에 대한 값을 지불하다'라는 의미가 완성되어요.

REVIEW TEST
Days 05-06

A 다음 우리말에 맞게 빈칸에 알맞은 말을 선택하여 문장을 완성하세요.

1 나는 오늘 저녁에 아마도 집에 있을 것 같아.

I _____ home tonight.

- □ will probably stay
- □ am probably staying

2 결심했어. 난 다음 달에 수영을 배울 거야.

I've made up my mind. I _____ to swim.

- □ am going to learn
- □ will learn

3 무거워 보이는군. 내가 도와줄게.

That looks heavy. I _____ you out.

- □ will help
- □ am going to help

4 너 추워 보인다. 내가 가서 히터를 켜줄게.

You look cold. I _____ and turn on the heater.

- □ will go
- □ am going to go

5 몸이 너무 안 좋아. 독감에 걸릴 것 같아.

I feel awful. I _____ down with the flu.

- □ am going to come
- □ will come

6 너무 걱정하지마. 우리는 거기에 정시에 도착할거야.

Don't worry too much. We _____ there on time.

- □ will get
- □ are getting

7 난 너무 배가 고파. 맛있는 것을 먹을 거야.

I am starving. I _____ something delicious.

- □ am going to eat
- □ will going to eat

8 그런 일은 다시는 없을 거야.

That _____ happen ever again.

- □ is not going to
- □ not is going to

미래시제

다음 ( ) 안에 들어 있는 말을 이용하여 주어진 문장을 영작하세요.

1 나는 오늘 헬스클럽은 빠질거야. (going to skip, the gym)

_____

2 내 생각으로는 Baker 씨가 회의에 올 것 같다. (I think, will, be at the meeting)

_____

3 내가 가서 책 좀 빌려 올게. (will, go, check out)

_____

4 책이 선반에서 떨어질 것 같이 보이는군. (it looks like, off the shelf)

_____

5 그녀는 모범생이니까 분명 시험에 통과할 것이다. (a straight-A student, going to pass, the exam)

_____

6 그 코트는 너무 비싸기 때문에 나는 사지 않을 거야. (going to buy, too expensive)

_____

7 내 생각에 그녀는 이 아이디어를 아주 좋아할 것 같아. (will love)

_____

8 다음 달에 뉴욕에 갈 계획이니? (going to fly to)

_____

1·2형식 동사 vs. 3형식 동사

아래 우리말 문장은 각각 목적어가 없는 문장과 목적어가 있는 문장이에요.
어떻게 영작할지 생각해 보세요.

Point 1   차 시동이 안 걸려요.

또 차가 말썽이군!

Point 2   차 시동을 못 걸겠어요.

차의 시동을 걸지 못하겠어!

─◯▯◯─
몸풀기
영작 연습

우리말에 맞는 영어 표현을 골라보세요.

1 컴퓨터가 안 켜져요. •

2 컴퓨터를 못 키겠어요. •

• I can't start my computer.

• My computer won't start.

Point 1 1형식 동사와 2형식 동사

My car won't start.

'차 시동이 안 걸려요'는 목적어를 쓰지 않고 동사 start만으로 표현할 수 있어요. 여기에서 start는 목적어를 필요로 하지 않는 1형식 동사로 쓰였어요. 이때 부사를 함께 쓰면 의미를 풍부하게 만들 수 있어요.

목적어가 필요 없는 동사와 부사를 함께 사용한 문장을 더 살펴봅시다.

모든 것이 <u>순조롭게 진행된다</u>.

Everything <u>works smoothly</u>.

위 문장의 밑줄 친 부분을 아래 표현들로 바꾸어 말해 보세요. 필요한 경우 형태를 바꾸세요.

☐ **go well** 잘 되다
☐ **run perfectly** 완벽하게 진행되다
☐ **happen fast** 빠르게 일어나다

☐ **start on time** 제시간에 시작하다
☐ **begin tomorrow** 내일 시작되다
☐ **disappear quickly** 신속하게 사라지다

Point 2 3형식 동사

I can't start my car.

'차 시동을 못 걸겠어요'라는 의미는 '나는 내 차를 출발시키지 못하겠어요'라는 형식으로 표현할 수 있어요. 여기에서 동사 start는 목적어 my car를 수반하는 3형식 동사로 쓰였어요. 참고로 이때 문장 제일 앞에 나오는 주어는 강조가 되기 때문에 '나'(I)를 보다 강조하는 문장이 완성되어요.

목적어가 필요한 동사를 사용한 문장을 더 살펴봅시다.

그녀는 자신의 <u>사업체를 운영한다</u>.

She <u>runs her own business</u>.

위 문장의 밑줄 친 부분을 아래 표현들로 바꾸어 말해 보세요. 필요한 경우 형태를 바꾸세요.

☐ **surf the Internet** 인터넷 서핑을 하다
☐ **fix a laptop** 노트북을 고치다
☐ **download an application** 지원서를 다운받다

☐ **take a selfie** 셀카를 찍다
☐ **give a presentation** 프레젠테이션을 하다
☐ **schedule a meeting** 미팅 일정을 잡다

영작 문법 파헤치기

A 1형식 동사와 2형식 동사   1형식 동사 go, start... / 2형식 동사 be, look...

1형식 동사와 2형식 동사는 목적어를 가지지 않는 동사로서 자동사라고 불려요. 1형식 문장은 주어와 동사만으로 문장이 완성돼요. 대표적인 1형식 동사로는 go, arrive, start, begin, happen, appear 등이 있고, 문장의 의미를 풍부하게 하기 위해 동사 뒤에는 부사나 전치사로 시작하는 부사구가 올 수 있어요.

- The job fair **begins** at 10:00 tomorrow. 취업 박람회는 내일 10시에 시작한다.
- The vending machine **works** perfectly. 그 자판기는 완벽하게 작동한다.

*1형식 문장의 구조: 주어(S) + 동사(V)

2형식 동사는 목적어를 필요로 하지는 않지만 동사 뒤에 주어를 보충해 주는 보어를 필요로 해요. 보어 역할은 형용사나 명사가 할 수 있어요. 대표적인 2형식 동사로 be, become, look, feel, keep, stay 등을 들 수 있어요.

- The ER doctors **are** exhausted. 응급실 의사들은 매우 지쳤어요.
- Your new girlfriend **looks** gorgeous. 네 새 여자친구는 매우 아름답게 보여.

*2형식 문장의 구조: 주어(S) + 동사(V) + 보어(C)

연습 문제

다음 우리말에 맞게 빈칸에 들어갈 말을 써 보세요.

1 모터쇼가 내일 시작돼요. 너무 기대가 되어요. (start, wait)

The motor show _____ tomorrow. I can't _____.

2 그 프로젝트는 잘 되어가고 있어요? (go, well)

_____ the project _____ _____?

3 그 일은 정말 미안해요. (sorry)

I _____ terribly _____ about that.

4 지난 밤에 내 컴퓨터가 다운되었다. (crash)

My computer _____.

5 밖에 비가 오고 있어요. 비 맞지 마세요! (rain, stay)

It _____ outside. _____ dry!

6 Jackson 씨는 전화할 때 스트레스를 받은 것처럼 들렸다. (sound, stressed)

Ms. Jackson _____ on the phone.

7 내 남자 친구는 교회에 다니지 않는다. (churchgoer)

My boyfriend _____ _____.

● 참고 어휘   **motor show** 모터쇼 | **terribly** 몹시, 대단히 | **crash** (컴퓨터 등이) 갑자기 고장이 나다 | **churchgoer** 교회 다니는 사람

3형식 동사 love, like, want, stop, answer...

3형식 동사는 목적어를 필요로 하는 동사로 타동사에 속해요. 목적어는 동사 뒤에 바로 나오고 '~을/를'로 해석해요. 동사 중에서 3형식 동사의 비중이 가장 커요.

- I **surf** the Internet three hours a day. 나는 하루에 3시간 인터넷 서핑을 한다.
- Only the managers can **work** the cash register. 매니저들만 금전등록기를 사용할 수 있다.
- Helen won't **answer** my phone calls. Helen은 내 전화를 받지 않는다.

*3형식 문장의 구조: 주어(S) + 동사(V) + 목적어(O)

일부 동사는 자동사로도 쓰일 수 있고 타동사로도 쓰일 수 있어요. 목적어의 유무에 따라 자동사인지 타동사인지 판단할 수 있어요.

- The driver **stopped** the car on the corner. 그 운전사는 코너에 차를 세웠다. (stop 세우다 → 타동사)
- This bus does not **stop** at Central Park. 이 버스는 중앙 공원에 서지 않는다. (stop 서다 → 자동사)

연습 문제

다음 우리말에 맞게 빈칸에 들어갈 말을 써 보세요.

1 그는 컴퓨터를 쉽게 고칠 수 있다. (fix)

He can ＿＿＿＿＿＿＿＿＿＿＿ easily.

2 Smith 씨는 레스토랑을 소유하고 있다. (own)

Mr. Smith ＿＿＿＿＿＿＿＿＿＿＿.

3 USB는 잃어버리기가 쉽다. (lose, a USB drive)

It is easy to ＿＿＿＿＿＿＿＿＿＿＿.

4 Mary는 답신 전화를 하지 않는다. (return calls)

Mary ＿＿＿＿＿＿＿＿＿＿＿.

5 내 질문에 답 좀 해 줄래요?

Could you please ＿＿＿＿＿＿＿＿＿＿＿?

6 Frank는 정말로 빨리 달릴 수 있다.

Frank can ＿＿＿＿＿＿＿＿＿＿＿.

7 그 컴퓨터 프로그램을 실행했지만, 아무 일도 일어나지 않았다. (run)

I ＿＿＿＿＿＿＿＿＿＿＿, but nothing ＿＿＿＿＿＿.

---

❷ 참고 어휘 　fix 고치다 | own 소유하다 | return 회신하다 | fast 빠르게 | run 달리다, 실행하다

영작 훈련하기

A
다음 주어진 단어를 바르게 배열하여 문장을 완성하세요. 필요한 경우 동사의 형태를 바꾸세요.

1 내 일은 돈벌이가 되지 않는다. (my job / pay / much / not)

   ....

2 나는 좌절감과 무력감을 느꼈다. (and / feel / I / helpless / frustrated)

   ....

3 이웃이 Park 가에서 옷 가게를 열었다. (open / a clothes shop / on Park Avenue / my neighbor)

   ....

4 Kim 교수님이 보낸 파일은 다운로드되지 않았다. (not / the file from Professor Kim / download)

   ....

5 먼저 그 어플리케이션을 다운로드해야 한다. (first / the application / have to / you / download)

   ....

☑ 참고어휘 **frustrated** 좌절한 | **helpless** 무력한 | **neighbor** 이웃 | **clothes shop** 옷 가게 | **professor** 교수 | **application** 어플리케이션, 앱

B
다음 ( ) 안에 주어진 말을 이용하여 다음 문장을 영작하세요.

1 내 휴대전화 배터리가 다 닳았다. (my cell phone battery, dead)

   ....

2 Emily는 노래를 잘한다. (sing, well)

   ....

3 제가 여기 있는 이 프린터를 써도 되나요? (use)

   ....

4 그 메신저 앱은 전혀 작동이 되지 않는다. (the messaging application, at all)

   ....

5 나는 바닷가에서 셀카를 많이 찍을 것이다. (take a lot of selfies, on the beach)

   ....

☑ 참고어휘 **cell phone** 휴대폰 | **dead** 죽은, (배터리가) 다 닳은 | **messaging application** 메신저 앱 | **take a selfie** 셀카를 찍다

다음 온라인 게시물을 읽고, 빈칸에 알맞은 문장을 영작하여 지문을 완성하세요.

Register a complaint

Category	Computer
Service	Return
Order number	987261

Description	I am contacting you to inform you that I recently purchased a new computer from your company, but ❶ _____.
	최근에 귀사에서 새 컴퓨터를 샀는데, 작동하지 않는다는 것을 알리기 위해 연락을 드려요.
	It cost $1,500, and it *arrived on the 4th of August.
	비용은 1,500 달러였고, 8월 4일에 도착했어요.
	For the first four days, there were problems with the machine working slowly.
	첫 4일 동안에는 기계가 느려지는 문제가 있었어요.
	In addition, ❷ _____, and finally it failed to start.
	또한, 어떤 파일도 다운받을 수 없었고, 결국엔 켜지지 않았어요.
	I am returning the computer to you by courier.
	택배로 컴퓨터는 돌려보낼 거예요.
	I expect a full refund as soon as possible.
	가능한 빨리 전액 환불받기를 바랍니다.
	Please pay me back on my Visa account immediately.
	제 비자 카드로 즉시 환불을 부탁드립니다.

*arrive는 목적어를 가질 수 없는 1형식 동사예요. 목적어가 있으면 틀린 문장이 되니 주의하세요.
I arrived in New York. (○)   I arrived New York. (×)

🔾 참고 어휘 | **inform** 알려주다 | **recently** 최근에 | **purchase** 구입하다 | **cost** 비용이 나가다 | **by courier** 택배로 | **full refund** 전액 환불 | **immediately** 즉시

🥤 오늘의 꿀팁 !

'셀카'의 바른 영어 표현은?

정답은 바로 selfie예요. self-portrait(본인의 인물 사진)의 줄임말로 영어 사전에도 정식 등록된 단어랍니다. 더 멋진 셀카를 위한 필수품, '셀카봉'은 영어로 무엇일까요? 바로 selfie stick이에요.

Funny Selfie Quotes 재미있는 셀카 문장
No job is complete until the **selfie** is posted. 셀카를 올릴 때까지 완성된 것은 없다.
I am sending my **selfie** to NASA because I am a star! 내 셀카를 NASA에 보내야겠어. 내가 스타니까!

Day 08 | 4형식 동사 vs. 5형식 동사

아래 우리말 문장은 각각 2개의 목적어를 필요로 하는 문장과 목적 보어를 필요로 하는 문장이에요. 어떻게 영작할지 생각해 보세요.

Point 1   그가 나에게 한 가지 부탁을 했어요.

Point 2   그가 나에게 조용히 해 달라고 부탁했어요.

몸풀기 영작 연습

우리말에 맞는 영어 표현을 골라보세요.

1 그녀는 내게 질문을 했다. •
2 그녀는 내게 질문에 답해 달라고 했다. •

• She asked me to answer the question.
• She asked me a question.

Point 1   4형식 동사

He asked me a favor.

두 개의 목적어를 쓸 수 있는 4형식 동사인 ask를 쓰면 쉽게 해결돼요. 동사 뒤에 사람목적어와 사물목적어를 나란히 놓으면 '나에게 부탁을 하다'(ask me a favor)는 의미가 만들어져요.

두 개의 목적어를 포함한 4형식 문장을 더 살펴봅시다.

며칠 전 Jim이 나에게 저녁을 샀다.

Jim <u>bought me dinner</u> the other day.

위 문장의 밑줄 친 부분을 아래 표현들로 바꾸어 말해 보세요. 필요한 경우 형태를 바꾸세요.

- ☐ get me a gift 나에게 선물을 주다
- ☐ offer me a job 나에게 직업을 주다
- ☐ send me a gift certificate 나에게 상품권을 보내다
- ☐ make me a sandwich 나에게 샌드위치를 만들어주다
- ☐ write me an e-mail 나에게 이메일을 쓰다
- ☐ ask me a question 나에게 질문을 하다

Point 2   5형식 동사

He asked me to be quiet.

동사 ask뒤에 사람목적어와 to부정사를 쓰면 간단히 만들 수 있어요. 동사 ask를 5형식 동사로 사용한 문장이에요.

to부정사를 포함한 5형식 문장을 더 살펴봅시다.

의사는 그에게 규칙적으로 운동하라고 충고했다.

The doctor <u>advised him to exercise regularly</u>.

위 문장의 밑줄 친 부분을 아래 표현들로 바꾸어 말해 보세요. 필요한 경우 형태를 바꾸세요.

- ☐ want him to eat less 그가 적게 먹는 것을 원하다
- ☐ would like him to stay 그가 머물기를 바라다
- ☐ tell him to stop smoking 그에게 금연하라고 말하다
- ☐ expect him to be on time 그가 제시간에 오기를 기대하다
- ☐ ask him to come back 그에게 다시 오라고 부탁하다
- ☐ tell him to rest 그에게 쉬라고 말하다

영작 문법 파헤치기

A 4형식 동사 give, offer, buy, ask, send, make, get...

4형식 동사 뒤에는 두 개의 목적어가 이어져요. 간접목적어와 직접목적어가 나오는데, 이들은 각각 '~에게'와 '~을/를'로 해석해요.

- Susan **gave** me a wedding invitation. Susan은 내게 청첩장을 주었다.
- The hotel **offers** guests a welcome drink. 그 호텔은 손님에게 웰컴 드링크를 제공한다.
- I will **buy** you dinner next time. 다음에 내가 너에게 저녁을 살게.

*4형식 문장: S(주어) + V(동사) + I.O.(간접목적어) + D.O.(직접목적어)

4형식 문장은 전치사를 써서 3형식 문장으로 바꿀 수 있어요. 사람목적어와 사물목적어의 순서를 바꾸고 전치사 to 또는 for를 쓰면 되어요. give, offer, send 등의 동사에는 to를, buy, make, get 등의 동사에는 for를 써요.

- The bank will **give** a bonus **to** its employees. 그 은행은 직원들에게 보너스를 줄 것이다.
- My boyfriend **bought** this perfume **for** me. 내 남자친구가 나를 위해 이 향수를 사줬어요.

연습문제

다음 우리말에 맞게 빈칸에 들어갈 말을 써 보세요.

1 Eric이 파티에서 나에게 사적인 질문을 했다. (ask, personal questions)

Eric ＿＿＿＿＿＿＿＿＿＿＿＿＿＿＿＿＿＿＿＿＿＿＿ at the party.

2 언제 한번 당신에게 커피를 사고 싶어요. (buy)

I would like to ＿＿＿＿＿＿＿＿＿＿＿＿＿＿＿＿ sometime.

3 교수님은 우리에게 충분한 시간을 줄 것이다. (plenty of time)

The professor will ＿＿＿＿＿＿＿＿＿＿＿＿＿＿＿＿ to ＿＿＿＿＿＿.

4 그들은 내게 영업 사원직을 제안했다. (offer)

They ＿＿＿＿＿＿＿＿＿＿＿＿＿＿＿＿＿＿＿ as a sales representative.

5 그는 나를 위해 비싼 반지를 샀다. (buy)

He ＿＿＿＿＿＿＿＿＿＿＿＿＿＿＿＿＿ for ＿＿＿＿＿＿.

6 Lee 씨는 자신의 상사에게 비밀 문서를 가져다 주었다. (get)

Mr. Lee ＿＿＿＿＿＿＿＿＿＿＿＿＿＿ the confidential document.

7 Kim은 매일 자신의 가족에게 멋진 저녁 식사를 만들어준다. (a nice dinner)

Kim ＿＿＿＿＿＿＿＿＿＿＿＿＿＿＿＿＿＿＿＿＿＿＿＿ every day.

✔ 참고 어휘 **personal** 사적인 | **plenty of** 충분한 | **sales representative** 영업 사원 | **confidential** 비밀의 | **document** 서류, 문서

B 5형식 동사 want, advise, ask, tell, expect, make, let...

5형식 동사 뒤에는 목적어와 목적보어가 따라오는데, 이때 목적보어는 목적어를 보충 설명해 주어요. 즉 '(목적어)가 (목적보어)하다'라는 관계가 성립되어요. to부정사를 목적보어로 쓰는 동사로는 want, would like, ask, advise, allow, encourage 등이 있어요.

- We **want** you **to come** to our wedding. 우리는 네가 우리 결혼식에 오면 좋겠어.
- He **asked** me **to marry** him. 그는 나에게 청혼했다.
- The government **advised** people **to wear** a mask. 정부는 사람들에게 마스크를 쓰라고 충고했다.

*5형식 문장: S(주어) + V(동사) + O(목적어) + O.C.(목적보어)

5형식의 목적보어로 to부정사 대신 동사원형을 쓸 때도 있어요. 사역동사 have, make, let과 지각동사 see, hear, watch, notice 등의 경우, 목적보어 자리에 동사원형을 써야 해요.

- I won't **let** you **go**. 당신을 보낼 수 없어요.
- My mom **had** me **do** the laundry. 엄마는 내게 빨래를 시켰다.
- We **saw** you **study** hard at the library. 우리는 네가 도서관에서 열심히 공부하는 것을 봤어.

연습문제 다음 우리말에 맞게 빈칸에 들어갈 말을 써 보세요.

1 Jane은 Jake가 그녀의 졸업식에 올 것으로 기대한다. (expect, come)

Jane _____ to her graduation.

2 여러분이 주간 회의에 참석하면 좋겠어요. (would like, attend)

I _____ the weekly meeting.

3 나의 부모님은 나에게 독서회에 가입하라고 충고하셨다. (advise, join)

My parents _____ a book club.

4 습기가 나를 짜증나게 만들었다. (make, feel)

The humidity _____ annoyed.

5 그녀가 우리에게 편하게 입고 오라고 했다. (tell, dress)

She _____ casually.

6 제가 가방을 들어 드릴게요. (let, carry)

_____ the luggage for you.

7 불을 꺼 드릴까요? (want, turn off)

Do you _____ the lights?

🔹 참고 어휘 graduation 졸업식 | weekly meeting 주간 회의 | join 가입하다 | book club 독서회 | humidity 습기 | annoyed 짜증난 | dress casually 편하게 입다 | carry 실어 나르다 | luggage 가방 | turn off (불을) 끄다

영작 훈련하기

A

다음 주어진 단어를 바르게 배열하여 문장을 완성하세요. 필요한 경우 동사의 형태를 바꾸세요.

1 나는 당신이 제 부탁을 들어주길 바라요. (I hope / do / you / could / a favor / me)

....

2 그 슬픈 소식은 나를 울게 만들었다. (make / cry / the sad news / me)

....

3 그 IT 회사는 나에게 마케팅 직을 제안했다. (offer / me / the IT company / a marketing job)

....

4 Aiden은 내게 파티에 음식을 가져오라고 부탁했다. (to bring / Aiden / me / ask / some food / to the party)

....

5 면접관은 그에게 많은 질문을 했다. (a lot of questions / the interviewer / him / ask)

....

◑ 참고어휘 **favor** 부탁 | **offer** 제공하다 | **interviewer** 면접관

B

다음 ( ) 안에 주어진 말을 이용하여 다음 문장을 영작하세요.

1 그 교수님은 우리가 제시간에 오기를 기대하신다. (expect, be on time)

....

2 Ian은 우리가 그의 프레젠테이션에 오기를 원한다. (want, attend)

....

3 그녀는 그녀의 친척들에게 초대장을 보냈다. (send, relatives, an invitation card)

....

4 주최자는 모든 사람들에게 차가운 음료수를 가져다 주었다. (get, a cold drink)

....

5 당신이 우리와 함께 오래도록 머무르면 좋겠어요. (would like, stay with us, as long as possible)

....

◑ 참고어휘 **on time** 제시간에 | **attend** 참석하다 | **presentation** 프레젠테이션 | **relative** 친척 | **as long as possible** 가능한 오래

다음 이메일을 읽고, 빈칸에 알맞은 문장을 영작하여 지문을 완성하세요.

✉ **New message**　　　　　　　　　　　　　　　　　　　　　　　　　　− ↗ ✕

To　　　John7643@tmail.com

Subject　Housewarming party

Hi, John,
안녕, 존,

How are you? I hope you are well and are having a great time on your holiday.
잘 지내지? 네가 건강하고, 휴가에서 즐거운 시간을 보내고 있길 바라.

I'm planning on having a small housewarming party to celebrate my new place this weekend.
내가 이번 주말에 이사 기념으로 소박한 집들이를 계획하고 있어.

All the guys from school are coming over. It's this Saturday at 3:00 P.M.
학교 친구들이 다 올 거야. 이번 주 토요일 오후 3시야.

I would like you to come. ❶ _____.
네가 꼭 왔으면 좋겠어. 그리고 너에게 부탁을 하나 하고 싶어.

❷ _____ to the party.
Meg한테 커다란 스피커를 가지고 오라고 했거든.

Can you *help Meg to bring them over in your car?
네 차로 좀 실어다 줄 수 있겠어?

I hope to see you at the party. Bye!
파티에서 보자. 안녕!

Cheers,
Sam

---

*help 동사도 5형식 동사로 쓰일 수 있어요. 목적보어로 to부정사와 동사원형을 모두 쓸 수 있는 특별한 동사죠.
　Can you **help** Meg **to bring** them over in your car? = Can you **help** Meg **bring** them over in your car?

🔵 참고 어휘　**well** 건강한 | **on holiday** 휴가 중인 | **plan on** ~을 계획하다 | **housewarming party** 집들이 | **celebrate** 기념하다, 축하하다

🥤 **오늘의 꿀팁!** //

변신의 귀재, 동사 ask

ask는 사용 빈도가 매우 높은 동사예요. ask가 만드는 다양한 문장 구조에 따라 함께 쓰이는 전치사를 알아두면 스피킹과 라이팅 속도가 쑥쑥 올라갈 거예요.

ⓐ **ask me a question** 질문하다　　Don't ask me personal questions. 사적인 질문은 하지 마세요.
ⓑ **ask me about** ~에 대해 묻다　　He asked me about the car accident. 그는 나에게 자동차 사고에 대해 물었다.
ⓒ **ask me for** ~을 요청하다　　He asked me for help. 그는 나에게 도움을 요청했다.
ⓓ **ask me if** ~인지 묻다　　Sarah asked me if I was free on Friday.
　　　　　　　　　　　　　　　　Sarah는 내가 금요일에 시간이 있는지 물었다.
ⓔ **ask me to do** ~을 부탁하다　　Michael asked me to pick him up. Michael은 내게 차에 태워 달라고 부탁했다.

A 다음 우리말에 맞게 빈칸에 알맞은 말을 선택하여 문장을 완성하세요.

1 내 노트북이 안 켜져.

My laptop won't _____.

- ☐ turn on
- ☐ turn it on

2 Harry는 파티가 끝나고 나를 집까지 태워주었다.

Harry gave _____ home after the party.

- ☐ a ride me
- ☐ me a ride

3 그 사업가는 스트레스를 받은 것처럼 보였다.

The businessman looked _____.

- ☐ stress
- ☐ stressed

4 내가 부탁 하나 해도 될까?

Can I ask _____?

- ☐ you a favor
- ☐ a favor you

5 Nick은 나에게 자신을 용서해 달라고 부탁했다.

Nick asked me _____ him.

- ☐ forgive
- ☐ to forgive

6 비는 나를 로맨틱하게 만든다.

Rain makes me _____ romantic.

- ☐ feel
- ☐ to feel

7 이 기차는 캠브리지 역에 정차하지 않는다.

This train doesn't _____ at Cambridge Station.

- ☐ stop
- ☐ stop it

8 제가 질문 하나 할게요.

Let me _____ you a question.

- ☐ ask
- ☐ to ask

동사

B 다음 ( ) 안에 들어 있는 말을 이용하여 주어진 문장을 영작하세요.

1 아무도 우리 아빠를 말릴 수 없다. (no one, stop)

_____

2 에어컨 좀 틀어줄래? (turn on, the air conditioner)

_____

3 기말고사는 매우 쉬웠다. (the final exams, extremely)

_____

4 Lee 교수님께서 우리에게 내일까지 과제물을 제출하라고 말씀하셨다. (submit, tell, the paper)

_____

5 네 변명들은 안 통할 거야. (your excuses, work)

_____

6 Rachel은 항상 BTS 노래를 부른다. (BTS songs)

_____

7 Cindy는 록밴드에서 노래한다. (in a rock band)

_____

8 제게 봉투를 좀 줄 수 있나요? (get, some envelopes)

_____

Day 09 | 필요와 의무의 have to vs. 충고와 조언의 should

아래 우리말 문장은 각각 반드시 해야 하는 것과 하면 좋은 것을 나타냅니다.
어떻게 영작할지 생각해 보세요.

Point 1   내일 반드시 출근해야 해요.

내일은 월요일!
내일 꼭 출근해야 되니까
술 마시면 절대 안돼!

Point 2   내일 출근하는 것이 좋겠어요.

내일은 토요일!
반드시 출근해야 하는 건 아니야.
하지만 할 일이 있으니
술을 안 마시고 출근하는 것이
좋을 것 같아.

몸풀기
영작 연습

우리말에 맞는 영어 표현을 골라보세요.

1 내일 반드시 집에서 쉬셔야 해요.   You (**have to** / **should**) stay home and rest tomorrow.
2 내일 집에서 쉬시는 것이 좋겠네요.   You (**have to** / **should**) stay home and rest tomorrow.

Point 1   필요와 의무의 조동사 have to

I have to go to work tomorrow.

'반드시 출근을 해야 해요'라는 의미는 필수 혹은 의무의 의미를 나타내는 조동사 have to를 써서 표현할 수 있어요. have to 보다 더 강한 느낌을 주기 위해 must를 쓸 수도 있어요.

have to를 사용해 반드시 해야 하는 일을 표현한 문장을 더 살펴봅시다.

당신은 지금 <u>가야 해요</u>. 그렇지 않으면 난감해 질 거예요.
You <u>have to leave</u> now, or you'll be in trouble.

위 문장의 밑줄 친 부분을 아래 표현들로 바꾸어 말해 보세요. 필요한 경우 형태를 바꾸세요.

- ☐ keep your promise 약속을 지키다
- ☐ follow rules 규칙을 따르다
- ☐ submit your essay 에세이를 제출하다
- ☐ work overtime 야근하다
- ☐ take the TOEIC 토익 시험을 보다
- ☐ get a high score 고득점을 받다

Point 2   충고와 조언의 조동사 should

I should go to work tomorrow.

'출근하는 것이 좋겠어요'는 반드시 가야 한다는 의미를 나타내는 것이 아니기 때문에 조동사 should를 써서 보다 부드러운 표현을 만드는 것이 좋아요. 다음 날 반드시 출근해야 하는 직장인이 'I should go to work tomorrow.'라고 말한다면 어색한 표현이 된다는 점을 기억해 주세요.

should를 사용해 부드럽게 충고하는 문장을 더 살펴봅시다.

당신은 <u>부모님 말씀을 듣는</u> 것이 좋을 것 같아요.
I think you <u>should listen to your parents</u>.

위 문장의 밑줄 친 부분을 아래 표현들로 바꾸어 말해 보세요. 필요한 경우 형태를 바꾸세요.

- ☐ cut down on smoking 담배를 줄이다
- ☐ respect others 다른 사람들을 존중하다
- ☐ take an umbrella 우산을 가져가다
- ☐ sign up for yoga class 요가 수업에 등록하다
- ☐ break up with her 그녀와 헤어지다
- ☐ get some rest 휴식을 취하다

영작 문법 파헤치기

A 필요와 의무의 조동사 have to

반드시 해야 하는 일에는 조동사 have/has to(~해야 한다)를 써요. 과거형은 had to(~해야 했다)로 나타내요.

- You **have to** respect others. 당신은 다른 사람들을 존중해야 한다.
- Danna **has to** wear a skirt at work. Danna는 직장에서 치마를 입어야 한다.
- I **had to** break up with her. 나는 그녀와 헤어져야 했다.

부정형은 '~할 필요가 없다'는 의미의 don't/doesn't have to로 나타내요. 의문문은 「Do you have to ~?」, 「Does she have to ~?」와 같이 쓸 수 있어요. 과거형은 각각 didn't have to와 「Did you have to ~?」로 써요.

- We **don't have to** brush our teeth hard. 이를 세게 닦을 필요는 없다.
- **Do** you **have to** leave early today? 오늘 일찍 가야 하나요?
- Bob **didn't have to** work part time. Bob은 아르바이트를 할 필요가 없었다.

연습문제

다음 우리말에 맞게 빈칸에 들어갈 말을 써 보세요.

1 교차로에서 우회전 해야 한다. (turn right)

You _____ at the intersection.

2 Lisa가 그에게 사과할 필요는 없다. (apologize)

Lisa _____ to him.

3 Simpson 씨는 내일 아침 일찍 일어나야 한다. (wake up)

Mr. Simpson _____ early tomorrow.

4 나는 토요일에 일찍 일어날 필요가 없다. (wake up)

I _____ early on Saturdays.

5 나는 시험 공부를 벼락치기로 하느라 밤을 새워야 했다. (stay up)

I _____ all night cramming for the exam.

6 저희가 화요일까지 에세이를 내야 하나요? (submit)

_____ our essays by Tuesday?

7 당신이 그에게 소리를 지를 필요는 없었다. (yell at)

You _____ him.

● 참고어휘   intersection 교차로 | apologize 사과하다 | cram for 벼락치기하다 | submit 제출하다 | yell at ~에게 소리지르다

B 충고와 조언의 조동사 should

충고나 조언을 할 때에는 조동사 should를 써요. 이때 should는 '~하는 것이 좋다', '~하는 것이 옳다'
라고 해석할 수 있어요. '~해야 한다'라고 해석할 수도 있지만, 강한 의미의 의무는 have to로 나타낸다
는 점을 기억해 주세요.

- I **should** do more exercise. 나는 운동을 더 하는 것이 좋겠어.
- You **should** not accept the job offer. 그 일자리를 받아들여서는 안돼.

should는 종종 I think..., I don't think..., Do you think... 등과 함께 어울려 쓰여요. 그러면 더 부드러
운 표현이 만들어져요.

- **I think** you **should** go out with Jim. 네가 Jim과 데이트하는 것이 좋을 것 같아.
- **I don't think** you **should** get married to Susan. 네가 Susan과 결혼하면 안될 것 같아.
- **Do you think** I **should** sign up for the English class? 내가 그 영어 수업을 등록하는 것이 좋을 것 같니?

연습 문제

다음 우리말에 맞게 빈칸에 들어갈 말을 써 보세요.

1 당신은 교실 앞자리에 앉는 것이 좋겠다.

You _____ in the front of the class.

2 우리가 벽에 가족 사진을 거는 것이 좋을 것 같다. (put)

I _____ we _____ some family photos on the walls.

3 당신은 기름진 음식을 줄이는 것이 좋겠다. (cut down)

You _____ on fatty foods.

4 네가 셀카 촬영을 그만두는 것이 좋을 것 같아.

I _____ you _____ taking selfies.

5 너는 지금 휴대폰 게임을 안 하는 것이 좋을 것 같아.

I _____ you _____ mobile games now.

6 MJ를 파티에 초대하지 않는 것이 좋겠다.

We _____ MJ to our party.

7 제가 우산을 가져가는 것이 좋을 것 같나요? (take)

_____ I _____ an umbrella?

---

❷ 참고어휘   cut down on 줄이다 | fatty foods 기름진 음식 | take a selfie 셀카를 찍다 | play a mobile game 휴대폰 게임을 하다

영작 훈련하기

A 다음 주어진 단어를 바르게 배열하여 문장을 완성하세요. 필요한 경우 동사의 형태를 바꾸세요.

1 나는 토익에서 700점 이상을 받아야 한다. (I / get / on the TOEIC / have to / above / 700)

---

2 Jeremy는 토익을 볼 필요가 없다. (have to / not / the TOEIC / Jeremy / take)

---

3 당신이 언젠가 그녀에게 저녁을 사주는 것이 좋을 것 같다. (think / her / should / take / I / to dinner / you / sometime)

---

4 자전거 탈 때에는 헬멧을 쓰는 것이 좋다. (you / a helmet / wear / cycling / should / when)

---

5 정부는 미세먼지에 대해 무언가 조치를 취해야 한다. (microdust / the government / do / something / have to / about)

● 참고 어휘 take the TOEIC 토익 시험을 보다 | sometime 언젠가 | wear a helmet 헬멧을 쓰다 | government 정부 | microdust 미세먼지

B 다음 ( ) 안에 주어진 말을 이용하여 다음 문장을 영작하세요.

1 내가 의사한테 가 보는 것이 좋을 것 같다. (go to see a doctor)

---

2 학생들은 제시간에 과제를 제출해야 한다. (submit their assignments, on time)

---

3 당신이 다른 사람들에게 이래라저래라 하지 않는 것이 좋겠다. (tell people what to do)

---

4 네가 이 음식을 다 먹을 필요는 없다. (finish, this food)

---

5 Jim은 지난밤에 9시까지 일해야 했다. (work, till 9 o'clock)

● 참고 어휘 see a doctor 의사를 만나다 | submit 제출하다 | assignment 과제 | on time 예정된 시간에 | till ~까지

다음 건강 칼럼을 읽고, 빈칸에 알맞은 문장을 영작하여 지문을 완성하세요.

ADVICE FOR A HEALTHY LIFE
건강한 삶을 위한 조언

How to stay healthy from our regular contributor, Dr. Shepherd
고정 기고가 Shepherd 박사가 전하는 건강 유지법

First, the most important thing that you have to do is control your weight.
첫째, 여러분이 해야 할 가장 중요한 것은 체중 조절입니다.

Cut down on the amount of sugar and fast food that you eat.
설탕과 패스트푸드 섭취를 줄이세요.

Second, if you enjoy smoking, ❶ _____.
둘째, 흡연을 즐기신다면 반드시 금연을 생각하셔야 합니다.

This bad habit usually leads to serious lung disease or an early death.
이 나쁜 버릇은 보통 심각한 폐질환이나 조기 사망의 원인이 됩니다.

Third, try to eat at least five different types of fruits and vegetables a day.
셋째, 적어도 5가지 이상의 다양한 과일과 야채를 섭취하려고 노력하세요.

Reports show that they help to prevent cancer.
보고에 따르면 이는 암을 예방하는데 도움이 된다고 합니다.

Finally, ❷ _____.
마지막으로, 7시간 이상의 수면을 취하시는 것이 좋습니다.

A good night's sleep is the best way to improve your health.
숙면은 건강을 향상시키는 최고의 방법입니다.

Remember that if you are unwell for a long period of time, do not hesitate to contact your family doctor.
오랜 기간 동안 건강이 좋지 않으면 주치의에게 바로 연락하세요.

✅ 참고 어휘 **contributor** 기고가 | **weight** 체중 | **cut down on** 줄이다 | **lead to** ~으로 이어지다 | **disease** 질병 | **prevent** 예방하다 | **good night's sleep** 숙면 | **unwell** 건강하지 않은 | **hesitate** 주저하다 | **family doctor** 주치의

🥤 오늘의 꿀팁!

hospital과 clinic의 차이

'나 병원 가야 해.'라는 의미로 'I have to go to the hospital.'이라고 말한다면 원어민은 깜짝 놀랍니다! 왜냐하면 hospital은 심각하게 다쳤거나, 중병에 걸릴 때 가는 큰 종합병원이기 때문이죠. 동네 병원에 갈 때에는 go to the clinic 이라는 표현을 쓴답니다.

A: I am not feeling well today. I think I should **go to the clinic**. 나 몸이 안 좋아. 병원에 가야 할 것 같아.
B: Yeah. I thought you looked pale. 그래. 왠지 창백해 보인다 했어.

Day 10

가능성과 추측의 could/might vs. 능력의 can/could

아래 우리말 문장은 각각 현재나 미래의 가능성과 과거의 능력을 나타냅니다.
어떻게 영작할지 생각해 보세요.

Point 1 이 사람이 내 운명의 남자일 수도 있어.

지금 이 남자가
나의 '운명의 남자'
(the one)일까?

Point 2 난 그때 그가 내 운명의 남자라는 걸 알 수 없었다.

저 남자가 내 운명의
남자라는 것을 그땐
몰랐어.

몸풀기
영작 연습

우리말에 맞는 영어 표현을 골라보세요.

1 그는 수학 천재일 수도 있어요.   He (**could** / **can**) be a math genius.

2 그는 아무 문제도 풀 수 없었어요.   He (**couldn't** / **can't**) solve any questions.

Point 1   가능성과 추측의 조동사 could/might

He could be the one.

흔히 could를 can의 과거형으로만 생각하지만 현재나 미래의 의미를 나타낼 때에도 could가
자주 쓰여요. 확실하지는 않지만 '운명의 남자(the one)일 수도 있다'는 가능성이나 추측의 의미를
조동사 could로 표현해 보세요.

could를 사용하여 가능성을 표현한 문장을 더 살펴봅시다.

그녀는 <u>자고 있을</u> 수도 있다.

She <u>could be in bed</u>.

위 문장의 밑줄 친 부분을 아래 표현들로 바꾸어 말해 보세요. 필요한 경우 형태를 바꾸세요.

- ☐ be seriously sick 심각하게 아프다
- ☐ be pregnant 임신하다
- ☐ be my soulmate 내 영혼의 파트너이다
- ☐ wake up in a minute 곧 일어나다
- ☐ lose her job 실직하다
- ☐ be late 늦다

Point 2   능력의 조동사 can/could

I couldn't see he was the one at that time.

같은 could를 쓰지만 여기에 쓰인 could는 과거의 능력을 나타내는 조동사예요. '그가 운명의
남자인지 알 수 없었다'라는 의미는 could와 부정어 not을 이용해 표현할 수 있어요.

could를 사용하여 능력을 표현한 문장을 더 살펴봅시다.

그녀는 대학 때 <u>밤을 샐 수 있었다</u>.

She <u>could stay up all night</u> when she was
in college.

위 문장의 밑줄 친 부분을 아래 표현들로 바꾸어 말해 보세요. 필요한 경우 형태를 바꾸세요.

- ☐ dance all night 밤새 춤추다
- ☐ do 50 push-ups 팔굽혀펴기 50개를 하다
- ☐ do 100 sit-ups 윗몸일으키기 100개를 하다
- ☐ drink like a fish 술을 엄청 마시다
- ☐ speak a bit of French 불어를 조금 하다
- ☐ run marathons 마라톤을 완주하다

A 가능성과 추측의 조동사 could/might

could는 가능성이 높지 않은 일에 대해 이야기하거나 추측의 의미를 나타내고자 할 때 써요. 이때 could는 '~일 수도 있다'라고 해석해요. could가 과거가 아닌 현재나 미래를 나타낸다는 점을 기억해야 해요.

- A: Where is Peter? Peter는 어디에 있나요?
  B: He **could** be in Hongdae. 홍대에 있을 수도 있어요.
- Jane **could** get the job. Let's wait and see. Jane이 취업을 할 수도 있어. 기다려보자.
- Jim **could** get a perfect score, but I don't think he will.
  Jim이 만점을 받을 수도 있겠지만, 그럴 것 같지는 않다.

might도 현재나 미래의 가능성을 나타내는 조동사로 '~일지도 모른다'로 해석해요. could와 바꾸어 쓸 수 있어요.

- Mark **might** move to London next year. Mark는 내년에 런던으로 이사를 갈지도 모른다.
- I **might** go to the movies this evening. 나는 오늘 저녁에 영화 보러 갈지도 몰라.
- Sue and Jack **might not** be at home tonight. Sue와 Jack은 오늘밤 집에 없을 수도 있다.

연습 문제

다음 우리말에 맞게 빈칸에 들어갈 말을 써 보세요.

1 그녀는 벼락치기를 하느라 바쁠 수도 있다.

She _____ _____ busy cramming for the exam.

2 오늘 늦게 눈이 올지도 모른다.

It _____ _____ later today.

3 Jacob이 말한 것이 사실일지도 모르지만, 나는 그럴 것 같지 않다.

What Jacob said _____ _____ true, but I don't think it is.

4 가방을 찾고 있어? 차에 있을 수도 있잖아.

Are you looking for your purse? It _____ _____ in the car.

5 Juliet은 변호사 시험에서 합격하지 못할지도 모른다. (pass)

Juliet _____ _____ the bar exam.

6 그녀는 독감에 걸렸을지도 모른다.

She _____ _____ the flu.

7 Tim과 Helen은 다시 사귈 수도 있다. (get)

Tim and Helen _____ _____ back together.

● 참고 어휘   **cram for** 벼락치기를 하다 | **purse** (여자) 가방 | **bar exam** 변호사 시험 | **flu** 독감 | **get back together** 다시 사귀다

B 능력의 조동사 can/could

can은 능력, 즉 '할 수 있다'는 뜻을 나타내요. 부정형은 can't(= cannot)이에요.

- I **can** hear people talking, but I **can't** see them.
  나는 사람들이 이야기하는 것을 들을 수 있었지만, 그들을 볼 수는 없었다.
- Kevin **can** do 60 sit-ups in one minute. Kevin은 1분에 윗몸일으키기를 60개 할 수 있다.
- Mark **can't** speak much Korean. Mark는 한국어를 잘 못한다.

과거형은 could이고 '~할 수 있었다'라고 해석해요. 부정형은 couldn't예요. 현재나 미래의 가능성을
나타내는 could와 구분해야 해요.

- David **could** do 100 push-ups when he was in his 20s.
  David는 20대일 때 팔굽혀펴기를 100개 할 수 있었다.
- My grandmother **could** speak Japanese. 우리 할머니께서는 일본어를 하실 수 있었다.
- Jessica was shocked. She **couldn't** speak a word.
  Jessica는 충격을 받았다. 그녀는 한 마디도 할 수 없었다.

**연습
문제**

다음 우리말에 맞게 빈칸에 들어갈 말을 써 보세요.

1 Kevin은 3년 전 팔굽혀펴기를 100개 할 수 있었다.

Kevin _____ 100 push-ups three years ago.

2 우리는 Tom이 무슨 이야기를 하는지 이해할 수 없었다.

We _____ what Tom was talking about.

3 나는 윗몸일으키기를 전혀 못한다.

I _____ sit-ups at all.

4 내 조카는 세 개의 언어를 구사할 수 있다.

My niece _____ three foreign languages.

5 난 어렸을 때 스페인어를 매우 잘 할 수 있었다.

I _____ Spanish very well when I was little.

6 Jim은 최고의 테니스 선수였다. 그는 모두를 이길 수 있었다. (beat)

Jim was the best tennis player. He _____ everyone.

7 난 최선을 다하겠지만, 내가 경기에서 이기지 못할 거라는 점을 안다. (win)

I will try my best, but I know I _____ the race.

---

❷ 참고어휘 **push-up** 팔굽혀펴기 | **sit-up** 윗몸일으키기 | **beat** 이기다 | **try one's best** 최선을 다하다 | **win the race** 경기에서 이기다

영작 훈련하기

A
다음 주어진 단어를 바르게 배열하여 문장을 완성하세요. 필요한 경우 동사의 형태를 바꾸세요.

1 Parker 씨는 어렸을 때 5개의 악기를 다룰 수 있었다. (could / five / musical / play / instruments / Mr. Parker/ when / be / younger/ he)

---

2 Brown 씨가 영업직 일자리 제의를 수락하지 않을지도 모른다. (Mr. Brown / not / might / as / the job offer / accept / a sales rep)

---

3 그들은 신혼여행으로 몰디브에 갈 수도 있다. (for / could / the Maldives / their honeymoon / go / to / they)

---

4 Kimberly는 오늘 출근하지 않았다. 아플 수도 있다. (Kimberly / be sick / at / work / not / could / she / today / be)

---

5 나는 fabulous라는 단어를 정확히 발음할 수 없다. (the word / *fabulous* / I / pronounce / correctly / can't)

✅ 참고 어휘 **musical instrument** 악기 | **sales rep** 영업사원 | **honeymoon** 신혼여행 | **pronounce** 발음하다 | **fabulous** 놀라운, 멋진

B
다음 ( ) 안에 주어진 말을 이용하여 다음 문장을 영작하세요.

1 아무도 네게 이래라저래라 할 수 없다. (tell, what to do)

---

2 집에서 토스트 타는 냄새가 나. (smell, burned toast)

---

3 Nate의 자기 가족에 대한 이야기는 사실일 수도 있지만, 나는 그를 신뢰하지 않는다. (true, trust)

---

4 그 환자들은 어떤 맛도 느끼지 못할지도 모른다. (taste, anything)

---

5 경찰은 Sam을 찾아 모든 곳을 다녔지만, 그를 찾을 수 없었다. (look for, everywhere, find)

✅ 참고 어휘 **what to do** 무엇을 할지 | **burned toast** 탄 토스트 | **trust** 신뢰하다, 믿다 | **look for** ~을 찾다

다음 자동차 리뷰를 읽고, 빈칸에 알맞은 문장을 영작하여 지문을 완성하세요.

ARE YOU LOOKING FOR A CAR THAT IS IDEAL FOR LIFE IN A CITY?
도시의 라이프 스타일에 적합한 차를 찾고 계신가요?

Then ❶ _____!
그렇다면 이것이 당신을 위한 답일 수 있어요!

The Metro Sports from Leopard Co. has been designed for driving and parking in the city.
Leopard 사에서 출시한 Metro Sports는 도시 드라이브와 주차에 알맞게 디자인되었어요.

Due to its small size, this is useful when shopping for quick items and picking up the kids.
작은 사이즈 때문에 간단한 쇼핑이나 아이들을 픽업할 때 유용하죠.

Anyone can park this car, and this car may be the most economical car around.
아무나 이 차를 주차할 수 있고, 이 차는 주변에서 볼 수 있는 가장 경제적인 차가 될지도 모르겠어요.

Other great features include parking sensors and a dashboard parking monitor.
다른 훌륭한 기능으로 주차 센서와 계기반 주차 모니터가 있어요.

The car comes in a range of striking colors and has a modern feel about it.
눈에 띄는 다양한 색이 준비되어 있고 현대적인 감각을 느끼실 수 있어요.

Finally, the price! ❷ _____
_____ on the market today.
마지막으로 가격! 이 차는 요즘 시장에서 볼 수 있는 가장 합리적인 가격의 차일지도 몰라요.

At only $9,999, I think this is excellent value for money!
단 9,999달러인 이 차는 가성비가 우수한 것 같아요!

🔵 참고 어휘 **ideal** 이상적인 | **park** 주차하다 | **economical** 경제적인 | **feature** ~을 특징으로 삼다 | **sensor** 센서 | **dashboard** 계기반 | **a range of** 다양한 | **striking** 눈에 띄는 | **reasonable** 합리적인

🥤 오늘의 꿀팁!

띄어쓰기가 만드는 차이 **maybe** vs. **may be**

회화를 할 때 자주 쓰이는 maybe의 품사는 부사예요. 하지만 may be는 조동사 may와 be동사를 나란히 놓은 형태죠. 의미는 비슷하지만 위치나 띄어쓰기에 주의해야 해요.

☐ He **may be** in the library at the moment. 그는 지금 도서관에 있을지도 몰라.
☐ **Maybe** I will stay home and watch TV tonight. 아마도 오늘 밤엔 집에서 TV나 보겠지.

Day 11

could have p.p.
vs. should have p.p.

아래 우리말 문장은 각각 과거 사건에 대한 가능성과 후회의 의미를 포함하고 있습니다.
어떻게 영작할지 생각해 보세요.

Point 1

나는 주식투자를 할 수도 있었어. (하지만 그러지 않았지.)

주식을 살 수도 있었지만
대신 집을 샀어.
부동산이 좋거든.

Point 2

나는 주식투자를 했어야 했어. (많이 올라서 후회돼.)

주식을 사는 게
옳은 결정이었는데.
ㅜㅜ 후회 중!

—◯─□─◯—
몸풀기
영작 연습

우리말에 맞는 영어 표현을 골라보세요.

1 난 일찍 잠자리에 들 수도 있었어.   I (**could** / **should**) have gone to bed early.
2 난 일찍 잠자리에 들었어야 했어.   I (**could** / **should**) have gone to bed early.

Point **1**   could have p.p.

I could have invested in stocks.

과거에 주식투자를 할 수는 있었지만 하지 않은 상황이에요. 과거에 가능은 했지만 일어나지
않은 일을 could have p.p.로 표현해 보세요.

could have p.p.를 사용하여 과거의 가능성을 표현하는 문장을
더 살펴봅시다.

넌 <u>파티에 갈 수도 있었지만</u>, 가지 않았어.

**You <u>could have gone to the party</u>, but you
didn't.**

위 문장의 밑줄 친 부분을 아래 표현들로 바꾸어 말해 보세요. 필요한 경우 형태를 바꾸세요.

- ☐ stay up late 늦게까지 깨어 있다
- ☐ go to Harvard University 하버드대에 가다
- ☐ study abroad 유학을 가다
- ☐ lend me some money 내게 돈을 빌려주다
- ☐ arrive on time 제시간에 도착하다
- ☐ be an actress 여배우가 되다

Point **2**   should have p.p.

I should have invested in stocks.

주식시장이 활황일 때 투자를 했어야 했는데 하지 않아서 후회를 하고 있는 상황이에요.
과거의 일에 대한 후회를 표현할 때에는 should have p.p.를 쓰세요.

should have p.p.를 사용하여 과거에 대한 후회를 표현하는 문장을
더 살펴봅시다.

넌 <u>내 말을 들었어야 했어.</u> 이제 늦었어.

**You <u>should have listened</u> to me. It is too
late now.**

위 문장의 밑줄 친 부분을 아래 표현들로 바꾸어 말해 보세요. 필요한 경우 형태를 바꾸세요.

- ☐ study harder 더 열심히 공부하다
- ☐ buy the car on sale 세일 중인 차를 사다
- ☐ marry the girl 그 여자와 결혼하다
- ☐ wake up earlier 더 일찍 일어나다
- ☐ apologize to her 그녀에게 사과하다
- ☐ ask for help 도움을 요청하다

영작 문법 파헤치기

A could have p.p. & might have p.p. (과거의 가능성, 추측)

could have p.p.는 일어날 가능성이 있었지만 일어나지 않은 일을 표현해요. '~할 수 있었는데 (하지 않았다)'로 해석하면 되어요. 부정형은 불가능을 나타내고 '~이었을 리가 없다'로 해석해요.

- I **could have bought** an apartment, but I didn't. 나는 아파트를 살 수도 있었지만, 사지 않았다.
- She **could have taken** a taxi last night, but she walked home.
  그녀는 지난 밤 택시를 탈 수도 있었지만, 집까지 걸어갔다.
- Ian **couldn't have passed** the test. He didn't study at all.
  Ian이 시험에 합격했을 리가 없어. 전혀 공부를 하지 않았거든.

could have p.p.는 과거의 일을 추측할 때에도 쓸 수 있어요. 확신의 강도가 높지 않기 때문에 '~이었을 수도 있다'로 해석해요. 이때에는 might have p.p.(~이었을지도 모른다)로 바꾸어 쓸 수 있어요. 이 의미로 쓰일 때 부정형은 might not have p.p.(~가 아니었을지도 모른다)만 가능해요.

- He **could [might] have dropped** his wallet in the shop. 그가 상점에서 지갑을 떨어뜨렸을 수도 있다.
- Kelly **might not have graduated** from college. Kelly는 대학을 졸업하지 않았을지도 모른다.

연습 문제

다음 우리말에 맞게 빈칸에 들어갈 말을 써 보세요.

1 나는 그 책을 살 수도 있었지만 그냥 도서관에서 대출했다.

I _____ the book, but I just borrowed it from the library.

2 그녀는 이 영화를 보지 않았을지도 모른다.

She _____ this film.

3 저를 여기 근처에서 보셨을지도 모르겠네요.

You _____ me around here.

4 네가 카페에 코트를 놓고 왔을 수도 있지. (leave)

You _____ your coat in the café.

5 Mark는 더 열심히 공부할 수도 있었지만 그는 게을렀다.

Mark _____ harder, but he was lazy.

6 그것은 사고였을 리가 없어. 누군가가 일부러 한 거야.

It _____ an accident. Someone did it on purpose.

7 Tony의 가족은 다른 나라로 이사를 갔을지도 모른다. 그들이 사라졌다. (move)

Tony's family _____ to a different country. They disappeared.

❷ 참고 어휘 lazy 게으른 | on purpose 일부러, 고의로 | disappear 사라지다

B should have p.p. (과거에 대한 후회) & must have p.p. (과거에 대한 강한 추측)

should have p.p.는 과거에 하지 않은 일에 대한 후회를 나타내요. should의 의미를 과거로만 바꾸어 해석하면 '~하는 것이 옳았는데', '~하는 것이 좋았는데'가 되어요. '~했어야 했는데'라고 해석해도 좋아요. 부정형은 과거에 한 일에 대한 후회를 나타내므로 '~하지 말았어야 했는데'로 해석해요.

- I **should have studied** harder for the test. 내가 시험 공부를 더 열심히 했어야 했는데.
- She **should not have bought** that luxury bag. 그 명품 가방을 사지 말았어야 했는데.

must have p.p.는 과거의 일에 대한 강한 추측을 나타내요. 100%까지는 아니더라도 강한 확신이 들 때 사용하고 '틀림없이 ~이었겠다'라고 해석해요. 부정형은 '틀림없이 ~이 아니었을 거야'라고 해석해요.

- It **must have been** tough for you. 너 정말 힘들었겠다.
- Ricky **must have told** everybody about it. Ricky가 틀림없이 모든 사람에게 그것에 대해 말했을 것이다.
- She **must not have gotten** my text message. She didn't text me back.
  그녀는 틀림없이 내 문자를 못 받았을 것이다. 답장이 없었다.

연습문제 다음 우리말에 맞게 빈칸에 들어갈 말을 써 보세요.

1 Mark는 틀림없이 늦잠을 잤을 거야. 또 지각이야. (oversleep)

Mark _____. He is late for work again.

2 그녀는 틀림없이 집에 지갑을 놓고 왔을 것이다.

She _____ her wallet at home.

3 넌 네 남자친구와 헤어졌어야 했어. (break)

You _____ up with your boyfriend.

4 Dylan은 늦게 잠자리에 들지 말았어야 했다. 그는 지금 매우 피곤해 한다.

Dylan _____ to bed late. He is extremely tired now.

5 누군가 틀림없이 냉장고에 있는 내 바나나를 먹었다. 그것이 사라졌다.

Somebody _____ my banana in the fridge. It is gone.

6 나는 결과에 대해 생각을 했어야 했다.

I _____ about the consequences.

7 그 시험은 틀림없이 쉽지 않았을 거야.

The test _____ easy.

---

❷ 참고 어휘 oversleep 늦잠자다 | wallet 지갑 | break up with ~와 결별하다 | extremely 매우, 극도로 | fridge 냉장고 | consequence (발생한 일의) 결과

영작 훈련하기

A
다음 주어진 단어를 바르게 배열하여 문장을 완성하세요. 필요한 경우 동사의 형태를 바꾸세요.

1 나는 그 기름진 감자 튀김을 먹지 말았어야 했다. (I / not / have / those greasy / eaten / fries / should)

_____

2 Jake는 지각이다. 그는 늦잠을 잤을 수도 있다. (could / overslept / he / have / Jake / late / be)

_____

3 나는 새치기를 하지 말았어야 했어. 죄책감이 들어. (guilty / I / feel / should / not / have / cut / in line)

_____

4 Jan은 저녁을 안 먹었을지도 모른다. (have / Jan / not / dinner / had / might)

_____

5 그 남자가 은행을 털었을 리는 없다. 그에게는 알리바이가 있다. (robbed / have / could / not / the bank / he / the man / have / an alibi)

_____

❷ 참고어휘 **greasy** 기름진 | **cut in line** 새치기를 하다 | **guilty** 죄책감이 드는 | **rob** (장소를) 털다 | **alibi** 알리바이

B
다음 ( ) 안에 주어진 말을 이용하여 다음 문장을 영작하세요.

1 그는 틀림없이 일본에 살았을 것이다. 그의 일본어 실력이 훌륭하다. (live in Japan)

_____

2 당신은 내 전화기를 쓰기 전에 내 허락을 맡았어야 했다. (my permission, use my phone)

_____

3 Danny가 틀림없이 놀랐을 걸. 지금은 괜찮대? (freak out)

_____

4 그녀는 회계사가 될 수도 있었을 것이다. 그녀는 수학을 잘했다. (work as an accountant, be good at math)

_____

5 Tom이 마라톤에서 우승했을지도 몰라. 누가 알아? (win the marathon)

_____

❷ 참고어휘 **permission** 허락 | **freak out** 깜짝 놀라다 | **accountant** 회계사 | **be good at** ~을 잘하다 | **win** 우승하다

다음 광고를 읽고, 빈칸에 알맞은 문장을 영작하여 지문을 완성하세요.

NOW OR NEVER!

지금 아니면 기회가 없다!

HIRE ABC Financial Investment Consultants NOW!

지금 ABC 재무 투자 컨설턴트를 고용하세요!

If you want to make the most of your money,
we are the people to speak to.
여러분의 자금을 최대한 활용하고 싶으시면 저희가 적임자입니다.

We will help make your money work for you in your retirement,
and you can lead the life that you want.
저희는 은퇴 후 여러분의 재산이 잘 운영될 수 있도록 도와드립니다. 그러면 여러분이 원하는 삶을 사실 수 있습니다.

Just listen to our satisfied customers,
만족한 저희 고객의 의견을 들어보십시오.

"I ❶ 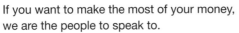 and just lived off the interest from my bank
account. But ABC Consultants gave me the right advice to make a healthy return
on my savings!" (Peter Blixon from Bath).
저는 아무것도 하지 않았을지도 몰라요. 그저 은행 이자에만 기대어 살았겠죠. 하지만 ABC 컨설턴트는
제가 저축한 돈으로 건강한 수익을 낼 수 있도록 적절한 조언을 해 주었습니다. (Peter Blixon, 바스)

"I ❷ 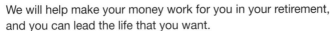 from a bad investment. However, my
consultant saved me from making the wrong choice!" (Rickie Paul from Oxford).
손해가 나는 투자로 저는 돈을 많이 잃었을 수도 있었죠. 하지만 제 컨설턴트가 잘못된 선택을 막아주었어요.
(Rickie Paul, 옥스포드)

Follow their recommendations today and contact us for a free consultation.
오늘 그들의 충고를 따르세요. 그리고 무료 상담을 위해 연락을 주십시오.

Call us at 800-090-5555 or visit our website at www.abcfinance.co.uk.
800-090-555로 전화하시거나 저희 홈페이지 www.abcfinance.co.uk를 방문해 주십시오.

💬 참고어휘 investment 투자 | make the most of ~을 최대한 활용하다 | retirement 은퇴 | lead 이끌다 | live off ~에 의지해 살다 |
savings 저축 | save 구하다 | recommendation 권고, 추천

🥤 오늘의 꿀팁!

You shouldn't have! 는 무슨 뜻일까?

p.p.는 어디로 간 걸까요? You shouldn't have!만으로도 완벽한 표현이 됩니다. 기대하지 않은 선물이나 누군가의 호의
를 받았을 때 쓸 수 있는 표현입니다. You shouldn't have!(이러지 않아도 되는데)라고 말해 보세요!

☐ Thank you for this lovely necklace! **You shouldn't have!** 예쁜 목걸이를 줘서 고마워! 이러지 않아도 되는데!

A 다음 우리말에 맞게 빈칸에 알맞은 말을 선택하여 문장을 완성하세요.

1 네 변호사 말을 듣는 것이 좋겠어.

I think you _____ listen to your lawyer.
- □ should
- □ have to

2 난 지금 이 일을 끝내야만 해!

I _____ get this work done now!
- □ should
- □ have to

3 Dylan은 유학을 갈지도 모른다.

Dylan _____ study abroad.
- □ has to
- □ might

4 너 진짜 살 좀 빠진 것 같아.

You _____ some weight.
- □ must lose
- □ must have lost

5 그녀는 내일 출근하지 않아도 된다.

She _____ go to work tomorrow.
- □ should not
- □ doesn't have to

6 그녀는 이 문제로 해고될 수도 있다.

She _____ her job over this.
- □ could lose
- □ could have lost

7 나는 부동산에 투자를 했어야 했다.

I _____ in real estate.
- □ should invest
- □ should have invested

8 그는 6살이었을 때 영어, 독일어, 프랑스어를 구사했다.

He _____ English, German, and French
when he was six.
- □ could speak
- □ could have spoken

조동사

B 다음 (   ) 안에 들어 있는 말을 이용하여 주어진 문장을 영작하세요.

1 넌 다칠 수도 있었단 말이야. (hurt, yourself)

_____

2 그는 내게 진실을 말했어야 했다. (tell, the truth)

_____

3 내가 Gina에게 사과를 해야 해? (apologize)

_____

4 지난 밤에 그녀는 밖에서 소리를 들을 수 있었다. (hear, some noise)

_____

5 우리는 소비를 줄여야 한다. (cut down on, our spending)

_____

6 넌 틀림없이 네 방에 지갑을 놓고 왔을 거야. (leave, your wallet)

_____

7 여러분들이 전에 이 근처에서 저를 보셨을지도 모르겠네요. (see, around here)

_____

8 그는 제가 찾는 남자가 아닐지도 모르겠어요. (the one I'm looking for)

_____

Day 12 | 셀 수 있는 명사 vs. 셀 수 없는 명사

아래 문장은 바나나와 토스트라는 명사를 포함하고 있습니다. 이 단어들을 문장 속에서 어떻게 쓰면 좋을지 생각해 보세요.

Point 1   그녀는 매일 아침 바나나를 먹어요.

바나나 하나면 아침 식사로 충분하지.

Point 2   그녀는 매일 아침 토스트를 먹어요.

한 개든 두 개든 상관 없어. 아침은 심플하게 토스트야.

몸풀기 영작 연습

우리말에 맞는 영어 표현을 골라보세요.

1 Nancy는 커피를 마시는 걸 좋아해요. Nancy likes to drink (**coffee** / **a coffee**).

2 Eric은 이미 햄버거를 주문했어요. Eric already ordered (**hamburger** / **a hamburger**).

Point 1 셀 수 있는 명사

She eats a banana every morning.

바나나는 한 개, 두 개 등으로 셀 수 있는 명사예요. 바나나 하나를 나타낼 때에는 a banana라고 하고 바나나 여러 개는 bananas라고 해야 해요. 이러한 명사들 바로 앞에는 수량을 나타내는 one, two, three 등이 쓰일 수 있어요.

셀 수 있는 명사와 그 숫자를 나타내는 표현을 가진 문장을 더 살펴봅시다.

Larry는 나를 위해 **두 개의 샌드위치를** 만들었어요.

Larry <u>made two sandwiches</u> for me.

위 문장의 밑줄 친 부분을 아래 표현들로 바꾸어 말해 보세요. 필요한 경우 형태를 바꾸세요.

- ☐ **pack three snacks** 간식 3개를 포장하다
- ☐ **open a can** 통조림 하나를 열다
- ☐ **bake a dozen cookies** 쿠키 12개를 굽다
- ☐ **mix two colors** 두 색깔을 섞다
- ☐ **prepare one dish** 요리 하나를 준비하다
- ☐ **wash five glasses** 유리잔 다섯 개를 씻다

Point 2 셀 수 없는 명사

She eats toast every morning.

토스트는 한 개, 두 개 등으로 셀 수 없는 명사예요. 이렇게 셀 수 없는 명사들의 수를 나타낼 때는 a glass of(~ 한 잔), a piece of(~ 한 조각) 등 단위를 나타내는 표현들과 함께 써야 해요.

셀 수 없는 명사와 단위를 나타내는 표현을 가진 문장을 더 살펴봅시다.

Melanie가 곧 **커피 한 잔을** 가져올 거예요.

Melanie will bring <u>a cup of coffee</u> soon.

위 문장의 밑줄 친 부분을 아래 표현들로 바꾸어 말해 보세요. 필요한 경우 형태를 바꾸세요.

- ☐ **two glasses of orange juice** 오렌지 주스 두 잔
- ☐ **a bowl of rice** 밥 한 그릇
- ☐ **ten slices of cheese** 치즈 열 장
- ☐ **a loaf of bread** 빵 한 덩어리
- ☐ **three bags of flour** 밀가루 세 봉지
- ☐ **a pound of meat** 고기 1파운드

영작 문법 파헤치기

A 셀 수 있는 명사 an apple / apples...

셀 수 있는 명사 앞에 a/an을 붙여서 단수형을 만들 수도 있고 명사 끝에 -(e)s를 붙여 복수형을 만들 수도 있어요. 불규칙한 형태의 복수형을 갖는 명사들은 특히 주의해야 해요.

- Patrick is holding a **bottle** in his hand. Patrick은 병 하나를 손에 들고 있다.
- Can you get me some **napkins**? 냅킨 몇 장 주실래요?
- Several **women** are sitting over there. 몇 명의 여자들이 저쪽에 앉아 있다.

바지, 신발 등 두 개가 쌍을 이루고 있는 명사들은 항상 복수형으로 써야 해요. 이러한 단어를 셀 때에는 a pair of(~ 한 쌍), two pairs of(~ 두 쌍) 등의 표현을 사용해요.

- You can't wear **shorts** in that restaurant. 그 레스토랑에서는 반바지를 입으면 안 된다.
- Those **sneakers** look great on him. 저 운동화가 그에게 잘 어울린다.
- Gina gave me **a pair of gloves**. Gina가 나에게 장갑 한 켤레를 주었다.

연습 문제

다음 우리말에 맞게 빈칸에 들어갈 말을 써 보세요.

1 냉장고에 계란이 많이 있지 않다.

We don't have _____ _____ in the refrigerator.

2 할머니께서 우리를 위해 특별한 요리를 만들고 계신다.

My grandmother is making _____ _____ for us.

3 남자가 의자 위에 자기 안경을 두고 갔다.

The man left _____ _____ on the chair.

4 Kelly는 신발 다섯 켤레를 신어 보았다.

Kelly tried on _____ _____.

5 어제 물고기를 얼마나 많이 잡았니?

_____ _____ did you catch yesterday?

6 우리는 네 사람 자리를 예약했다.

We booked a table for _____.

7 가위 하나 빌려도 되나요?

Can I borrow _____ ?

✔ 참고 어휘   refrigerator 냉장고 | dish 요리, 접시 | leave 두고 가다 | try on 신어 보다, 입어 보다 | fish 물고기 | catch 잡다 | book 예약하다 | borrow 빌리다 | scissors 가위

B 셀 수 없는 명사 coffee / money...

water(물)와 같은 물질명사, love(사랑)와 같은 추상명사, 그리고 Chicago(시카고)와 같은 고유명사는 셀 수 없는 명사예요. 셀 수 없는 명사는 복수형을 만들 수 없고, 명사 앞에 a/an이 올 수도 없어요.

- **Milk** is good for your health. 우유는 건강에 좋다.
- Do you need more **syrup**? 시럽이 더 필요하나요?
- They will visit **London** next year. 그들은 내년에 런던을 방문할 것이다.

셀 수 없는 명사는 각각에 맞는 적절한 단위 표현으로 수량을 나타낼 수 있어요. 자주 쓰이는 표현으로는 a cup of(~ 한 잔), a glass of(~ 한 잔), a bottle of(~ 한 병), a piece of(~ 한 조각), a sheet of(~ 한 장), a bowl of(~ 한 그릇), a box of(~ 한 상자) 등이 있어요.

- I usually drink **a cup of tea** in the afternoon. 나는 보통 오후에 차 한 잔을 마신다.
- John bought **three boxes of chocolate**. John은 초콜릿 세 상자를 샀다.
- Put **two spoonfuls of sugar** in the bowl. 그릇 안에 설탕 두 숟가락을 넣으세요.
- She found **a piece of wood** on the floor. 그녀는 바닥에서 나무 한 조각을 발견했다.

연습문제

다음 우리말에 맞게 빈칸에 들어갈 말을 써 보세요.

1 Simon은 밤에 커피를 마시지 않는다.

Simon doesn't _____ at night.

2 수프 한 그릇이 널 따뜻하게 만들 것이다.

_____ soup will make you warm.

3 어떤 사람들은 젓가락으로 밥을 먹는다.

Some people _____ with chopsticks.

4 파리에는 근사한 카페들이 많이 있다.

_____ a lot of nice cafés.

5 그 메뉴는 두꺼운 종이 한 장에 인쇄되어 있다.

The menu is printed on _____ thick paper.

6 기름은 물보다 가볍다.

_____ lighter than _____.

7 와인 두 잔을 원하시나요?

Would you like _____ wine?

⊘ 참고어휘　at night 밤에 | make ~ warm ~을 따뜻하게 만들다 | chopstick 젓가락 | a lot of 많은 | print 인쇄하다 | light 가벼운 | would like 원하다

영작 훈련하기

A 다음 주어진 단어를 바르게 배열하여 문장을 완성하세요. 필요한 경우 동사의 형태를 바꾸세요.

1 내 책상 위에 탄산음료 세 캔이 있다. (on my desk / of soda / there / be / three cans)

_____

2 고급 레스토랑에서는 청바지가 허용되지 않는다. (in / not / allow / jeans / fancy restaurants)

_____

3 나는 이 피자를 끝낼 시간이 없다. (I / this pizza / time to finish / not / have)

_____

4 Daniel은 뜨거운 코코아를 약간 마시고 나서 자러 갔다. (after drinking / go to bed / some hot cocoa / Daniel)

_____

5 치즈 몇 장이 필요하니? (cheese / you / slices of / how many / need)

_____

💿 참고 어휘 **soda** 탄산음료 | **allow** 허용하다, 허락하다 | **jeans** 청바지 | **fancy** 고급의 | **finish** 끝내다, 끝나다 | **go to bed** 자러 가다

B 다음 ( ) 안에 주어진 말을 이용하여 다음 문장을 영작하세요.

1 뉴욕에는 많은 뮤지컬 극장들이 있다. (have, many musical theaters)

_____

2 먼저 당신은 버터 한 덩어리를 준비해야 한다. (first, get, a stick of)

_____

3 그들은 다음 달에 웨이터 두 명을 채용할 것이다. (hire, two waiters, next month)

_____

4 내 친구는 새 선글라스를 쓰고 있다. (wear, a new pair of)

_____

5 밀가루 세 봉지로는 충분하지 않을지도 모른다. (three bags of flour, enough)

_____

💿 참고 어휘 **musical theater** 뮤지컬 극장 | **a stick of** 한 덩어리, 한 줄 | **hire** 채용하다 | **sunglasses** 선글라스 | **flour** 밀가루 | **enough** 충분한

다음 카페 리뷰를 읽고, 빈칸에 알맞은 문장을 영작하여 지문을 완성하세요.

The Willow Café

Gary Smith
2 weeks ago

This new café offers a wide range of lunches for all kinds of people.
이 새로 문을 연 카페는 모든 사람들을 위한 다양한 점심을 제공해요.

❶ _____ .
그들은 샌드위치부터 파스타까지 모든 것을 제공하죠.

Hamburgers are one of the favorites at the café.
햄버거는 카페에서 가장 인기 있는 메뉴 중 하나예요.

For dessert, there are cupcakes and pies.
후식으로는 컵케익과 파이가 있어요.

For drinks, **❷** _____ .
음료로 당신은 와인 한 병이나 맥주 한 잔을 주문할 수 있어요.

The service is good, and most important of all, the prices are reasonable.
서비스가 좋고, 무엇보다 중요한 건 가격이 합리적이라는 거예요.

Overall, I would definitely recommend the Willow Café.
전체적으로 봤을 때 저는 Willow 카페를 강력히 추천해요.

✅ 참고 어휘 | **a wide range of** 다양한, 폭넓은 | **serve** (음식을) 제공하다 | **favorite** 가장 좋아하는, 가장 좋아하는 것 | **dessert** 후식 | **order** 주문하다 | **reasonable** 합리적인 | **overall** 전체적으로 | **definitely** 분명히, 확실히

🥤 오늘의 꿀팁!

뜻에 따라 셀 수 있는지 없는지가 정해지는 glass vs. a glass

같은 단어라도 뜻에 따라 셀 수 있는 명사가 되기도 하고 셀 수 없는 명사가 되기도 합니다. glass가 '유리'라는 뜻일 때에는 셀 수 없는 명사로 쓰이고, '유리잔'이라는 뜻을 나타내면 셀 수 있는 명사가 됩니다. 한편 복수형인 glasses는 '안경'이란 뜻을 나타낸다는 점에도 주의하세요.

☐ This vase is made of **glass**. 이 꽃병은 유리로 만들어졌다. (유리)
☐ She poured cold water in **a glass**. 그녀는 유리잔에 차가운 물을 부었다. (유리잔)

비교 paper 종이 / a paper 신문, 논문　　iron 철 / an iron 다리미

Day 13 | 부정관사 a(n) vs. 정관사 the

아래 우리말 문장은 모두 어떤 인물에 대해 이야기하고 있습니다.
어떻게 영작할지 생각해 보세요.

Point 1 한 방문객이 당신을 기다리고 있어요.

제가 누군지 모르시겠지만, 전 Johnson 씨와 약속이 되어 있어요.

Point 2 그 방문객은 아래층에서 기다리고 있어요.

약속이 되어있다는 말 들었을 텐데... 왜 아직 안 오는 거지?

⸺❂⸺
몸풀기
영작 연습

우리말에 맞는 영어 표현을 골라보세요.

1 Sally는 지난 주말에 그 의자를 샀어요.
   Sally bought (**a chair** / **the chair**) last weekend.
2 Jimmy는 창의성에 대한 책을 읽고 있어요.
   Jimmy is reading (**a book** / **the book**) about creativity.

Point 1   부정관사 a(n)

A visitor is waiting for you.

불특정한 한 명의 사람이나 하나의 사물을 처음 언급할 때 부정관사 a(n)을 써서 표현해요. 이때 a(n)은 '하나'라고 해석하지 않는 경우가 많아요. 우리말로 '하나'라는 말이 없어도 부정관사를 넣어야 할 수 있다는 것을 잊지 마세요. 부정관사는 「There is ~」(~이 있다) 구문에서 자주 쓰여요.

a(n)과 there is 구문이 사용된 문장을 더 살펴봅시다.

당신 셔츠에 얼룩이 있어요.

There is a stain on your shirt.

위 문장의 밑줄 친 부분을 아래 표현들로 바꾸어 말해 보세요. 필요한 경우 형태를 바꾸세요.

- ☐ a cat outside 밖에 있는 고양이
- ☐ a big tree in the park 공원에 있는 큰 나무
- ☐ an explanation about the result 결과에 대한 설명
- ☐ an amazing game next week 다음주에 있을 놀라운 경기
- ☐ a flaw in his argument 그의 주장에 있는 결함
- ☐ a customer with a complaint 불만이 있는 고객

Point 2   정관사 the

The visitor is waiting downstairs.

앞에 나온 내용을 다시 언급할 때 정관사 the를 써요. 하지만 우리말로 '그'라고 표현되지 않더라도 정황상 가리키는 것이 무엇인지 알 수 있을 때에도 the를 쓸 수 있어요.

명사에 the를 붙여 만들어진 문장을 더 살펴봅시다.

Jake를 찾고 있나요? 그는 부엌에서 요리하고 있어요.

Are you looking for Jake? He is cooking in the kitchen.

위 문장의 밑줄 친 부분을 아래 표현들로 바꾸어 말해 보세요. 필요한 경우 형태를 바꾸세요.

- ☐ work in the office 사무실에서 일하다
- ☐ wash the dishes 설거지를 하다
- ☐ use the bathroom 화장실을 쓰다
- ☐ clean the room 방 청소를 하다
- ☐ rest on the second floor 2층에서 쉬다
- ☐ change the battery 건전지를 교체하다

영작 문법 파헤치기

A 부정관사 a(n) a girl / an angel...

부정관사 a(n)은 셀 수 있는 명사의 단수형과 함께 써서 특정하지 않은 하나를 나타내요. 이 경우 '하나의'라고 해석하지 않는 경우가 많아요. 모음 앞에는 a대신 an을 쓰는데, 여기에서 모음은 철자가 아닌 발음으로 구분해요.

- Rachel has **a** beautiful nose. Rachel은 아름다운 코를 가졌다.
- My cousin is wearing **a** scarf around her neck. 내 사촌은 목에 스카프를 두르고 있다.
- Ms. Graham wants to hire **an** honest man. Graham 씨는 정직한 사람을 채용하길 원한다.

부정관사 a(n)은 '하나의'(= one), '~ 마다'(= per)의 뜻으로 쓰이기도 하고, 종족 전체를 나타낼 때에도 사용될 수 있어요.

- Paul takes medicine three times **a** day. Paul은 하루에 세 번 약을 먹는다. (a day = per day)
- **A** dog gives pleasure to many people. 개는 많은 사람들에게 기쁨을 준다.

연습문제

다음 우리말에 맞게 빈칸에 들어갈 말을 써 보세요.

1 Samuel은 자기 분야에서 전문가이다.

Samuel is ＿＿＿＿＿ ＿＿＿＿＿ in his own field.

2 Miller 씨는 창의적인 디자이너이다. (creative)

Mr. Miller is ＿＿＿＿＿＿＿＿＿＿.

3 그들은 공원 근처에 있는 아파트에서 산다.

They live in ＿＿＿＿＿＿＿＿＿ near the park.

4 어떤 사람들은 토마토가 채소라고 말한다.

Some people say that ＿＿＿＿＿＿＿ is a vegetable.

5 그 모델은 매력적인 얼굴을 갖고 있다. (charming)

The model has ＿＿＿＿＿＿＿＿＿.

6 Tanya는 한 달에 두 번 치과에 간다.

Tanya visits her dentist ＿＿＿＿＿＿＿＿＿＿.

7 우리는 지난 주에 중고차를 구입했다.

We bought ＿＿＿＿＿＿＿＿ last week.

🔘 참고 어휘 expert 전문가 | field 분야 | creative 창의적인 | designer 디자이너 | live in ~에서 살다 | vegetable 채소 | charming 매력적인 | dentist 치과, 치과의사 | used car 중고차

B 정관사 the   the girl / the angel...

앞에서 이미 언급된 것을 다시 말할 때에는 정관사 the를 사용해요. 정관사 the는 셀 수 있는 명사의 단수형과 복수형, 셀 수 없는 명사 앞에 모두 쓸 수 있어요.

- I have a tutor. **The** tutor teaches me science.
  나에게는 과외선생님이 있다. 그 과외선생님은 내게 과학을 가르쳐준다.
- George wears glasses. **The** glasses look quite thick. George는 안경을 쓴다. 그 안경은 꽤 두꺼워 보인다.
- A: Who is that girl over there? 저 소녀는 누구니?
  B: Do you mean **the** girl with long hair? 머리가 긴 소녀를 말하는 거야?

앞에서 언급되지 않더라도 상황을 통해 구체적으로 무엇을 가리키는 것인지 서로 알 수 있는 경우에도 정관사 the를 써요.

- Amanda didn't turn off **the** light. Amanda가 불을 끄지 않았다.
- Someone is standing in front of **the** door. 누군가가 문 앞에 서 있다.
- **The** new employees in my department are very friendly. 우리 부서의 신입직원들은 매우 상냥하다

연습문제   다음 우리말에 맞게 빈칸에 들어갈 말을 써 보세요.

1 검은 양복을 입은 그 남자는 Kevin의 룸메이트이다.

.... in the black suit is Kevin's roommate.

2 너는 그 돈으로 무엇을 할 거니?

What are you going to do with .... ?

3 Lisa에게는 애완동물이 있다. 그녀는 혼자서 그 애완동물을 돌본다.

Lisa has a pet. She takes care of .... by herself.

4 그가 노래를 하나 불렀는데, 그 노래는 정말 재미있었다.

He sang a song, and .... was really funny.

5 모두가 그 사랑스러운 아기 주위에 모여들었다. (lovely)

Everyone gathered around ....

6 우리는 Josh와 Nicole에 대한 소문을 믿지 않는다.

We don't believe .... about Josh and Nicole.

7 그녀는 거실에서 영화를 보고 있다.

She is watching a movie in ....

---

❷ 참고어휘   suit 양복 | roommate 룸메이트 | pet 애완동물 | take care of ~을 돌보다 | by oneself 혼자서 | gather around ~ 주위에 모이다 | rumor 소문

영작 훈련하기

A

다음 주어진 단어를 바르게 배열하여 문장을 완성하세요. 필요한 경우 동사의 형태를 바꾸세요.

1 그 수줍음 많은 소년은 한마디의 말도 하지 않았다. (shy boy / a / the / word / not / say)

....

2 저에게 소금 좀 건네 주시겠어요? (pass / would you / the salt / me)

....

3 Jeremy는 똑똑한 사내임이 틀림없다. (smart guy / Jeremy / a / must be)

....

4 그 어린 소녀는 배우가 되고 싶어 한다. (the / actress / want to be / an / little girl)

....

5 나는 한 번도 녹색 눈을 가진 남자를 만난 적이 없다. (I / man / with green eyes / have never met / a)

....

🔵 참고어휘 **shy** 수줍음이 많은 | **pass** 건네 주다 | **smart** 똑똑한, 영리한 | **must** ~임에 틀림없다 | **actress** 여배우 | **have never met** 한 번도 만난 적이 없다

B

다음 (   ) 안에 주어진 말을 이용하여 다음 문장을 영작하세요.

1 내 친구는 독특한 유머 감각을 갖고 있다. (unique, a sense of humor)

....

2 나는 게으른 사람과는 일할 수 없다. (work with, lazy person)

....

3 Megan은 하루에 다섯 번 거울을 들여다본다. (look in the mirror, five times)

....

4 네 옷장에 있는 셔츠를 입는 게 어때? (why don't you, in your closet)

....

5 그녀는 회의에서 인상적인 연설을 했다. (impressive, make a speech, at the meeting)

....

🔵 참고어휘 **unique** 독특한 | **have a sense of humor** 유머감각을 갖고 있다 | **lazy** 게으른 | **mirror** 거울 | **Why don't you ~?** ~하는 것이 어때? | **impressive** 인상적인 | **speech** 연설

다음 데이트 앱에 올려진 자기 소개를 읽고, 빈칸에 알맞은 문장을 영작하여 지문을 완성하세요.

A loving, caring man is seeking a lifelong partner!

다정하고 사려심 깊은 남자가 인생의 동반자를 찾고 있습니다!

I'm a fairly tall man in my late 20s.

저는 20대 후반으로, 상당히 키가 큰 남자예요.

I'm seeking a woman who is attractive and has a great smile.

저는 매력적이고 멋진 미소를 가진 여성을 찾고 있어요.

More importantly, ❶ _____.

더 중요한 건, 그 여성은 재미있고 긍정적이어야 해요.

As for myself, ❷ _____.

저로 말할 것 같으면, 저는 운동을 잘하는 사람이에요.

I enjoy cycling, hiking, and swimming.

사이클, 하이킹, 그리고 수영을 좋아하죠.

My friends say that I am charming, hard working and sociable.

제 친구들은 제가 매력적이고 부지런하며 사교적이라고 해요.

If you are interested, then please apply.

관심 있으시면 지원해 주세요.

◐ 참고어휘 seek 찾다 | fairly 꽤, 상당히 | attractive 매력적인 | positive 긍정적인 | athletic person 운동을 잘하는 사람 | enjoy -ing ~을 즐기다 | hard working 부지런한 | sociable 사교적인

오늘의 꿀팁!

부정관사 하나로 의미가 달라지는 room vs. a room

room이 보통명사로 쓰일 때에는 '방'이라는 뜻으로, a room은 '하나의 방'이라는 뜻을 나타냅니다. 하지만 room이 관사 없이 혼자 쓰일 때에는 '공간', '여지'라는 뜻의 추상명사가 됩니다.

We have **room** for improvement.
　　　　(추상명사) 여지

개선의 여지가 있다.

We have **a room** for two people.
　　　　(보통명사) 방

두 명이 묵을 방이 있다.

비교 beauty 아름다움 / a beauty 아름다운 것[사람]　　failure 실패 / a failure 실패작, 실패자

무관사 표현 VS. 정관사 표현

아래 우리말 문장은 모두 일과 관련된 내용을 설명하고 있습니다.
어떻게 영작할지 생각해 보세요.

Point 1

저는 5시에 일이 끝나요.

Yay~ 5시다!
일 끝났으니 바로
퇴근해야지!

Point 2

저는 혼자서 그 일을 했어요.

내년도 예산안 검토를
누구한테 맡기겠어.
그냥 내가 하는 게
속 편하지.

몸풀기
영작 연습

우리말에 맞는 영어 표현을 골라보세요.

1 내 친구는 일요일에 피아노를 쳐요.　　My friend plays (**piano** / **the piano**) on Sundays.

2 나는 Charlie와 테니스를 칠 거예요.　　I will play (**tennis** / **the tennis**) with Charlie.

Point **1**   무관사 표현

I finish work at 5 o'clock.

전반적인 일이나 업무를 지칭할 때에는 work 앞에 아무 관사도 쓰지 않아요. 따라서 '퇴근하다'는
의미는 finish work 혹은 leave work 등으로 표현해요. 이처럼 관사 없이 명사만 쓰는 표현들로
watch television(TV를 보다), have dinner(저녁을 먹다) 등이 있어요.

관사 없이 명사만 쓰이는 표현으로 이루어진 문장을 더 살펴봅시다.

Emily는 지금 침대에서 자고 있어요.

Emily <u>is sleeping in bed</u> now.

위 문장의 밑줄 친 부분을 아래 표현들로 바꾸어 말해 보세요. 필요한 경우 형태를 바꾸세요.

☐ go to work 출근하다   ☐ study math 수학 공부를 하다
☐ have breakfast 아침 식사를 하다   ☐ go to church 교회에 가다
☐ play baseball 야구를 하다   ☐ make lunch 점심을 만들다

Point **2**   정관사 표현

I did the work alone.

특정한 일이나 업무를 한다고 말할 때에는 정관사 the를 사용해요. 보통 the가 들어가면 우리말로
'그'라고 해석하는데, 이렇게 해석하지 않더라도 반드시 the를 써야 하는 경우가 있어요. 자주 쓰이
는 표현들로는 listen to the radio(라디오를 듣다), go to the movies(극장에 가다) 등이 있어요.

정관사 the와 명사가 함께 쓰이는 표현으로 이루어진 문장을
더 살펴봅시다.

10분 전에 Linda는 침대에 앉아 있었어요.

Linda <u>was sitting on the bed</u> ten minutes ago.

위 문장의 밑줄 친 부분을 아래 표현들로 바꾸어 말해 보세요. 필요한 경우 형태를 바꾸세요.

☐ go to the theater 극장에 가다   ☐ listen to the radio 라디오를 듣다
☐ play the violin 바이올린을 연주하다   ☐ swim in the sea 바다에서 수영을 하다
☐ look at the sky 하늘을 보다   ☐ check the weather 날씨를 확인하다

영작 문법 파헤치기

A 무관사 표현 go to school...

명사 앞에 a(n), the 같은 관사를 전혀 쓰지 않는 표현들이 있어요. 식사, 과목, 언어, 운동 등을 가리키는 명사 앞이나 by와 함께 쓰는 교통 수단 앞에는 아무런 관사를 쓰지 않아요.

- It is almost time for **breakfast.** 아침 식사 시간이 거의 다 되었다.
- Jennifer speaks **English** fluently. Jennifer는 영어를 유창하게 한다.
- Those kids usually play **soccer** for an hour. 저 아이들은 보통 한 시간 동안 축구를 한다.
- It's not a good idea to go there by **bus.** 거기를 버스로 가는 건 좋은 생각이 아니다.

학교, 교회 등의 장소가 본래의 기능대로 사용되는 경우에는 관사를 쓰지 않아요. 이 밖에도 관용적으로 관사를 쓰지 않는 경우들이 있어요.

- The man **went to jail** for fraud. 그 남자는 사기죄로 감옥에 갔다.
- Andy will **go to bed** soon. Andy는 곧 자러 갈 것이다.

연습문제

다음 우리말에 맞게 빈칸에 들어갈 말을 써 보세요.

1 우리 아들은 8시 30분에 학교에 가야 한다.

My son has to ＿＿＿＿＿＿ ＿＿＿＿＿＿ ＿＿＿＿＿＿ at 8:30.

2 중국어를 배우는 것은 어렵다.

It is hard to ＿＿＿＿＿＿ ＿＿＿＿＿＿ .

3 우리는 주중에 골프를 치지 않는다.

We don't ＿＿＿＿＿＿ ＿＿＿＿＿＿ on weekdays.

4 Tyler 박사는 택시를 타고 역에 도착했다.

Dr. Tyler arrived at the station ＿＿＿＿＿＿ ＿＿＿＿＿＿ .

5 Evans 부부는 지난 일요일에 교회에 갔다.

Mr. and Mrs. Evans ＿＿＿＿＿＿ ＿＿＿＿＿＿ ＿＿＿＿＿＿ last Sunday.

6 엄마가 저녁 식사로 스파게티를 요리하고 있다.

Mom is cooking spaghetti ＿＿＿＿＿＿ ＿＿＿＿＿＿ .

7 그 밴드는 오늘밤 텔레비전에서 신곡을 연주할 것이다.

The band will play their new song ＿＿＿＿＿＿ ＿＿＿＿＿＿ tonight.

🔵 참고 어휘 have to ~해야만 하다 | hard 어려운 | learn 배우다 | on weekdays 주중에 | arrive at ~에 도착하다 | Mr. and Mrs. ~ 씨 부부 | tonight 오늘밤에

B

정관사 표현 go to the movies...

세상에 하나 밖에 없는 것, 연주하는 악기 이름 앞에는 정관사 the를 써요.

- There is a kite flying in **the sky**. 하늘을 날고 있는 연이 있다.
- Earth moves around **the sun**. 지구는 태양 주위를 돈다.
- The girl is playing **the flute** for us. 그 소녀는 우리를 위해 플루트를 연주하고 있다.

어떤 장소가 본래의 기능과 관계없는 용도로 사용되는 경우에는 관사를 써야 해요. 그 밖에 항상 the와 함께 쓰이는 관용 표현들도 있어요.

- The lawyer will visit **the jail** tomorrow. 변호사가 내일 감옥을 방문할 것이다.
- My father likes to go jogging **in the morning**. 우리 아빠는 아침에 조깅하는 걸 좋아한다.
- I looked up the definition **on the Internet**. 나는 인터넷에서 그 뜻을 검색했다.
- They turned off the computers **at the same time**. 그들은 동시에 컴퓨터를 껐다.

연습 문제

다음 우리말에 맞게 빈칸에 들어갈 말을 써 보세요.

1 나는 저녁에 명상하는 것을 좋아한다.

I like to meditate ....

2 달은 밤에 밝게 빛난다.

.... shines brightly at night.

3 우리는 라디오에서 그 광고를 들었다.

We heard the advertisement ....

4 Bobby는 자기 방에서 첼로 연습을 했다. (practice)

Bobby .... in his room.

5 내 꿈은 세계를 여행하는 것이다.

My dream is to travel around ....

6 당신은 언제 바다에 가고 싶나요?

When do you want to go to .... ?

7 화재는 남쪽에서 시작되었다.

The fire started ....

---

❷ 참고 어휘   meditate 명상하다 | shine 빛나다 | at night 밤에 | advertisement 광고 | practice 연습하다 | cello 첼로 | travel around 여기저기 여행하다 | ocean 바다

영작 훈련하기

A 다음 주어진 단어를 바르게 배열하여 문장을 완성하세요. 필요한 경우 동사의 형태를 바꾸세요.

1 우리는 그 교회에서 결혼식을 했다. (hold / at the church / we / our wedding)

....

2 Julie는 지하철로 도서관에 갔다. (Julie / subway / library / the / go to / by)

....

3 우리 딸은 4시에 학교에서 집에 온다. (at 4 o'clock / my daughter / from school / come home)

....

4 나는 박물관에서 똑같은 그림을 봤다. (in the museum / see / the same / I / painting)

....

5 그들은 오후에 농구를 할 것이다. (in the afternoon / basketball / they / will / play)

....

❷ 참고 어휘 hold 열다, 개최하다 | wedding 결혼식 | library 도서관 | come home 집에 오다 | museum 박물관 | painting 그림

B 다음 ( ) 안에 주어진 말을 이용하여 다음 문장을 영작하세요.

1 역사는 내가 제일 좋아하는 과목이다. (history, favorite subject)

....

2 태양은 동쪽에서 뜬다. (rise, in the east)

....

3 우리는 매일 정오에 점심을 먹는다. (at noon, every day)

....

4 내 친구와 나는 퇴근 후에 극장에 갈 것이다. (go to the movies, after work)

....

5 당신은 인터넷에서 많은 정보를 찾을 수 있다. (find, a lot of information)

....

❷ 참고 어휘 favorite subject 가장 좋아하는 과목 | rise 뜨다, 오르다 | at noon 정오에 | after work 퇴근 후에 | a lot of 많은 | information 정보

다음 워킹맘의 하루 일정을 읽고, 빈칸에 알맞은 문장을 영작하여 지문을 완성하세요.

TO DO LIST

8:00 *Get up and jump into the shower
일어나서 서둘러 샤워하기

9:00 Leave the house and ❶ _____
집에서 나와 아이들을 학교에 데리고 가기

10:00 Arrive for my first meeting with John from the Fix-24 Corporation
Fix24 사 John과의 첫 번째 미팅 장소에 도착하기

12:00 Lunch with Francis at that new restaurant called Café Rouge
Café Rouge라는 새로 생긴 레스토랑에서 Francis와 점심 식사

14:00 Team meeting concerning the BC Tech presentation
BC 테크 프레젠테이션 관련 팀 미팅

15:00 Call Mom to pick up the kids from school and
❷ _____
아이들을 학교에서 픽업해서 애들을 놀이터에 데려가 달라고 엄마에게 전화하기

18:00 Leave work and go home
퇴근해서 집에 가기

* 해야 할 일의 리스트를 작성할 때는 주어 I 또는 I should를 생략하고 동사부터 쓰기도 해요. 이때 해석은 '~하기'로 하면 돼요.

⊘ 참고 어휘 **jump into** 뛰어들다 | **take A to B** A를 B로 데려가다 | **kid** 아이 | **arrive** 도착하다 | **called** ~이라고 불리는, ~라는 이름의 | **concerning** ~과 관련된 | **presentation** 프레젠테이션 | **playground** 놀이터

🥤 오늘의 꿀팁 !

내용에 따라 관사의 쓰임이 달라지는 television vs. the television

'TV를 보다'라는 표현 속에 쓰이는 television은 텔레비전 프로그램을 가리키는 말로 관사 없이 사용되지만, TV라는 기기를 가리킬 때는 television 앞에 상황에 맞는 적절한 관사를 써야 합니다. 이처럼 내용에 따라 관사의 쓰임이 달라지는 표현들이 있습니다.

My brother will watch **television**.
텔레비전 프로그램

My brother will turn off **the television**.
가전제품 텔레비전

내 남동생은 TV를 볼 것이다

내 남동생은 TV를 끌 것이다 .

비교 listen to the radio 라디오를 듣다 (라디오 프로그램) / buy a radio 라디오를 사다 (가전제품 라디오)

Day 15 | 명사의 소유격 's vs. of

아래 우리말 문장은 둘 다 '~의'라는 소유의 의미를 포함하고 있지만, 이를 영어로 표현하는
방법은 다릅니다. 어떻게 영작할지 생각해 보세요.

Point 1   이건 제 언니의 레스토랑이에요.

Point 2   그 레스토랑의 이름은 Pizzeria예요.

몸풀기 영작 연습

우리말에 맞는 영어 표현을 골라보세요.

1 Helen의 숙제는 짧은 에세이를 쓰는 것이에요.
   (**Helen's homework** / **Homework of Helen**) is to write a short essay.
2 전 그 영화 제목이 기억나지 않아요.
   I don't remember (**the movie's title** / **the title of the movie**).

Point 1 명사의 소유격 's

This is my sister's restaurant.

명사의 소유격은 주로 명사 뒤에 's를 붙여서 나타내요. −s로 끝나는 복수명사의 소유격은 마지막에 s를 또 붙이지 않아요. boy's(단수명사의 소유격), boys(복수명사), 그리고 boys'(복수명사의 소유격)에서 확인할 수 있는 것처럼 발음만으로 소유격 구별이 안될 수 있기 때문에 쓸 때 주의해야 해요.

's의 형태로 소유격을 표시하는 문장을 더 살펴봅시다.

난 우리 이웃의 정원이 정말 좋아요.

I really like <u>our neighbor's garden</u>.

위 문장의 밑줄 친 부분을 아래 표현들로 바꾸어 말해 보세요. 필요한 경우 형태를 바꾸세요.

- ☐ your friend's poem 네 친구의 시
- ☐ the baby's blanket 그 아기의 담요
- ☐ Mom's recipe 엄마의 레시피
- ☐ Billy's car Billy의 차
- ☐ the manager's idea 매니저의 아이디어
- ☐ Olivia's new clothes Olivia의 새 옷

Point 2 명사의 소유격 of

The name of the restaurant is Pizzeria.

사물과 같이 움직이지 못하는 무생물의 소유격은 of를 써서 나타내요. 이때 해석은 the name of the movie(그 영화의 제목), the color of your bag(네 가방의 색깔)과 같이 뒤에서부터 해야 해요.

of의 형태로 소유격을 표시하는 문장을 더 살펴봅시다.

저 신발의 사이즈 알아요?

Do you know <u>the size of those shoes</u>?

위 문장의 밑줄 친 부분을 아래 표현들로 바꾸어 말해 보세요. 필요한 경우 형태를 바꾸세요.

- ☐ the address of the store 그 가게의 주소
- ☐ the lyrics of the song 그 노래의 가사
- ☐ the color of his socks 그의 양말 색깔
- ☐ the height of that mountain 저 산의 높이
- ☐ the level of the class 그 수업의 레벨
- ☐ the price of this ring 이 반지의 가격

영작 문법 파헤치기

A 명사의 소유격 's Jenny's sunglasses...

'~의'라는 뜻을 가진 명사의 소유격은 일반적으로 「명사 + 's」로 표현해요. 복수명사의 소유격은 복수명사가 −s로 끝나면 '(아포스트로피)만 붙이고 −s로 끝나지 않는 불규칙한 형태의 복수명사에는 's를 붙여요.

- My **daughter's** teacher sent me an e-mail. 내 딸의 선생님이 나에게 이메일을 보냈다.
- We didn't accept **Carol's** suggestion. 우리는 Carol의 제안을 받아들이지 않았다.
- The coach is speaking to the **boys'** parents. 코치가 소년들의 부모들에게 이야기를 하고 있다.
- Where is the **men's** room? 남자 화장실은 어디에 있나요?

시간 표현이나 지명 등에도 's를 붙일 수 있어요.

- There is an interesting story in **today's** newspaper. 오늘 신문에 흥미로운 이야기가 있다.
- The **world's** population is increasing rapidly. 세계 인구가 빠르게 증가하고 있다.

연습 문제

다음 우리말에 맞게 빈칸에 들어갈 말을 써 보세요.

1 네 사촌의 별명은 무엇이니? (nickname)

What is _____?

2 우리는 어린이 박물관을 방문할 것이다.

We are going to visit _____.

3 우리 엄마의 목걸이는 보석 상자 안에 있다. (necklace)

_____ is in the jewelry box.

4 나는 그 도시의 분위기가 변했다고 생각한다. (atmosphere)

I think that _____ has changed.

5 그녀의 아들들의 방들은 모두 위층에 있다.

_____ are all upstairs.

6 오늘 날씨는 가족 나들이에 완벽하다.

_____ is perfect for a family picnic.

7 뒤에 있는 여성분이 Justin의 할머니이다.

The lady in the back is _____.

✔ 참고 어휘 cousin 사촌 | nickname 별명 | children 어린이 | necklace 목걸이 | jewelry box 보석 상자 | atmosphere 분위기, 대기 | upstairs 위층에 | weather 날씨 | in the back 뒤에

B 명사의 소유격 of *the title of the book…*

무생물인 명사의 소유격은 주로 of를 써서 나타내요. 「A of + 명사」는 '명사의 A'라는 뜻이에요.

- Jimmy told me the title **of the film**. Jimmy가 내게 그 영화의 제목을 말해 주었다.
- We checked the cost **of a family vacation** first. 우리는 먼저 가족 여행의 비용을 확인했다.
- The quality **of this product** is excellent. 이 제품의 품질은 매우 뛰어나다.
- The length **of her stay** was extended. 그녀의 체류 기간이 연장되었다.

이밖에 of와 자주 함께 쓰이는 표현으로 the beginning of(~의 시작에, ~초에), the end of(~의 끝에, 말에), the top of(~의 꼭대기에), the bottom of(~의 바닥에) 등이 있어요.

- They missed **the beginning of** the show. 그들은 공연의 시작 부분을 놓쳤다.
- **The end of** a relationship is always painful. 연애의 끝은 항상 고통스럽다.
- Dad placed the sculpture at **the bottom of** the stairs. 아빠는 조각품을 계단 아래쪽에 두었다.

연습문제 다음 우리말에 맞게 빈칸에 들어갈 말을 써 보세요.

1 우리 삼촌은 자신의 노트북 비밀번호를 잊어버렸다. (laptop)

My uncle forgot the password _____ .

2 우리는 생일 케이크의 디자인이 마음에 들지 않았다.

We didn't like the design _____ .

3 Nancy의 조카는 언덕 꼭대기에 산다.

Nancy's nephew lives at _____ the hill.

4 물 온도가 너무 뜨거웠다.

The temperature _____ was too hot.

5 그녀의 남자친구가 탁자의 다리를 고쳤다.

Her boyfriend fixed the leg _____ .

6 너는 네 이름의 뜻을 아니?

Do you know the meaning _____ ?

7 우리는 이달 말까지 이사를 가야 한다.

We must move out by _____ the month.

● 참고어휘 forget 잊다 | password 비밀번호 | laptop 노트북 컴퓨터 | nephew 조카 | hill 언덕 | temperature 온도 | too hot 너무 뜨거운 | fix 고치다 | move out 이사를 가다, 방을 빼다

영작 훈련하기

A

다음 주어진 단어를 바르게 배열하여 문장을 완성하세요. 필요한 경우 동사의 형태를 바꾸세요.

1 Alice는 그 향수의 냄새를 사랑한다. (Alice / the perfume / love / of / the smell)

_____

2 우리 이모는 병원에서 일한다. (work / my aunt / the doctor's office / at)

_____

3 그 시합의 시작은 매우 느렸다. (the match / the beginning / very slow / be / of)

_____

4 그의 여동생은 여학교에 다닌다. (little sister / attend / a girls' school / his)

_____

5 나는 런던의 거리와 사랑에 빠졌다. (with / I / streets / fall in love / London's)

_____

🔽 참고어휘 perfume 향수 | smell 냄새 | doctor's office 병원 | match 시합, 경기 | attend 참석하다, 다니다 | girls' school 여학교 | fall in love with ~와 사랑에 빠지다

B

다음 ( ) 안에 주어진 말을 이용하여 다음 문장을 영작하세요.

1 내 친구는 여성용 잡지를 읽고 있다. (women, magazine)

_____

2 당신 연구의 주제를 결정했나요? (have decided on, subject, your research)

_____

3 그들은 부모들의 불평을 듣지 않았다. (parents, complaints, listen to)

_____

4 Diana의 장갑은 서랍 바닥에 있었다. (gloves, at the bottom of, drawer)

_____

5 그 스캔들은 벌써 어제의 뉴스이다. (scandal, already)

_____

🔽 참고어휘 magazine 잡지 | decide 결정하다 | subject 주제 | research 연구 | complaint 불평, 불만 | drawer 서랍 | scandal 스캔들, 추문 | already 벌써, 이미

다음 유명 쉐프의 블로그를 읽고, 빈칸에 알맞은 문장을 영작하여 지문을 완성하세요.

HOME   CONTACT INFO   RECIPES   COOKING TIPS

Andrea Consoli

As a chef, I always get asked, "Do you cook for your family on Christmas?"
쉐프로서 저는 항상 질문을 받아요. "크리스마스에 가족을 위해 요리하세요?"

And the answer is yes!
그리고 제 대답은 그렇다는 거예요!

My whole family looks forward to Dad (me) cooking their Christmas dinner.
우리 가족 모두는 아빠(저예요)가 크리스마스 디너를 만드는 걸 고대하죠.

❶ _____.
제 딸이 가장 좋아하는 요리는 칠면조 구이예요.

For my vegetarian son, I make some special veggie sausages.
채식주의자인 아들을 위해서는 특별히 채식주의자용 소시지를 만들어요.

The list goes on and on.
리스트가 끝이 안 나죠.

❷ _____, but everyone's happy face makes the work worth it!
저녁 식사가 끝날 때 쯤엔 지치지만, 모두의 행복한 얼굴을 보면 일한 보람을 느껴요!

💬 참고 어휘 chef 쉐프, 요리사 | get asked 질문을 받다 | look forward to -ing ~을 매우 기대하다, 고대하다 | dish 요리 | roast turkey 칠면조 구이 | vegetarian 채식주의자 | go on and on 끝이 나지 않다, 계속되다 | get tired 지치다 | by the end of ~이 끝날 무렵에

🥤 오늘의 꿀팁 !

소유의 주체가 달라지는 Mary and Tom's vs. Mary's and Tom's

명사 두 개가 and로 연결된 경우, 's를 어떻게 붙이느냐에 따라 소유의 의미가 달라집니다. A and B's는 A와 B를 하나로 간주하여 이 둘이 공동으로 무언가를 소유하고 있음을 나타내고, A's and B's는 이 둘이 무언가를 개별적으로 소유하고 있다는 사실을 나타냅니다.

☐ This is **Mary and Tom's** money. 이것은 Mary와 Tom의 돈이다. (공동 소유)
☐ This is **Mary's and Tom's** money. 이것은 Mary의 돈과 Tom의 돈이다. (개별 소유)

비교 Ben and Alice's house Ben과 Alice의 집 (한 채)   Ben's and Alice's houses Ben의 집과 Alice의 집 (두 채)

REVIEW TEST
Days 12-15

A 다음 우리말에 맞게 빈칸에 알맞은 말을 선택하여 문장을 완성하세요.

1 Sally는 거실에서 TV를 보고 있다.

Sally is ＿＿＿＿＿＿＿＿＿＿ in the living room.
- ☐ watching television
- ☐ watching a television

2 내 친구는 하루에 두 번 이메일을 확인한다.

My friend checks her e-mail ＿＿＿＿＿＿＿＿＿.
- ☐ twice the day
- ☐ twice a day

3 출장에 얼마나 많은 셔츠가 필요하니?

＿＿＿＿＿＿＿＿＿＿ will you need for the trip?
- ☐ How much shirt
- ☐ How many shirts

4 Linda는 그 소설의 제목을 모른다.

Linda doesn't know the ＿＿＿＿＿＿＿＿.
- ☐ novel's title
- ☐ title of the novel

5 그 남자가 행사에서 피아노를 칠 것이다.

The man will ＿＿＿＿＿＿＿＿ at the event.
- ☐ play piano
- ☐ play the piano

6 문 좀 닫아 주시겠어요?

Would you close ＿＿＿＿＿＿＿＿, please?
- ☐ the door
- ☐ a door

7 나는 여전히 그 소녀들의 이름을 기억한다.

I still remember the ＿＿＿＿＿＿＿＿.
- ☐ girl's names
- ☐ girls' names

8 그들은 레스토랑에서 수프 두 그릇을 주문했다.

They ordered ＿＿＿＿＿＿＿＿ at the restaurant.
- ☐ two bowl of soups
- ☐ two bowls of soup

명사, 관사

B 다음 ( ) 안에 들어 있는 말을 이용하여 주어진 문장을 영작하세요.

1 물은 공기보다 무겁다. (air, heavier)

_____

2 너는 점심으로 무엇을 먹고 싶니? (want for lunch)

_____

3 Jimmy는 그 가게에서 양말 한 켤레를 샀다. (a pair of)

_____

4 그 영화의 첫 부분은 정말 재미있다. (really funny)

_____

5 우리는 그 커플에 대한 소문을 들었다. (couple, rumor)

_____

6 그들은 동시에 나를 쳐다봤다. (look at, at the same time)

_____

7 어제 신문에 흥미로운 기사가 있었다. (article)

_____

8 Michelle은 컨퍼런스에서 인상적인 발표를 했다. (conference, presentation)

_____

Day 16

some vs. any

아래 우리말 문장에는 명사의 수량을 나타내는 표현들이 포함되어 있습니다.
어떻게 영작할지 생각해 보세요.

Point 1   저는 포도를 조금 샀어요.

이 포도 아주 맛있어
보이는 걸.
조금 사야겠다.

Point 2   저는 포도를 조금도 안 샀어요.

난 다른 과일은
다 좋은데 포도는
완전 싫어.

몸풀기
영작 연습

우리말에 맞는 영어 표현을 골라보세요.

1 Andy는 물을 조금 마셨어요.   Andy drank (**some / any**) water.
2 Melissa는 소금을 조금도 쓰지 않았어요. Melissa didn't use (**some / any**) salt.

Point **1** some

I bought some grapes.

some은 '조금', '약간'이라는 뜻으로 긍정문에서 주로 사용해요. 따라서 '약간의 포도'라는 의미는 some grapes로 나타낼 수 있어요. something(어떤 것, 무엇), someone [somebody](어떤 사람, 누군가)를 같이 연습해 보기로 해요.

some, something 등이 긍정문에서 어떻게 사용되는지
더 살펴봅시다.

Joyce는 친구들을 위해 <u>복숭아를 조금 씻었어요</u>.

Joyce <u>washed some peaches</u> for her friends.

위 문장의 밑줄 친 부분을 아래 표현들로 바꾸어 말해 보세요. 필요한 경우 형태를 바꾸세요.

□ **bring some cookies** 쿠키를 조금 가져오다
□ **get some presents** 약간의 선물을 마련하다
□ **cook something** 무언가를 요리하다

□ **write some poems** 시를 조금 쓰다
□ **prepare something** 무언가를 준비하다
□ **save some money** 돈을 조금 저축하다

Point **2** any

I didn't buy any grapes.

any는 부정문에서 많이 사용돼요. 이렇게 not이나 never가 등장하는 문장에서 any를 쓰면 '조금도[아무것도] ~하지 않다'는 뜻이 돼요. any가 들어간 anything(아무것), anyone [anybody](아무나)를 같이 익혀 두세요.

any, anything 등이 부정문에서 어떻게 사용되는지 더 살펴봅시다.

Eric은 어제 <u>아무 음식도 먹지</u> 않았어요.

Eric didn't <u>eat any food</u> yesterday.

위 문장의 밑줄 친 부분을 아래 표현들로 바꾸어 말해 보세요. 필요한 경우 형태를 바꾸세요.

□ **move any boxes** 상자를 옮기다
□ **say anything** 무언가를 말하다
□ **read any books** 책을 읽다

□ **have any bread** 빵을 먹다
□ **catch any fish** 물고기를 잡다
□ **throw away anything** 무언가를 버리다

영작문법 파헤치기

A some some milk / some cookies...

some은 '조금', '약간', '몇몇의'란 뜻으로 명사를 수식하는 형용사로 쓰이거나 대명사로 쓰여요. 형용사로 쓰일 때에는 뒤에 셀 수 있는 명사의 복수형이나 셀 수 없는 명사가 와요.

- **Some** bananas are on sale. 몇몇 바나나들은 세일 중이다.
- I would like to order **some** fresh juice. 나는 약간의 신선한 주스를 주문하고 싶다.
- A: Did you eat it? 너 그거 먹었어?
  B: Yes, I had **some**. 응, 조금 먹었어.

some은 긍정문에서 주로 사용해요. 의문문에서 some을 쓰기도 하는데, 이때는 상대방의 긍정적인 대답을 기대하거나 부탁을 하는 경우예요. something, someone, somebody도 같이 익혀 두세요.

- Why don't you add **some** honey? 꿀을 좀 첨가하는 게 어때?
- Could you get me **some** butter at the supermarket? 슈퍼마켓에서 버터 좀 사다 줄래?
- Would you like **something** to drink? 너 뭐 좀 마실래?

연습문제

다음 우리말에 맞게 빈칸에 들어갈 말을 써 보세요.

1 엄마가 식탁을 차리는데 약간의 도움을 필요로 한다.

   Mom needs .... setting the table.

2 Jefferey는 조금 전에 샌드위치 몇 개를 다 먹었다.

   Jefferey just finished ....

3 Kate는 매일 아침 항상 무언가 차가운 것을 마신다.

   Kate always drinks .... every morning.

4 George가 우리를 위해 몇몇 자리를 맡아줄 것이다.

   George will save .... for us.

5 몇몇 사과들은 유기농이지만 몇몇은 아니다.

   .... are organic, but .... are not.

6 시럽을 좀 빌려도 될까요?

   Can I borrow .... , please?

7 Harris 씨는 내가 러시아에서 온 어떤 사람과 만나기를 원했다.

   Ms. Harris wanted me to meet ....

---

❷ 참고 어휘   set the table 식탁을 차리다 | just 막, 방금 | every morning 매일 아침 | seat 자리 | organic 유기농의 | borrow 빌리다 | syrup 시럽

B any any milk / any cookies...

any는 some과 마찬가지로 대명사로 쓰이기도 하고 형용사로 쓰여 뒤에 명사가 이어질 때도 있어요.
뒤에 명사가 올 때에는 셀 수 있는 명사의 복수형이나 셀 수 없는 명사가 와요.

- The diner doesn't serve **any** desserts. 그 식당은 후식을 전혀 제공하지 않는다.
- Does this cake have **any** milk in it? 이 케이크는 안에 우유가 들어 있나요?
- Thank you, but we don't need **any**. 고맙지만, 아무것도 필요하지 않다.

any는 부정문, 의문문, 조건문에서 사용해요. 부정문에 any가 쓰이면 '전혀 ~ 아니다'로 해석을 해요.
anything, anyone, anybody 같은 단어들도 같이 익혀 두기로 해요.

- Did you purchase **any** forks last weekend? 너 지난 주말에 포크들 좀 샀어?
- If you have **any** requests, feel free to ask me. 요청할 것이 있으면 나한테 편하게 부탁해.
- We didn't prepare **anything** special for tomorrow. 우리는 내일을 위한 특별한 것은 전혀 준비하지 않았다.
- Does **anybody** know that secret recipe? 그 비밀 레시피 아는 사람 있어?

연습 문제

다음 우리말에 맞게 빈칸에 들어갈 말을 써 보세요.

1 그 주인은 어떤 반품도 받지 않을 것이다.

The owner won't accept _____.

2 그녀가 샐러드 드레싱에 레몬을 사용하나요?

Does she use _____ in her salad dressing?

3 우리 할아버지 식사에는 신 것이 포함되어서는 안 된다. (sour)

The meal for my grandfather cannot include _____.

4 그가 무언가 실수를 찾아내면 나는 곤경에 처하게 될 것이다.

If he finds _____, I'll be in trouble.

5 레스토랑 예약을 취소한 사람이 있나요?

Did _____ cancel the reservation at the restaurant?

6 그들은 지난 달에 어떤 냉동 고기도 배달하지 않았다. (frozen)

They didn't deliver _____ last month.

7 A: 치즈가 좀 있니? B: 아니, 전혀 없어.

A: Is there _____ ? B: No, there isn't _____.

● 참고 어휘   owner 주인 | accept 받아들이다 | return 반품 | meal 식사 | include 포함하다 | sour 신, 시큼한 | mistake 실수 | be in trouble 곤경에 처하다 | cancel 취소하다 | deliver 배달하다 | frozen 냉동의

영작 훈련하기

A
다음 주어진 단어를 바르게 배열하여 문장을 완성하세요. 필요한 경우 동사의 형태를 바꾸세요.

1 Jack은 내게 아이스티를 권했다. (me / Jack / some / offer / iced tea)

_____

2 그 웨이터는 아무것도 설명할 수 없었다. (anything / couldn't / the waiter / explain)

_____

3 프랑스 음식을 좀 시도해 보는 것이 어때? (French food / try / why don't you / some)

_____

4 이 소스를 선호하는 사람이 있나요? (this sauce / prefer / anybody)

_____

5 당신에게 어떤 알레르기가 있으면 저한테 알려주세요. (please / if / you have / allergies / any / let me know)

_____

❷ 참고 어휘 **offer** 권하다, 제안하다 | **iced tea** 아이스티 | **explain** 설명하다 | **try** 시도하다 | **Why don't you ~?** ~하는 게 어때? | **sauce** 소스 | **prefer** 더 좋아하다, 선호하다 | **allergy** 알레르기

B
다음 ( ) 안에 주어진 말을 이용하여 다음 문장을 영작하세요.

1 밤에 우리 부모님은 내게 초콜릿을 전혀 주지 않는다. (give, chocolate, at night)

_____

2 몇몇 버섯에는 독이 있을 수 있다. (mushroom, poisonous)

_____

3 그 주방장이 여분의 수프를 좀 만들었나요? (the chef, make, extra soup)

_____

4 그 아이는 무언가 단 것을 먹고 싶어한다. (want, have, sweet)

_____

5 저녁 식사를 위해 밥 좀 지어 줄래요? (cook, rice, for dinner)

_____

❷ 참고 어휘 **at night** 밤에 | **mushroom** 버섯 | **poisonous** 독성이 있는 | **chef** 쉐프, 주방장 | **extra** 여분의 | **rice** 쌀

다음 이메일을 읽고, 빈칸에 알맞은 문장을 영작하여 지문을 완성하세요.

New Message — ↗ ✕

Hi, Sam,
안녕, Sam,

I just want to ask a couple things concerning the food for the weekend.
이번 주말에 쓸 음식과 관련해서 그냥 두 가지 좀 물어보고 싶어서.

First, I've got all the finger food ordered,
but ❶ _____.
첫째는, 핑거푸드는 모두 주문했는데, 내게 샴페인 잔이 하나도 없어.

By chance, do you have any glasses that I could borrow?
혹시 너한테 내가 빌릴 만한 잔이 있니?

And, ❷ _____?
그리고, 감자칩 좀 가지고 와줄 수 있어?

If there is anything else, I'll call you later.
또 다른 게 필요하면 나중에 전화할게.

I'm looking forward to seeing you this weekend. Bye!
이번 주말에 만날 걸 기대하고 있어. 안녕!

Sue

Send   A 0 🖼 🔗 ☺   🗑 | ▾

✅ 참고어휘 **a couple things** 두 가지, 몇 가지 | **concerning** ~에 관한 | **finger food** 핑거푸드, 술안주 | **champagne** 샴페인 | **by chance** 혹시, 우연히 | **borrow** 빌리다 | **bring** 가져오다 | **chip** 감자칩 | **later** 나중에 | **look forward to -ing** ~을 기대하다, 고대하다

🥤 오늘의 꿀팁!

뒤에 오는 명사의 수에 따라 의미가 달라지는 some girls vs. some girl

일반적으로 some 다음에는 셀 수 있는 명사의 복수형이 온다고 했지만, 단수 형태가 오는 경우도 있습니다. 이때의 some 은 '약간의', '몇몇의'라는 뜻이 아닌 '어떤'이라는 의미를 나타내며, 수식하는 명사가 불특정한 대상임을 나타냅니다.

Michael is talking to **some girls**.
몇몇 소녀들
Michael이 몇몇 소녀들에게 말을 하고 있다.

Michael is talking to **some girl**.
어떤 소녀
Michael이 어떤 소녀에게 말을 하고 있다.

비교 some newspapers 몇몇 신문, 여러 신문   some newspaper 어떤 신문

Day 17

all, most VS. all of, most of

아래 우리말 문장에는 어떤 대상의 범위를 나타내는 표현이 들어 있습니다.
어떻게 영작할지 생각해 보세요.

Point 1   모든 해변들은 아름다워요.

난 항상 휴가 때
해변에 가.
너무 아름답거든.

Point 2   그 모든 해변들이 아름다워요.

하와이, 몰디브, 발리…
그 해변들은 정말
최고지!

몸풀기
영작 연습

우리말에 맞는 영어 표현을 골라보세요.

1 Lauren은 그 아이들 대부분을 알아요.
Lauren knows (**most children / most of the children**).

2 대부분의 사람들이 그 노래를 좋아해요.
(**Most people / Most of the people**) like the song.

118

Point **1**   all, most

All beaches are beautiful.

「all(모든) + 명사」 또는 「most(대부분) + 명사」는 특정되지 않은 명사의 전부, 혹은 대부분을 지칭할 때 사용하는 표현이에요. all beaches는 '모든 해변들', 즉 '해변들이란 모두'라는 의미가 되어요.

주어진 명사의 전부 혹은 대부분을 지칭하는 문장을 더 살펴봅시다.

대부분의 가게들이 내일 문을 닫을 것이다.

Most stores will be closed tomorrow.

위 문장의 밑줄 친 부분을 아래 표현들로 바꾸어 말해 보세요. 필요한 경우 형태를 바꾸세요.

☐ all concert halls 모든 콘서트홀
☐ most supermarkets 대부분의 슈퍼마켓
☐ most offices 대부분의 사무실

☐ all clubs and bars 모든 클럽과 바
☐ most information centers 대부분의 정보센터
☐ all public libraries 모든 공립도서관

Point **2**   all of, most of

All of the beaches are beautiful.

all of와 most of는 한정된 범위의 명사를 지칭할 때 쓰이는 표현이에요. 따라서 일부 특정 해변들을 가리키는 '그 해변들 모두'라는 표현은 all of the beaches라고 나타내야 해요. 이때 명사 앞에 the와 같은 한정사를 함께 써서 「all of the + 명사」, 「most of the + 명사」의 형태가 만들어져요.

한정된 범위의 명사를 지칭하는 문장을 더 살펴봅시다.

Jennifer가 그 카드들의 대부분을 직접 준비했다.

Jennifer prepared most of the cards herself.

위 문장의 밑줄 친 부분을 아래 표현들로 바꾸어 말해 보세요. 필요한 경우 형태를 바꾸세요.

☐ most of the presents 그 선물들의 대부분
☐ all of the materials 그 재료들 전부
☐ most of the presentation 그 발표의 대부분

☐ most of the food 그 음식의 대부분
☐ all of the drinks 그 음료들 모두
☐ all of the documents 그 서류들 전부

영작 문법 파헤치기

A all, most all people / most people...

all은 '모든', most는 '대부분의'라는 뜻으로 이들은 범위가 구체적으로 제시되지 않은 일반적인 명사들을 지칭할 때 사용되어요.

- This rule applies to **all** participants. 이 규칙은 모든 참석자들에게 적용된다.
- The news can be found in **most** newspapers. 그 뉴스는 대부분의 신문들에서 찾을 수 있다.
- **Most** parties ended before midnight. 대부분의 파티들은 자정 전에 끝났다.

all, most 다음에 오는 명사가 복수형이면 동사도 복수동사를 써야 하고 단수형이면 단수동사를 써야 해요.

- **All babies are** cute and lovely. 모든 아기들은 귀엽고 사랑스럽다.
- This sign says that **all wine is** on sale. 이 표지판에 모든 와인이 세일 중이라고 적혀 있다.
- **Most rain falls** during the summer. 대부분의 비는 여름에 내린다.

연습문제 다음 우리말에 맞게 빈칸에 들어갈 말을 써 보세요.

1 모든 구매자들에게 특별 소책자가 제공될 것이다.

Special booklets will be provided to ....

2 대부분의 기념식들은 한 시간 이상 계속된다. (ceremony)

.... last longer than an hour.

3 Christina가 지난 주에 대부분의 초대장을 발송했다.

Christina sent out .... last week.

4 그들은 모든 가구를 다른 방으로 옮길 것이다. (furniture)

They will move .... to the other room.

5 대부분의 관광객들은 지역 축제를 사랑한다.

.... local festivals.

6 모든 부스들은 10시부터 6시까지 문을 연다. (booth)

.... open from 10:00 to 6:00.

7 모든 기름진 음식은 심장에 해롭다. (greasy)

.... is bad for your heart.

⊘ 참고 어휘 booklet 소책자 | provide 제공하다 | ceremony 기념식 | last 계속되다 | send out 발송하다 | invitation 초대장 | local festival 지역 축제 | booth 부스, 전시장 | greasy 기름진

B all of, most of   all of the people / most of the people…

대상의 범위가 한정되어 있을 때에는 all of와 most of를 써요. 명사 앞에 명사의 구체적인 범위를 지정하는 the, this/that, 소유격 등의 한정사와 함께 쓰여서 「all of + 한정사 + 명사」, 「most of + 한정사 + 명사」의 형태가 만들어져요. all 다음에 쓰이는 of는 생략할 수 있어요.

- We booked **all of the meeting rooms**. 우리가 회의실 전체를 예약했다.
- **Most of these profits** will go to charity. 이번 수익의 대부분은 자선 단체에 보내질 것이다.
- The planner shared **all of his tips** with me. 그 기획자는 자신의 모든 정보들을 나와 공유했다.
- They will light **all the candles** at 8 o'clock. 그들은 모든 초들을 8시에 킬 것이다.

all of, most of 다음에 오는 명사가 복수형이면 복수동사를 써야 하고 단수형이면 단수동사를 써야 해요.

- **All of the tickets are** already sold out. 모든 티켓들은 이미 매진되었다.
- **All of his advice was** really helpful. 그의 모든 조언이 정말로 큰 도움이 되었다.
- **Most of the work was** finished as scheduled. 그 일 대부분이 일정대로 끝났다.

연습문제

다음 우리말에 맞게 빈칸에 들어갈 말을 써 보세요.

1 사회자가 발표자 모두를 소개했다. (speaker)

The host introduced _____ .

2 우승팀이 이 상의 대부분을 받게 될 것이다. (prize)

The winning team will receive _____ .

3 나는 대부분의 내 시간을 여자친구와 보낸다.

I spend _____ with my girlfriend.

4 탁자 위에 있는 접시들 모두가 너무 뜨거웠다. (plate)

_____ on the table were too hot.

5 Graham 씨가 우리 가족 전부를 저녁 식사에 초대했다.

Mr. Graham invited _____ to dinner.

6 저 공연들 대부분이 정말 재미있었다.

_____ really exciting.

7 그는 행사에서 자신의 노래 대부분을 연주할 것이다.

He will play _____ at the event.

❷ 참고어휘 host 사회자 | introduce 소개하다 | speaker 발표자 | winning team 우승팀 | prize 상, 상품 | spend (시간을) 보내다 | plate 접시 | too hot 너무 뜨거운 | invite 초대하다 | show 공연, 쇼 | exciting 재미있는, 신나는

영작 훈련하기

A
다음 주어진 단어를 바르게 배열하여 문장을 완성하세요. 필요한 경우 동사의 형태를 바꾸세요.

1 모든 방들이 풍선으로 장식될 것이다. (all / with balloons / will be / rooms / decorated)

....

2 그녀의 지식 대부분은 책에서 나왔다. (from books / her knowledge / most of / come)

....

3 그 기자가 선수들 모두를 인터뷰했다. (the players / interview / all / the reporter)

....

4 대부분의 상품권에는 유효 기간이 없다. (not / have / most / expiration dates / gift cards)

....

5 그는 이 사진들 대부분을 자신의 웹사이트에 올릴 것이다. (most of / will post / on his website / he / these photos)

....

✔ 참고 어휘 **balloon** 풍선 | **decorate** 장식하다 | **knowledge** 지식 | **reporter** 기자 | **expiration date** 유효 기간, 만료일 | **gift card** 상품권 | **post** 게시하다, 올리다

B
다음 ( ) 안에 주어진 말을 이용하여 다음 문장을 영작하세요.

1 방문객들 모두가 축제를 즐기고 있다. (the visitors, enjoy, carnival)

....

2 우리는 도서관에 있는 책 대부분을 읽었다. (read, in the library)

....

3 모든 박물관들은 공휴일에 문을 닫는다. (closed, on national holidays)

....

4 그들의 돈 대부분은 은행에 있다. (their money, in the bank)

....

5 Peter는 아프리카에 있는 모든 나라들을 탐험하고 싶어한다. (want to explore, countries in Africa)

....

✔ 참고 어휘 **visitor** 방문객 | **enjoy** 즐기다 | **carnival** 카니발, 축제 | **closed** 문을 닫은 | **national holiday** 공휴일 | **museum** 박물관 | **travel** 여행하다

다음 공지를 읽고, 빈칸에 알맞은 문장을 영작하여 지문을 완성하세요.

Upcoming sales event
December 7ᵗʰ

다가오는 할인 행사
12월 7일

As you all know, we are having an end-of-year sale in two weeks on the 7th of December.
모두들 아시다시피 2주 후인 12월 7일에 연말 할인 행사가 있습니다.

Here are a few reminders:
몇 가지 내용들을 상기시켜 드리고자 합니다.

❶ _____.
모든 직원들은 행사 기간 동안 유니폼을 입어야 합니다.

❷ _____.
우리의 고객 중 대부분은 6시30분까지 도착할 것입니다.

Therefore, make sure everything is ready at least one hour prior to then.
그러니 반드시 적어도 그보다 한 시간 일찍 모든 것이 준비되어 있어야 합니다.

If you have any questions, please contact Frank in Marketing.
질문이 더 있으면 마케팅부의 Frank에게 연락을 주십시오.

His number is 555-2538.
그의 전화번호는 555-2538입니다.

❷ 참고어휘 **upcoming** 다가오는 | **end-of-year** 연말의 | **in two weeks** 2주 후에 | **reminder** 상기시키는 내용 | **employee** 직원 | **during the event** 행사 기간 동안 | **customer** 고객 | **by** ~까지 | **therefore** 그러므로 | **make sure** 확실하게 하다 | **prior** ~전에 | **further** 더 이상의, 추가의 | **contact** 연락하다

🥤 오늘의 꿀팁!

부정하는 범위가 달라지는 not all of vs. none of

not all of는 '모두 그런 것은 아니다'라는 의미로서, 일부는 그렇고 일부는 그렇지 않다는 부분 부정의 의미를 나타냅니다.
'모두가 그렇지 않다'고 내용 전체를 부정할 때에는 none of를 사용합니다.

Not all of the students came to school.
(부분 부정) 모든 학생들이 온 것은 아니다.

None of the students came to school.
(전체 부정) 모든 학생들이 오지 않았다.

비교 **not both** 둘 다는 아닌, 둘 중 하나만   **neither** 둘 다 아닌

A 다음 우리말에 맞게 빈칸에 알맞은 말을 선택하여 문장을 완성하세요.

1 대부분의 사람들은 그의 춤을 좋아했다.

_____ liked his dance.

☐ Most people
☐ Most of the people

2 Susan은 항상 파티에 뭔가 특별한 것을 가져온다.

Susan always brings _____ to parties.

☐ something special
☐ anything special

3 Bill의 전화번호를 아는 사람이 있나요?

Does _____ know Bill's phone number?

☐ somebody
☐ anybody

4 모든 은행은 월요일부터 금요일까지 영업한다.

_____ are open from Monday to Friday.

☐ All bank
☐ All banks

5 우리는 12시 전에 그 일의 대부분을 끝냈다.

We finished _____ before noon.

☐ most the work
☐ most of the work

6 커피와 함께 우유를 좀 드릴까요?

Would you like _____ with your coffee?

☐ some milk
☐ any milk

7 혹시 질문이 있으시면 제게 물어봐 주세요.

If you have _____, please just ask me.

☐ some questions
☐ any questions

8 모든 돈은 자선 단체에 기부되었다.

All the money _____ to charity.

☐ was donated
☐ were donated

대명사, 한정사

B 다음 ( ) 안에 들어 있는 말을 이용하여 주어진 문장을 영작하세요.

1 모든 참석자들에게 특별한 선물이 제공될 것이다. (gifts, participants)

2 뭔가 새로운 디저트를 시도해 보는 게 어때? (why don't you, try)

3 그의 정보 대부분이 쓸모가 없었다. (useless)

4 Peter는 자기 생일 선물로 비싼 것을 원하지 않는다. (want, expensive)

5 대부분의 회사들이 올해 더 많은 사람을 채용할 것이다. (hire)

6 몇몇 학생들은 피곤해하지만 다른 사람들은 아니다. (tired, others)

7 그 매니저는 어떤 실수도 용납하지 않을 것이다. (mistake, allow)

8 Emma는 그 목록에 있는 나라 중 대부분을 방문했다. (have visited, on the list)

Day 18 | 형용사 vs. 부사

아래 우리말 문장은 각각 사물의 상태와 인물의 동작을 나타내고 있습니다.
어떻게 영작할지 생각해 보세요.

Point 1 　그녀는 멋진 스카프를 하고 있어요.

이 스카프는 이번 시즌
한정판으로 나온 거야.

Point 2 　그녀는 멋지게 스카프를 해요.

스카프를 그냥 목에만
두른다고? 그건 너무
심심하지.

**몸풀기
영작 연습**

우리말에 맞는 영어 표현을 골라보세요.

1 　다섯은 Betty의 행운의 숫자예요. 　　Five is Betty's (**lucky** / **luckily**) number.

2 　Larry는 고양이와 행복하게 살아요. 　　Larry lives (**happy** / **happily**) with his cat.

Point 1　형용사

She is wearing a stylish scarf.

'멋진 스카프'라는 의미는 명사인 scarf와 이를 꾸며주는 형용사인 stylish를 써서 a stylish scarf로 나타내어요. 이렇게 형용사가 명사를 수식하는 경우 일반적으로 「(관사) + 형용사 + 명사」의 순으로 쓰여요.

명사를 수식해 주는 형용사를 포함한 문장을 더 살펴봅시다.

손님이 예쁜 치마를 입어 보고 있어요.
The customer is trying on a beautiful skirt.

위 문장의 밑줄 친 부분을 아래 표현들로 바꾸어 말해 보세요. 필요한 경우 형태를 바꾸세요.

- ☐ a big hat 큰 모자
- ☐ warm pajamas 따뜻한 잠옷
- ☐ a blue jacket 파란색 재킷
- ☐ a soft sweater 부드러운 스웨터
- ☐ a pretty necklace 예쁜 목걸이
- ☐ a pair of wide pants 통이 넓은 바지 한 벌

Point 2　부사

She wears scarves stylishly.

'멋지게 스카프를 하다'는 표현에서 동사를 수식하는 '멋지게'라는 표현은 부사 stylishly를 이용해서 할 수 있어요. 부사는 형용사에 –ly를 붙인 형태가 가장 많고 '~하게'라는 뜻을 나타내요.

동사를 수식해 주는 부사를 포함한 문장을 더 살펴봅시다.

저 모델들은 천천히 걸어야 해요.
Those models should walk slowly.

위 문장의 밑줄 친 부분을 아래 표현들로 바꾸어 말해 보세요. 필요한 경우 형태를 바꾸세요.

- ☐ talk quietly 조용히 이야기하다
- ☐ pose confidently 자신감있게 포즈를 취하다
- ☐ dress fashionably 유행에 맞게 옷을 입다
- ☐ march powerfully 힘있게 행진하다
- ☐ change quickly 빨리 옷을 갈아입다
- ☐ turn smoothly 부드럽게 돌다

영작 문법 파헤치기

A 형용사 beautiful / nice...

형용사는 명사의 성질, 상태, 색깔 등을 설명해 주는 품사로, 명사를 수식하거나 be, become 등과 같은 동사의 보어 역할을 해요.

- The little boy is wearing a **cute** bow tie. 어린 소년이 귀여운 나비넥타이를 착용하고 있다.
- This color goes well with her **green** eyes. 이 색상이 그녀의 녹색 눈과 잘 어울린다.
- Ms. Coleman's dress is absolutely **fabulous**. Coleman 씨의 드레스는 완전 근사하다.
- Those accessories became pretty **popular**. 저 액세서리들은 큰 인기를 얻었다.

look(~하게 보이다), sound(~하게 들리다), feel(~하게 느껴지다) 등의 감각동사 다음에도 형용사를 써요.

- Her skin looks **clean** and **clear**. 그녀의 피부는 깨끗하고 맑아 보인다.
- The blanket feels really **soft**. 그 담요는 정말 부드럽게 느껴진다.

연습 문제

다음 우리말에 맞게 빈칸에 들어갈 말을 써 보세요.

1 Ashley는 그 가게에서 완벽한 재킷을 찾았다.

Ashley found a _____ _____ in the shop.

2 Robert의 새 신발은 여전히 상자 안에 있다.

Robert's _____ _____ are still in the box.

3 그 장식 아이디어는 창의적으로 들렸다.

The decoration idea _____ _____.

4 그 숙녀는 우아한 블라우스들을 찾고 있다.

The lady is looking for some _____ _____.

5 우리는 상자에 커다란 빨간 리본을 달 것이다.

We will put a _____ _____ on the box.

6 저 희귀한 아이템들을 어디에서 구했나요?

Where did you get those _____ _____?

7 그의 옷상에 있는 모자는 아주 오래되어 보인다.

The hat in his closet _____ _____.

● 참고 어휘 **perfect** 완벽한 | **still** 여전히 | **decoration** 장식 | **creative** 창의적인 | **look for** ~을 찾다 | **elegant** 우아한 | **rare** 희귀한 | **closet** 옷장

B 부사 beautifully / nicely...

부사는 시간, 장소, 방법, 정도 등을 설명하는 품사로, 동사, 형용사, 부사, 문장 전체를 수식하는 역할을 해요.

- Sales of winter boots increased **dramatically**. 겨울 부츠 판매량이 극적으로 증가했다.
- I think that your shirt is **too** big. 당신 셔츠는 너무 큰 것 같다.
- You have to handle the jewelry very **carefully**. 당신은 그 보석을 매우 조심스럽게 다루어야 한다.
- **Finally**, Mr. Donovan introduced the main model. 마지막으로 Donovan 씨가 메인 모델을 소개했다.

부사는 -ly로 끝나는 경우가 많지만, always, sometimes와 같은 빈도부사처럼 -ly로 끝나지 않는 경우도 있으므로 부사와 형용사를 잘 구분해서 써야 해요.

- Rebecca will order a new bracelet **soon**. Rebecca는 곧 새 팔찌를 주문할 것이다.
- Gloves are **sometimes** necessary in the fall. 가을에도 가끔 장갑이 필요하다.
- She **never** wears the same dress twice. 그녀는 절대 같은 드레스를 두 번 입지 않는다.

연습문제 다음 우리말에 맞게 빈칸에 들어갈 말을 써 보세요.

1 그 벨트는 상대적으로 저렴했다.

The belt was .... cheap.

2 나는 여가 시간에 종종 패션 잡지를 읽는다.

I .... read fashion magazines in my free time.

3 사랑스러운 소녀가 친절하게 나를 도와주었다.

The lovely girl .... helped me.

4 Justin은 항상 여분의 안경을 가지고 다닌다.

Justin .... carries an extra pair of glasses.

5 그 선물은 발렌타인데이용으로는 너무 늦게 도착했다.

The gift arrived .... for Valentine's Day.

6 내 여동생은 서랍을 매우 깔끔하게 정돈한다.

My sister organizes her drawers ....

7 불행히도 모든 수영복이 매진되었다.

..................., all the swimsuits were sold out.

🔵 참고 어휘   relatively 상대적으로 | cheap 저렴한 | in one's free time 여가 시간에 | carry 가지고 다니다 | a pair of glasses 안경하나 | organize 정돈하다 | neatly 단정하게 | swimsuit 수영복

영작 훈련하기

A 다음 주어진 단어를 바르게 배열하여 문장을 완성하세요. 필요한 경우 동사의 형태를 바꾸세요.

1 그녀의 복장은 꽤 인상적이었다. (be / her outfit / impressive / quite)

----

2 그는 소셜 미디어를 통해 유명해졌다. (through / he / become / social media / famous)

----

3 그 중고 할인점은 오후에 항상 붐빈다. (in the afternoon / always crowded / the thrift shop / be)

----

4 이 터틀넥 스웨터는 정말 간지럽게 느껴진다. (itchy / this turtleneck sweater / really / feel)

----

5 당신은 연회에서 정장을 입어야 한다. (you / a formal suit / at the banquet / should wear)

● 참고 어휘 **outfit** 복장, 옷 | **impressive** 인상적인 | **quite** 꽤, 상당히 | **through** ~을 통해 | **crowded** 붐비는 | **thrift shop** 중고품 가게 | **itchy** 간지러운 | **formal suit** 격식을 갖춘 양복, 정장 | **banquet** 연회

B 다음 ( ) 안에 주어진 말을 이용하여 다음 문장을 영작하세요.

1 우리 회사는 금요일에 평상복을 허용한다. (casual clothes, on Fridays)

----

2 그의 팀은 정기적으로 시장 동향을 확인한다. (check, market trends)

----

3 그 디자이너는 쇼 도중에 화가 나 보였다. (look, during the show)

----

4 그 천은 코트용으로 완벽한 것 같다. (fabric, seem, for a coat)

----

5 그녀는 가끔 온라인으로 중고 가방들을 산다. (sometimes, used bags)

● 참고 어휘 **casual clothes** 평상복 | **allow** 허락하다 | **market trend** 시장 동향 | **regularly** 정기적으로 | **fabric** 천, 직물 | **seem** ~인 것 같다 | **used bag** 중고 가방

다음 패션 잡지의 기사를 읽고, 빈칸에 알맞은 문장을 영작하여 지문을 완성하세요.

THIS SEASON'S STYLE!
이번 시즌의 스타일!

This autumn, there are plenty of exciting new designs, especially for men.
올 가을은 흥분될 만큼 새로운 디자인이 넘칩니다. 특히 남성용 말입니다.

At the recent Milan Fashion Show, the models were dressed in a range of fantastic suits.
최근의 밀라노 패션쇼에서 모델들은 다양한 환상적인 수트들을 선보였습니다.

❶ _____ for this season.
이번 시즌에 디자이너들은 사랑스러운 버건디 색상을 선택했습니다.

To complement the suits, some of the designs had matching vests.
수트의 완성을 위해 디자인 중 일부에는 어울리는 조끼가 포함되어 있었습니다.

Under the tailor-made vests, the models were wearing white cotton shirts.
모델들은 맞춤 조끼 안에 흰색 면 셔츠를 입고 있었습니다.

❷ _____ in handmade leather shoes.
그들은 수제 가죽 신발을 신고 자신감 있게 무대를 가로질러 갔습니다.

Overall, I would say that this coming season's
offerings look like the best ever!
전체적으로, 다가올 이번 시즌의 스타일은
최고라고 말할 수 있습니다!

💬 참고 어휘　plenty of 많은 | especially 특히 | recent 최근의 | be dressed 옷을 입다 | a range of 다양한 | choose 선택하다 | complement (보완해서) 완성하다 | matching 어울리는 | tailor-made 맞춤의 | catwalk 무대, 캣워크 | handmade 수제의 | coming 다가오는

🧋 **오늘의 꿀팁!**

같지만 다른 hard vs. hard

hard는 형용사와 부사의 형태가 같은 단어로, 형용사로 쓰일 때는 '단단한', '어려운'이라는 뜻을 나타내고, 부사로 쓰일 때에는 '열심히', '세게'라는 뜻을 나타냅니다. 따라서 문장 속에서 어떤 역할을 하는지 잘 파악해서 그 뜻을 바르게 이해하도록 합시다.

The bread in the basket was too **hard**.　　　The boy needs to study **hard**.
　　　　　　　　　　　(형용사) 단단한　　　　　　　　　　　　　　　　　　(부사) 열심히

바구니 안에 있는 빵은 너무 딱딱했다.　　　　그 소년은 열심히 공부할 필요가 있다.

비교 pretty (형용사) 예쁜 / (부사) 꽤　　well (형용사) / 건강한 (부사) 잘

Day 19 | 현재분사 vs. 과거분사

아래 우리말 문장은 모두 흥미와 관련된 감정을 표현하고 있습니다.
어떻게 영작할지 생각해 보세요.

Point 1   새로운 온라인 수업은 흥미로워요.

이 온라인 수업은 정말
재미있는 걸!

Point 2   그녀는 온라인 수업에 흥미가 있어요.

요새 시간도 많은데
온라인 수업이나
들어볼까?

몸풀기 영작 연습

우리말에 맞는 영어 표현을 골라보세요.

1 저는 그의 대답에 당황했어요.   I was (**embarrassing / embarrassed**) by his answer.

2 그 영화는 아주 지루했어요.   The movie was so (**boring / bored**).

Point 1 현재분사(-ing)

The new online class is interesting.

'흥미로운'이라는 의미는 동사인 interest(흥미를 일으키다)에서 파생된 형용사인 interesting으로 나타낼 수 있어요. interesting은 '흥미를 일으키는', '흥미로운'이라는 뜻으로, 이렇게 -ing로 끝나는 감정을 나타내는 형용사들은 사물이 주어인 경우에 많이 사용되어요.

감정을 나타내는 -ing 형태의 현재분사가 사용된 문장을 더 살펴봅시다.

이것은 내게 신나는 콘서트예요.

This is an exciting concert to me.

위 문장의 밑줄 친 부분을 아래 표현들로 바꾸어 말해 보세요. 필요한 경우 형태를 바꾸세요.

- ☐ a shocking picture 충격적인 사진
- ☐ an amazing number 놀라운 숫자
- ☐ a confusing situation 혼란스러운 상황
- ☐ surprising news 놀라운 소식
- ☐ a fascinating show 매혹적인 공연
- ☐ an embarrassing mistake 당혹스러운 실수

Point 2 과거분사(-ed)

She is interested in the online class.

'흥미가 있는', '흥미를 느끼는'이라는 뜻을 나타내려면 형용사 interested를 써야 해요.
be interested in은 '~에 흥미가 있다'는 뜻이에요. 이와 같이 -ed로 끝나는 감정을 나타내는 형용사는 주어가 감정을 느끼는 주체, 즉 사람일 때 쓰이는 경우가 많아요.

감정을 나타내는 -ed 형태의 과거분사가 사용된 문장을 더 살펴봅시다.

내 친구는 그 소식에 정말 놀랐어요.

My friend was really surprised by the news.

위 문장의 밑줄 친 부분을 아래 표현들로 바꾸어 말해 보세요. 필요한 경우 형태를 바꾸세요.

- ☐ satisfied with the results 그 결과에 만족하다
- ☐ disappointed with me 나에게 실망하다
- ☐ moved by the story 그 이야기에 감동을 받다
- ☐ tired of his work 일에 지치다
- ☐ shocked by the fact 그 사실에 충격을 받다
- ☐ amused by the game 그 게임에 즐거워하다

영작 문법 파헤치기

A 현재분사(-ing) exciting / moving...

분사는 동사를 변형해서 형용사처럼 사용하는 거예요. 동사에 -ing를 붙인 형태의 현재분사는 동사와 그 동사가 설명해 주는 명사가 능동의 관계일 때 써요.

- I am reading a book **explaining** a new theory. 나는 새 이론을 설명하는 책을 읽고 있다.
- Who is that **yelling** woman in a uniform? 유니폼 입고 소리지르는 저 여자는 누구니?

감정을 나타내는 동사들은 대부분 '~하게 하다'라는 뜻이기 때문에 감정을 나타내는 현재분사는 '~한 감정을 느끼게 하는'이라는 의미가 되어요.

- Her objection to the plan was **surprising**. 계획에 대한 그녀의 반대는 놀라웠다.
- The thunderstorm was very **frightening**. 폭풍우는 매우 무서웠다.
- Crying in front of other people is **embarrassing**. 다른 사람들 앞에서 우는 건 당황스럽다.
- The story of his new novel was really **engaging**. 그의 신작 소설의 줄거리는 정말 매력적이었다.

연습문제 다음 우리말에 맞게 빈칸에 들어갈 말을 써 보세요.

1 그의 대답은 여전히 혼란스럽다.

His answer is still ....

2 떨어지는 눈을 보면 기분이 좋다.

It feels nice to see .... snow.

3 사망자의 숫자는 충격적이다.

The number of deaths is ....

4 Stewart 씨를 위해 일하는 것은 상당히 지치는 일이다.

Working for Mr. Stewart is pretty ....

5 사진사가 춤추는 소녀의 사진을 찍었다.

The photographer took a picture of a .... girl.

6 나는 그 공연에 관한 몇몇 흥미로운 사실들을 발견했다.

I found some .... facts about the show.

7 그는 내게 자신의 발전 과정을 보여주는 성적표를 자랑스럽게 건넸다.

He proudly handed me his report card .... his progress.

💬 참고 어휘 confuse 혼란스럽게 하다 | death 죽음 | tire 지치게 하다 | photographer 사진사 | proudly 자랑스럽게 | hand 건네다 | progress 진척 상황

134

B 과거분사(-ed) excited / moved...

과거분사는 주로 동사에 –ed를 붙인 형태이지만, 불규칙한 형태도 많아서 잘 익혀 두어야 해요. 과거분사는 동사와 그 동사가 설명해 주는 명사가 수동의 관계일 때 써요.

- He met Ms. Davis with a **changed** mind. 그는 바뀐 마음으로 Davis 씨를 만났다.
- I called my friend who has a **broken** heart. 나는 상심한 친구에게 전화를 걸었다.
- The desk **covered** with files is Samuel's. 파일들로 뒤덮인 책상은 Samuel의 것이다.

감정을 나타내는 동사에서 만들어진 과거분사는 '~한 감정을 느끼게 되는', '~을 느끼는' 이라는 의미가 되어요.

- The student was totally **confused**. 그 학생은 완전히 혼란스러웠다.
- The couple was **satisfied** with their new house. 그 커플은 새 집에 만족했다.
- I'm not **pleased** with their offer. 나는 그들의 제안이 만족스럽지 않다.
- Some people feel **depressed** when they are alone. 어떤 사람들은 혼자 있을 때 우울함을 느낀다.

연습 문제

다음 우리말에 맞게 빈칸에 들어갈 말을 써 보세요.

1 그들은 잠겨진 문을 열 수 없었다.

They couldn't open the ＿＿＿＿＿＿ door.

2 모든 Sharon의 친구들이 그녀의 약혼에 흥분했다.

All of Sharon's friends were ＿＿＿＿＿＿ by her engagement.

3 그 소년은 항상 새로운 것에 흥미를 느낀다.

The boy is always ＿＿＿＿＿＿ in new things.

4 가을이면 떨어진 나뭇잎들을 많이 볼 수 있다.

You can see a lot of ＿＿＿＿＿＿ leaves in autumn.

5 청중들은 노래에 깊은 감동을 받았다.

The audience was deeply ＿＿＿＿＿＿ by the song.

6 우리에게는 증거로 뒷받침된 주장이 필요하다.

We need arguments ＿＿＿＿＿＿ by evidence.

7 그의 연설이 모두를 지루하게 만들었다.

His speech made everyone feel ＿＿＿＿＿＿.

✔ 참고 어휘　lock 잠그다 | engagement 약혼 | autumn 가을 | audience 청중 | deeply 깊게 | move 감동을 주다 | argument 주장 | support 뒷받침하다 | evidence 증거

영작 훈련하기

A 다음 주어진 단어를 바르게 배열하여 문장을 완성하세요. 필요한 경우 동사의 형태를 바꾸세요.

1 그 만화 속 캐릭터들은 놀랍다. (the cartoon / the characters / be / amazing / in)

_____

2 당신은 업데이트된 데이터를 검토해야 한다. (should review / updated / you / data / the)

_____

3 그 어린 소녀는 귀신들을 무서워한다. (ghosts / be / the little girl / scared of)

_____

4 공사장에서 나는 소음이 매우 성가시다. (so annoying / from / the noise / be / the construction site)

_____

5 Jake는 내게 자신의 실수를 인정하는 문자를 보냈다. (Jake / a text / his mistake / send me / admitting)

_____

✅ 참고 어휘   cartoon 만화 | review 검토하다 | be scared of ~을 무서워하다 | ghost 귀신 | annoying 짜증스러운 | construction site 공사장 | admit 인정하다

B 다음 ( )안에 주어진 말을 이용하여 다음 문장을 영작하세요.

1 우리는 그의 성공에 기뻐했다. (please, success)

_____

2 그 남자는 서명된 계약서를 받았다. (sign, contract)

_____

3 내게 그 시험 결과는 실망스러운 것이다. (exam results, disappoint)

_____

4 남아 있는 티켓들의 가격이 올랐다. (remain, go up)

_____

5 그녀는 그녀의 딸의 행동에 당황해 했다. (embarrass, behavior)

_____

✅ 참고 어휘   please 기쁘게 하다 | success 성공 | sign 서명하다 | contract 계약서 | disappoint 실망시키다 | remain 남다 | price 가격 | embarrass 당황하게 하다 | behavior 행동

다음 영화 리뷰를 읽고, 빈칸에 알맞은 문장을 영작하여 지문을 완성하세요.

MOVIE REVIEW

★ ★ ★ ★ ★

came**** 2021.03.09

Captain of the Tides is a really good movie by director Kurt Vanders.
'파도의 캡틴'은 Kurt Vanders 감독이 만든 정말 훌륭한 영화입니다.

Bill Candy, the main actor, showed his full comic talent.
주연 배우인 Bill Candy는 자신이 가진 코미디의 재능을 완벽히 보여주었습니다.

The movie is set in 1960s New York, and ❶ ....
이 영화는 1960년대의 뉴욕이 배경인데, 줄거리가 정말 매력적입니다.

I certainly was not disappointed as the movie was more than I had hoped for.
영화가 기대한 것 이상이었기 때문에 저는 절대 실망하지 않았습니다.

❷ .... but in a good way.
결말에 약간 놀라긴 했지만, 좋은 의미에서 놀랐습니다.

I strongly recommend that you go out and watch this great work of art.
저는 여러분께 이 훌륭한 예술 작품을 보러 가실 것을 강력히 추천합니다.

4 out of 5 stars!
별 5개 중에 4개입니다!

🔹 참고 어휘 **tide** 파도, 조수 | **director** 감독 | **main actor** 주연 배우 | **talent** 재능 | **story** 이야기, 줄거리 | **engaging** 매력적인, 마음을 끄는 | **certainly** 분명히, 확실히 | **a bit** 약간 | **ending** 결말 | **strongly recommend** 강력히 추천하다 | **work of art** 예술품, 미술품 | **out of** ~ 중에

🥤 오늘의 꿀팁!

잘못 쓰면 당혹스러워질 수 있는 He is boring. vs. He is bored.

흔히 감정을 나타내는 분사를 쓸 때 -ing는 사물과 어울리고 -ed는 사람과 어울린다고 하는데, 사실 -ing를 사람에 쓰는 것이 문법적으로 틀린 것은 아닙니다. 다만 의미는 전혀 달라집니다. boring은 '지루하게 하는', '지루하게 만드는'이란 뜻이고 bored는 '지루함을 느끼는'이란 뜻이므로 He is boring.이라고 하면 '그가 재미없는 사람'이라는 뜻이 됩니다. 두 단어 모두 우리말로 '지루한'이라고 해석되기 때문에 더욱 주의해야 합니다.

He is such a **boring** man.
　　　　　　재미없는, 지루한
그는 너무나 지루한 사람이다.

The man was really **bored**.
　　　　　　　　지루하 하는, 지루한
그 남자는 정말 지루해 했다.

비교 **a tiring person** 피곤한 사람 (남을 지치게 하는 사람)　　**a tired person** 피곤한 사람 (지친 사람)

Day 20 | 비교급 vs. 최상급

아래 우리말 문장은 각각 정도가 다른 비교 표현을 포함하고 있습니다.
어떻게 영작할지 생각해 보세요.

Point 1 그는 지난번보다 더 빨리 달렸어요.

Point 2 그는 세계에서 가장 빠른 달리기선수예요.

몸풀기
영작 연습

우리말에 맞는 영어 표현을 골라보세요.

1 그것이 오늘 가장 빠른 열차예요.   It is the (**earlier / earliest**) train of the day.

2 우리 언니 방은 내 방보다 커요.   My sister's room is (**bigger / biggest**) than mine.

Point 1 비교급

He ran faster than last time.

각각 '더 ~한', '더 ~하게'라는 뜻의 형용사와 부사의 비교급을 만들기 위해서는 보통 단어 끝에 -er을 붙이거나 단어 앞에 more을 써줘요. fast(빠른)의 비교급은 끝에 -er을 붙여 faster로 쓰면 되어요.

비교급 표현을 포함한 문장을 더 살펴봅시다.

Mike는 Jonathan보다 더 높게 점프할 수 있어요.
Mike can jump higher than Jonathan.

위 문장의 밑줄 친 부분을 아래 표현들로 바꾸어 말해 보세요. 필요한 경우 형태를 바꾸세요.

☐ work harder than 더 열심히 일하다
☐ eat faster than 더 빨리 먹다
☐ speak more slowly than 더 천천히 말하다

☐ save more money than 더 많은 돈을 모으다
☐ get up earlier than 더 일찍 일어나다
☐ shout more loudly 더 크게 소리지르다

Point 2 최상급

He is the fastest runner in the world.

'가장 ~한', '가장 ~하게'라는 뜻의 최상급을 만들기 위해서는 단어 끝에 -est를 붙이거나 단어 앞에 most를 써야 해요. 이때 정관사 the를 쓰는 것에 주의하세요. fast(빠른)의 최상급은 the fastest로 나타내요.

최상급 표현을 포함한 문장을 더 살펴봅시다.

Michelle은 그 그룹에서 가장 키가 큰 여학생이에요.
Michelle is the tallest girl in the group.

위 문장의 밑줄 친 부분을 아래 표현들로 바꾸어 말해 보세요. 필요한 경우 형태를 바꾸세요.

☐ the smartest student 가장 똑똑한 학생
☐ the most popular member 가장 인기 있는 멤버
☐ the most successful athlete 가장 성공한 운동선수
☐ the strongest player 가장 힘이 센 선수

☐ the richest woman 가장 부유한 여자
☐ the most famous person 가장 유명한 사람

영작 문법 파헤치기

A 비교급 faster / more famous…

비교급은 '더 ~한', '더 ~하게'란 뜻으로 보통 형용사나 부사의 뒤에 –er를 붙이거나 그 앞에 more을 붙여 만들어요.

- The competition was **easier** this year. 올해는 경쟁이 덜했다.
- She became **more nervous** before the contest. 그녀는 시합 전에 더 초조해졌다.

비교 대상을 같이 제시할 때는 '~보다'라는 뜻을 가진 than을 함께 써요. than 다음에는 명사의 목적격이나 「주어 + 동사」의 형태가 올 수 있어요.

- Sean is a **stronger** candidate **than** Lauren. Sean이 Lauren보다 더 강력한 후보이다.
- Your record became **worse than** last year's. 당신 기록이 작년보다 더 나빠졌다.
- My friend can throw a ball **farther than** me. 내 친구는 나보다 공을 더 멀리 던질 수 있다.
- Dennis is **more careful than** I am. Dennis는 나보다 더 조심스럽다.

연습문제

다음 우리말에 맞게 빈칸에 들어갈 말을 써 보세요.

1 바퀴가 지금 더 천천히 구르고 있다.

The wheel is rolling _____ now.

2 오늘이 어제보다 더 덥다.

Today is _____.

3 오렌지 주스가 자몽 주스보다 더 달다. (sweet)

Orange juice is _____ grapefruit juice.

4 우리 팀에 더 많은 선수들이 있다.

There are _____ on our team.

5 그녀가 그보다 더 성공적으로 프로젝트를 끝냈다.

She finished the project _____.

6 이번 실패가 미래에 그를 더 강하게 만들 것이다.

This failure will make him _____ in the future.

7 Randy는 나보다 더 오래 숨을 참을 수 있다.

Randy can hold his breath _____.

● 참고 어휘　wheel 바퀴 | roll 구르다 | sweet 단, 달콤한 | grapefruit 자몽 | player 선수 | successfully 성공적으로 | failure 실패 | in the future 미래에 | hold one's breath 숨을 참다

B 최상급 the fastest / the most famous...

최상급은 '가장 ~한', '가장 ~하게'라는 뜻으로 정관사 the를 함께 써서 the -est의 형태로 나타내거나 단어 앞에 the most를 붙여서 표현해요.

- It was **the funniest** play of the season. 그것은 이번 시즌에서 가장 웃기는 플레이였다.
- Mike just passed **the highest** level. Mike가 방금 가장 높은 레벨을 통과했다.
- He showed **the most powerful** swing of the night. 그는 오늘밤 가장 강력한 스윙을 보여주었다.
- She is **the most talented** figure skater in Korea. 그녀는 한국에서 가장 재능 있는 피겨 선수이다.

최상급이 들어간 자주 쓰이는 표현으로 「one of the + 최상급 + 복수명사」가 있어요. 이것은 '가장 ~한 것들 중에 하나'라는 뜻이에요.

- It was **one of the closest matches** that I've ever seen.
  그것은 내가 본 가장 아슬아슬한 경기 중 하나였다.
- Janet was **one of the most difficult participants**. Janet은 가장 까다로운 참가자 중 한 명이었다.
- It was **one of the best games** in history. 그것은 역사상 최고의 경기 중 하나였다.

연습문제

다음 우리말에 맞게 빈칸에 들어갈 말을 써 보세요.

1 나는 가장 비싼 표를 샀다.

   I bought _____ ticket.

2 여기에서 어느 것이 가장 가벼운 골프채인가요?

   Which is _____ golf club here?

3 Annie는 우리 팀에서 가장 똑똑한 멤버 중 한 명이다.

   Annie is one of _____ of my group.

4 크리스마스는 일년 중 가장 바쁜 때이다.

   Christmas is _____ of the year.

5 그는 캐나다에서 가장 유명한 운동선수 중 하나이다. (famous)

   He is _____ athletes in Canada.

6 나는 스카이다이빙이 가장 위험한 스포츠라고 생각한다. (dangerous)

   I think that skydiving is _____ sport.

7 그는 팀에서 가장 어린 소년 중 하나였다.

   He was _____ on the team.

○ 참고 어휘   expensive 비싼 | light 가벼운 | golf club 골프채 | smart 똑똑한 | of the year 일년 중 | famous 유명한 | athlete 운동선수 | skydiving 스카이다이빙 | dangerous 위험한

영작 훈련하기

A

다음 주어진 단어를 바르게 배열하여 문장을 완성하세요. 필요한 경우 동사의 형태를 바꾸세요.

1 영화 산업이 더 경쟁적이 되었다. (become / more / the film industry / competitive)

_____

2 나는 그녀보다 더 많은 경기를 이겼다. (her / than / win / more games / I)

_____

3 그 소년은 공원에 있는 가장 높은 나무에 올라갔다. (tree / climb up / in the park / the boy / the tallest)

_____

4 야구는 미국에서 가장 인기 있는 스포츠 중 하나이다. (in the U.S. / sports / one of / baseball / be / the most popular)

_____

5 내 친구가 나보다 더 유연하다. (I / be / be / than / my friend / more flexible)

_____

✔ 참고어휘 **film industry** 영화 산업 | **competitive** 경쟁적인 | **win** 이기다 | **climb up** 올라가다 | **popular** 인기 있는 | **flexible** 유연한

B

다음 ( ) 안에 주어진 말을 이용하여 다음 문장을 영작하세요.

1 Nathan이 가장 정확한 예측을 했다. (make, accurate, prediction)

_____

2 우리는 더 큰 회사에서 일하고 있다. (work at, large)

_____

3 Emma는 지난번보다 더 적극적으로 경기를 하고 있다. (play, actively, the last time)

_____

4 그것은 이 도시에서 가장 오래된 경기장이다. (old, stadium)

_____

5 그녀는 세계에서 가장 부유한 여성들 중 한 명이다. (rich, woman)

_____

✔ 참고어휘 **accurate** 정확한 | **prediction** 예측 | **actively** 적극적으로, 활동적으로 | **stadium** 경기장

다음 스포츠 기사를 읽고, 빈칸에 알맞은 문장을 영작하여 지문을 완성하세요.

THE DAILY TIMES

2021.4.22

London Marathon Report
런던 마라톤 리포트

Yesterday, Neil Humphreys broke his own world record in the London Marathon.
Neil Humphreys가 어제 런던 마라톤에서 자신이 보유했던 세계 기록을 갈아치웠다.

With a new record of 2 hours and 22 seconds, he set the fastest time.
2시간 22초라는 새로운 기록으로 그는 가장 빠른 시간을 기록했다.

❶ _____.
이 기록은 이전 기록보다 1분 이상 빠르다.

Some observers believe **❷** _____ of all time.
지켜본 사람들 중 일부는 역사상 그가 가장 위대한 주자가 될 것이다라고 믿는다.

However, there are some younger runners who look stronger this year.
하지만 올해 더 강력해 보이는 보다 젊은 주자들이 있다.

With the Olympics coming up, it will be interesting to see who will be the champion.
올림픽이 다가오는 이 시점에 누가 챔피언이 될 것인지 지켜 보는 것은 흥미로운 일이 될 것이다.

🔵 참고 어휘 world record 세계 기록 | set (기록을) 세우다 | previous 이전의 | observer 참관인, 관찰자 | runner 주자 | of all time 역사상, 역대의 | however 하지만, 그러나 | come up 다가오다

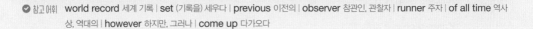

🥤 오늘의 꿀팁!

반대 의미의 비교 표현 more expensive vs. less expensive

비교급에서 more는 '더 ~한'이라는 뜻이지만 more 대신에 less를 쓰게 되면 '덜 ~한'이라는 뜻이 됩니다. 따라서 more expensive와 less expensive는 둘 다 비교급의 형태나 서로 상반되는 의미를 나타냅니다.

She bought a **more expensive** car.
　　　　　(우등 비교) 더 비싼
그녀는 더 비싼 차를 구입했다.

I am looking for a **less expensive** hotel.
　　　　　　　(열등 비교) 덜 비싼
나는 덜 비싼 호텔을 찾고 있다.

비교 more comfortable 더 편한 ⋯ less comfortable 덜 편한   more often 더 자주 ⋯ less often 덜 자주

A 다음 우리말에 맞게 빈칸에 알맞은 말을 선택하여 문장을 완성하세요.

1 우리는 새로운 클럽을 소개하는 비디오를 보았다.

We watched a video _____ the new club.
- ☐ introducing
- ☐ introduced

2 담쟁이덩굴로 덮인 그 집은 오래되어 보인다.

The house _____ with ivy looks old.
- ☐ covering
- ☐ covered

3 도서관에서는 조용히 이야기해야 한다.

You should talk _____ in the library.
- ☐ quiet
- ☐ quietly

4 이 음료는 저것보다 더 달다.

This drink is _____ than that one.
- ☐ more sweet
- ☐ sweeter

5 Ashley는 이것을 그보다 더 조심스럽게 다룰 수 있다.

Ashley can handle this _____ than him.
- ☐ more carefully
- ☐ the most carefully

6 Karen은 시험에서 당혹스러운 점수를 받았다.

Karen received an _____ score on the test.
- ☐ embarrassing
- ☐ embarrassed

7 탁자 위에 있는 천은 정말 부드럽게 느껴진다.

The fabric on the table feels _____.
- ☐ really soft
- ☐ real softly

8 Clark 씨가 모든 이들 중에서 가장 경쟁력 있는 후보이다.

Mr. Clark is _____ candidate of all.
- ☐ more competitive
- ☐ the most competitive

형용사, 부사

B 다음 ( ) 안에 들어 있는 말을 이용하여 주어진 문장을 영작하세요.

1 Mike가 Steven보다 더 빨리 먹고 있다. (fast)

---

2 Rachel은 벽에 보라색 풍선들을 붙였다. (put, balloon)

---

3 그 결과는 모두에게 상당히 실망스러웠다. (pretty, disappoint)

---

4 세계에서 가장 부유한 사람은 누구인가요? (rich, person)

---

5 Eric은 학교에서 절대 컴퓨터 게임을 하지 않는다. (never)

---

6 다행히도 나는 여분의 안경을 가져왔다. (bring, extra)

---

7 코치는 그녀의 기록에 기뻐했다. (record, please)

---

8 Michael Jordan은 역사상 최고의 농구 선수 중 한 명이다. (basketball players, in history)

Day 21 | to부정사 VS. 동명사 I

아래 우리말 문장은 동사에 따라 목적어 형태가 어떻게 변하는지를 보여줍니다.
어떻게 영작할지 생각해 보세요.

Point 1   저는 요가 수업을 듣기로 결정했어요.

건강을 위해 요가 수업을
듣는 거야!

Point 2   저는 요가 수업 듣는 것을 그만뒀어요.

부상이 심해서
요가 수업 듣는 것을
중단했어!

몸풀기
영작 연습

우리말에 맞는 영어 표현을 골라보세요.

1 나는 일본어를 공부하기로 결심했어요.

   I have decided (**to study** / **studying**) Japanese.

2 나는 일본어 공부하는 것을 그만두었어요.

   I have stopped (**to study** / **studying**) Japanese.

Point **1**　to부정사

I have decided to take yoga classes.

동사 decide는 목적어로 to부정사를 취해요. take에 to를 붙여 decide 뒤에 써주면 문장이 완성되어요.

to부정사를 목적어로 사용한 문장을 더 살펴봅시다.

Eric은 Ellie와 데이트하기를 원한다.
Eric wants to go out with Ellie.

위 문장의 밑줄 친 부분을 아래 표현들로 바꾸어 말해 보세요. 필요한 경우 형태를 바꾸세요.

☐ decide, quit his job 퇴사하기로 결정하다
☐ agree, help me 나를 도와주기로 하다
☐ learn, ride a motorcycle 오토바이 타는 것을 배우다
☐ promise, call me 나에게 전화한다고 약속하다

☐ plan, go to Hawaii 하와이에 가기로 계획하다
☐ threaten, fire her 그녀를 해고한다고 위협하다

Point **2**　동명사

I have stopped taking yoga classes.

동사 stop은 목적어로 동명사를 취해요. take에 -ing를 붙이면 동명사가 만들어져요.
stop 뒤에 to부정사를 쓰면 전혀 다른 의미의 문장이 만들어져요.

동명사를 목적어로 사용한 문장을 더 살펴봅시다.

Karen은 해변에 가는 것을 좋아했다.
Karen enjoyed going to the beach.

위 문장의 밑줄 친 부분을 아래 표현들로 바꾸어 말해 보세요. 필요한 경우 형태를 바꾸세요.

☐ quit, smoke 담배를 끊다
☐ miss, eat out 외식하는 것이 그립다
☐ stop, drink 술을 끊다
☐ consider, buy a new car 새 차 사는 것을 고려하다

☐ keep, jump up and down 계속 뛰다
☐ finish, do the dishes 설거지를 끝내다

영작 문법 파헤치기

A to부정사 decide to / agree to...

to부정사는 'to + 동사원형' 형태로 만들어요. to부정사가 목적어로 쓰일 때에는 동사 뒤에 오고 '~하는 것을'이라고 해석해요. to부정사를 목적어로 취하는 동사의 리스트를 알아두어야 해요. to부정사의 부정형은 앞에 not을 붙여요.

decide to ~하기로 결정하다	want to ~하기를 원하다	offer to ~할 것을 권하다
plan to ~할 계획이다	hope to ~하기를 희망하다	promise to ~할 것을 약속하다
refuse to ~하기를 거절하다	learn to ~하는 것을 배우다	afford to ~할 여유가 있다
threaten to ~한다고 위협하다	would like to ~하기를 원하다	agree to ~하는 것에 동의하다

- I have **decided to turn** down his offer. 나는 그의 제안을 거절하기로 결정했다.
- Lee **agreed to lend** me some money. Lee가 나에게 돈을 빌려주는 것에 동의했다.
- Andrew **promised not to be** late again. Andrew는 다시는 늦지 않기로 약속했다.

연습문제

다음 우리말에 맞게 빈칸에 들어갈 말을 써 보세요.

1 우리는 샌프란시스코에 며칠 더 머물기로 결정했다.

We have _____ _____ _____ in San Francisco for a few more days.

2 언제 운전하는 것을 배웠어요?

When did you _____ _____ ?

3 그녀가 내 숙제를 도와준다고 제안했다.

She _____ _____ me with my assignment.

4 우리 가족에게는 자주 외식할 여유가 없다.

My family can't _____ _____ out very often.

5 그 소문을 퍼뜨리지 않기로 약속할게요. (spread)

I _____ _____ the rumor.

6 Taylor 씨는 뇌물 받기를 거부했다. (accept)

Mr. Taylor _____ _____ the bribe.

7 나는 내 소유의 레스토랑을 운영하고 싶다. (run)

I _____ _____ my own restaurant.

✅ 참고 어휘   assignment 숙제 | afford ~할 여유가 있다 | spread the rumor 소문을 퍼뜨리다 | refuse 거부하다 | bribe 뇌물 | run 운영하다

B 동명사 enjoy -ing / stop -ing...

동명사는 '동사 + -ing' 형태에요. 일부 동사는 동명사를 목적어로 취하는데, 이때의 동명사는 '~하는 것을'로 해석해요. 부정형은 동명사 앞에 not을 붙여 만들어요.

enjoy -ing ~하는 것을 즐기다	finish -ing ~하는 것을 끝내다	stop-ing ~하는 것을 멈추다
quit -ing ~하는 것을 그만두다	imagine -ing ~하는 것을 상상하다	consider -ing ~하는 것을 고려하다
keep -ing ~하는 것을 계속하다	suggest -ing ~할 것을 제안하다	give up -ing ~하는 것을 그만두다
miss -ing ~하는 것을 그리워하다	avoid -ing ~하는 것을 회피하다	mind -ing ~하는 것을 꺼리다

- We both **enjoy watching** American TV shows. 우리 둘 다 미국 드라마 보는 것을 좋아한다.
- **Stop interrupting** me and listen. 내 말 자르지 말고 들어봐.
- He **suggested not staying** at the Hill State Hotel. 그는 Hill State 호텔에 머물지 말 것을 제안했다.

연습 문제

다음 우리말에 맞게 빈칸에 들어갈 말을 써 보세요.

1 나는 일요일 아침에 브런치 먹던 것이 그립다.

   I ＿＿＿＿＿＿＿＿＿＿＿ brunch on Sunday mornings.

2 연애 소설 읽는 것을 좋아하세요?

   Do you ＿＿＿＿＿＿＿＿＿ romantic novels?

3 위층 아이들이 계속 시끄럽게 했다.

   The children upstairs ＿＿＿＿＿＿＿＿＿ so much noise.

4 저는 토요일에 일하는 것이 괜찮습니다.

   I don't ＿＿＿＿＿＿＿＿＿ to work on Saturdays.

5 의사가 오후 7시 이후에는 아무것도 먹지 않을 것을 제안했다.

   The doctor ＿＿＿＿＿＿＿＿＿＿＿＿ anything after 7:00 P.M.

6 그녀는 다른 나라로 이사가는 것을 진지하게 고려하고 있다.

   She is seriously ＿＿＿＿＿＿＿＿ to another country.

7 금연하셨어요?

   Have you ＿＿＿＿＿＿＿＿＿?

⊘ 참고 어휘   miss 그리워하다 | brunch 브런치 | novel 소설 | upstairs 위층에서 | suggest 제안하다 | consider 고려하다 | quit 그만
두다

영작 훈련하기

A 다음 주어진 단어를 바르게 배열하여 문장을 완성하세요. 필요한 경우 동사의 형태를 바꾸세요.

1 나는 살 빼기를 거의 포기했다. 너무 힘들다. (almost / I / losing / give up / weight)

_____

2 넌 왜 똑같은 실수를 계속하니? (you / why / keep / the same / making / mistake)

_____

3 직원들은 야근을 하는 것에 동의했다. (the employees / overtime / agree / to work)

_____

4 너를 바보라고 부르지 않기로 약속할게. (promise / you / not / I / an idiot / to call)

_____

5 우리는 홍콩에 집을 살 여유가 없다. (we / can't / a house / to buy / afford / in Hong Kong)

_____

✅ 참고어휘 **give up** 포기하다 | **lose weight** 살을 빼다 | **tough** 어려운 | **work overtime** 야근하다, 초과 근무하다 | **idiot** 바보

B 다음 ( ) 안에 주어진 말을 이용하여 다음 문장을 영작하세요.

1 Nick이 나를 집까지 태워다 주겠다고 제안했다. (offer, give me a ride)

_____

2 우리는 제주도에 집을 하나 더 사기로 결정했다. (a second home)

_____

3 당신은 먼저 빨래를 마무리해야 한다. (do the laundry)

_____

4 Lisa가 토요일에 영화를 보러 가자고 제안했다. (go to the movies)

_____

5 휴대 전화 없이 사는 것을 상상할 수 있나요? (without)

_____

✅ 참고어휘 **give someone a ride** ~을 태워다 주다 | **laundry** 빨래 | **go to the movies** 영화 보러 가다 | **cell phone** 휴대폰

다음 고민 상담글을 읽고, 빈칸에 알맞은 문장을 영작하여 지문을 완성하세요.

Dear Rachel,

I have a problem that is affecting my relationships with friends and family.
저에게는 친구와 가족 관계에 영향을 주는 문제가 있습니다.

 _____.
스마트폰 사용을 멈출 수가 없어요.

I use it everywhere, and I do not want to put it down.
어디를 가더라도 스마트폰을 사용하고, 폰을 내려 놓고 싶지 않아요.

I even enjoy using it when I am in bed at night. What can I do?
심지어 잠자리에 누워 있을 때에도 스마트폰 사용을 즐기고 있습니다. 어떻게 해야 하죠?

Helen

Dear Helen,

This is a serious problem that affects many people.
이 문제는 많은 사람들에게 영향을 주는 심각한 문제예요.

First, you should avoid looking at your phone every ten minutes.
먼저, 10분 마다 전화기를 보는 것은 피하는 것이 좋습니다.

Consider putting it in a secure place that is out of reach.
손이 닿지 않는 안전한 곳에 놓는 것을 고려해 보세요.

In addition, promise to end any calls or to stop texting when with friends and family.
또한 친구와 가족과 있을 때에는 전화나 문자를 중단하기로 약속하세요.

Finally, you should enjoy doing other activities that require the use of both hands or engage your full concentration.
마지막으로 양쪽 손을 모두 필요로 하거나 온전히 집중을 해야 하는 다른 활동을 즐기는 것이 좋습니다.

For example, ❷ _____.
예를 들면, 악기 연주하는 법을 배워볼 수도 있습니다.

Rachel

❷ 참고 어휘 affect 영향을 주다 | put down ~을 내려놓다 | in bed 잠자리에서 | every ten minutes 10분 마다 | secure 안전한 | out of reach 손에 닿지 않는 | require 요구하다 | engage 끌다, 사로잡다 | concentration 집중

🥤 오늘의 꿀팁 !

영어로 문자를 보낼때 쓸 수 있는 중요 축약 표현 Top 5

문자 메시지 등에서 간단히 쓸 수 있는 축약 표현에 대해 알아봅시다.

1. **LOL**: laughing out loud ㅋㅋㅋ
2. **OMG**: oh my God 세상에
3. **BTW**: by the way 그런데
4. **B4N**: bye for now 그럼 이만
5. **2nite**: tonight 오늘 밤

> Are you free **2nite**?
> 오늘 밤 시간 되니?   15:03

> **OMG**. I was just gonna text you.
> 세상에. 방금 너한테 문자 보내려고 했는데.

> **LOL**. Yes, I'm free.
> ㅋㅋㅋ. 응, 시간 있어

15:05

Day 22

to부정사 vs. 동명사 II

아래 우리말 문장은 하나의 동사가 to부정사와 동명사를 취할 때 어떻게 의미가 달라지는지를 나타냅니다. 어떻게 영작할지 생각해 보세요.

Point 1

나는 하루에 세 끼를 먹으려고 노력한다.

계속 아침도 꼬박꼬박 챙겨 먹으려고 애쓰고 있어요.

Point 2

나는 하루에 두 끼를 먹으려고 시도해 봤다.

시험삼아 해 봤지만 배가 고파서 그만뒀어요.

몸풀기 영작 연습

우리말에 맞는 영어 표현을 골라보세요.

1 나는 매일 줄넘기를 하려고 노력한다.   I (**try to skip / try skipping**) every day.
2 나는 며칠 전 줄넘기를 시도해 봤다.   I (**tried to skip / tried skipping**) the other day.

Point 1　to부정사

I try to eat three meals a day.

try 뒤에 to부정사가 오면 '~하려고 노력하다'라는 뜻이 되어요. '하루 세 끼를 꼬박꼬박 챙겨 먹으려고 노력한다'는 내용이므로 'try + to부정사'를 써야 해요.

try와 to부정사를 사용한 문장을 더 살펴봅시다.

그는 제시간에 에세이를 끝내려고 노력하고 있어요.

He is trying to finish his essay on time.

위 문장의 밑줄 친 부분을 아래 표현들로 바꾸어 말해 보세요. 필요한 경우 형태를 바꾸세요.

- ☐ lose weight 살을 빼다
- ☐ gain weight 살을 찌우다
- ☐ cut down on smoking 담배를 줄이다
- ☐ focus on his homework 숙제에 집중하다
- ☐ get a job 일자리를 찾다
- ☐ save money 저축을 하다

Point 2　동명사

I tried eating two meals a day.

try는 to부정사뿐만 아니라 동명사와도 어울리는데, 이때 의미가 달라져요. 즉 '시험삼아 한번 해 보다'의 뜻이 되죠. '하루에 두 끼 먹기를 시도해 보았다'는 내용이므로 'try + 동명사'를 써야겠네요.

try와 동명사를 사용한 문장을 더 살펴봅시다.

컴퓨터 재부팅을 해 보았나요?

Have you tried rebooting the computer?

위 문장의 밑줄 친 부분을 아래 표현들로 바꾸어 말해 보세요. 필요한 경우 형태를 바꾸세요.

- ☐ use less salt 소금을 덜 쓰다
- ☐ drink low-fat milk 저지방 우유를 마시다
- ☐ take vitamin D 비타민 D를 섭취하다
- ☐ eat insects 곤충을 먹다
- ☐ text her 그녀에게 문자를 보내다
- ☐ do some yoga 요가를 하다

영작 문법 파헤치기

A to부정사 remember to / forget to...

일부 동사들은 목적어로서 to부정사와 동명사 모두를 취해요. 하지만 의미 차이가 있으므로 주의해야 해요. 아래 동사들이 to부정사를 목적어로 취할 때 의미를 기억해 두세요. 모든 동사에 해당되는 것은 아니지만 to부정사는 미래의 의미를 내포하고 있어요.

remember to ~할 것을 기억하다	regret to ~하게 되어서 유감이다
forget to ~할 것을 잊다	try to ~하기 위해 노력하다

- **I remembered to turn** off the lights before leaving. 나는 나가기 전에 불을 꺼야 한다는 것을 기억했다.
- Don't **forget to take** your umbrella. 우산 가지고 가는 것을 잊지마.
- We **regret to tell** you that the conference is canceled.
  컨퍼런스가 취소되었다는 것을 알리게 되어서 유감입니다.
- I **tried to win** the game, but I failed. 나는 게임에서 이기려고 노력했지만 실패했다.

연습 문제

다음 우리말에 맞게 빈칸에 들어갈 말을 써 보세요.

1 나는 그녀에게 생일 카드 보내는 것을 잊어버렸다.

I _____ her a birthday card.

2 Sam은 오늘 아침 양치하는 것을 잊어버렸다. (brush)

Sam _____ his teeth this morning.

3 여기에서 집중하려고 노력하고 있잖아. 조용히 좀 해줘. (focus)

I am _____ here. Please be quiet.

4 Jane은 가는 길에 우유를 사야 한다는 것을 기억했다. (pick up)

Jane _____ some milk on the way.

5 진정 좀 하고 내 말 좀 들어봐. (calm down)

_____ and listen to me.

6 이번에 귀하를 저희 직원으로 모시지 못한다는 말씀을 드리게 되어 유감입니다.

We _____ you that we cannot offer you the job this time.

7 금요일까지 보고서를 제출해야 한다는 것을 기억하세요. (turn in)

_____ your paper by Friday.

✔ 참고어휘   brush one's teeth 양치질을 하다 | pick up 사다 | on the way 가는 길에, 도중에 | regret 후회하다 | turn in 제출하다

B 동명사 remember -ing / forget -ing...

아래 동사들이 동명사를 목적어로 취할 때 의미를 알아두세요. to부정사와 다르게 동명사는 과거의 의미를 내포하기도 해요.

remember -ing ~했던 것을 기억하다	regret -ing ~한 것을 후회하다
forget -ing ~했던 것을 잊다	try -ing 시험삼아 ~을 해 보다

- Don't you **remember staying** at this hotel last summer?
  지난 여름에 이 호텔에 머물렀던 것이 기억나지 않아요?
- I will never **forget seeing** his face that night. 나는 그날 밤 그의 얼굴 봤던 것을 절대 잊지 못할 것이다.
- She **regrets missing** the writing classes. 그녀는 작문 수업에 빠졌던 것을 후회한다.
- I **tried shopping** online, but I didn't like it. 나는 시험삼아 온라인 쇼핑을 해 봤지만 마음에 들지 않았다.

연습 문제

다음 우리말에 맞게 빈칸에 들어갈 말을 써 보세요.

1 한번 비타민과 홍삼을 규칙적으로 섭취해 보세요.

_____ _____ vitamins and red ginseng regularly.

2 그녀는 부모님 말씀을 듣지 않은 것을 깊이 후회하고 있다.

She deeply _____ _____ to her parents.

3 그녀는 전화 요금을 지불했다는 것을 잊고 오늘 또 다시 지불했다. (pay)

She _____ the phone bill and paid it again today.

4 나는 두유를 마시려고 시도해 보았지만 맛이 역했다.

I _____ _____ soy milk, but it tasted disgusting.

5 Miller 씨 만났던 것을 기억 못하세요?

Don't you _____ Mr. Miller?

6 나는 대학원에 가지 않은 것을 후회한다.

I _____ _____ to graduate school.

7 Peter는 위스키를 마셨던 것을 기억하지 못하지만 병은 비어 있다.

Peter doesn't _____ whisky, but the bottle is empty.

---

❷ 참고 어휘   take (약 등을) 복용하다 | red ginseng 홍삼 | phone bill 전화 요금 청구서 | disgusting 역한, 메스꺼운 | graduate school 대학원

영작 훈련하기

A

다음 주어진 단어를 바르게 배열하여 문장을 완성하세요. 필요한 경우 동사의 형태를 바꾸세요.

1 우리 형은 내게 돈을 꿔 갔다는 것을 기억하지 못한다. (not / borrowing / remember / money / my brother / from / me)

....

2 나는 내 비밀을 Karen에게 말한 것을 후회한다. (I / telling / my secret / Karen / regret)

....

3 우리 할머니는 가스 밸브 잠그는 것을 잊으신다. (the gas valve / my grandmother / to close / forget)

....

4 오늘밤에 너희 아빠에게 전화하는 것을 잊지 마. (tonight / to call / remember / your father)

....

5 나는 시험삼아 수면제를 먹어 보았지만, 효과가 없었다. (some sleeping pills / they / I / taking / try / not / work)

....

✔ 참고 어휘　**secret** 비밀 | **sleeping pill** 수면제 | **work** 효과가 있다

B

다음 ( ) 안에 주어진 말을 이용하여 다음 문장을 영작하세요.

1 Randy는 알람 맞추는 것을 잊어서 늦게 일어났다. (set the alarm)

....

2 야채와 과일을 더 많이 먹도록 해 보세요. (fruits and vegetables)

....

3 나는 무대에서 떨었던 것을 지금도 기억한다. (nervous)

....

4 우리는 프랑스에서 한번 달팽이 요리를 먹어봤다. (snail dish)

....

5 이번 주에 귀하의 상품을 배송할 수 없다는 점을 알리게 되어 유감입니다. (inform, deliver your package)

....

✔ 참고 어휘　**set the alarm** 알람을 맞추다 | **vegetable** 야채 | **nervous** 긴장한 | **snail** 달팽이 | **inform** 알리다 | **deliver** 배송하다 | **package** 상품, 소포

다음 강사 소개서를 읽고, 빈칸에 알맞은 문장을 영작하여 지문을 완성하세요.

Casey Jones

Instructor at Westminster English Academy
웨스트민스터 영어학원 강사

I have been at the WEA for 3 years, and I have really enjoyed my time here.
저는 3년간 WEA에서 근무했고 이곳에서 정말로 즐거운 시간을 보냈습니다.

Teaching is one of my great passions, and I enjoy teaching my students every day.
티칭은 제가 열정을 쏟는 일 중 하나이고, 매일 학생들을 가르치는 것이 즐겁습니다.

In my free time, I love hiking in the mountains and going dancing on weekends.
시간이 날 때에는 등산하는 것을 좋아하고 주말에는 춤을 추러 가는 것을 좋아합니다.

I am interested in the local food. ❶ _____.
현지 음식에 관심이 많습니다. 처음 김치를 먹었을 때를 여전히 기억합니다.

Since then, I usually have it with every meal. However, I do miss eating Canadian fries, which are covered in gravy called poutine.
그때부터 쭉 식사할 때마다 김치를 먹습니다. 그러나 푸틴이라는 육즙 소스가 끼얹어진 캐나다 감자 튀김을 먹던 것이 매우 그립습니다.

I'm visiting my hometown this Christmas, and I hope to see some ice hockey and eat some poutine. Yummy!
이번 크리스마스 때 고향을 방문을 할 계획인데 그때 아이스하키를 보고 푸틴도 먹고 싶습니다. 맛있겠네요!

If you go to Canada, ❷ _____.
캐나다에 오시면 잊지 말고 푸틴을 드셔보세요.

If you see me around, please say hi!
저를 보시면 인사해 주시고요!

---

❷ 참고 어휘 passion 열정 | hike 등산하다 | go dancing 춤추러 가다 | local food 현지 음식 | for the first time 처음으로 | meal 식사 |
gravy 육즙 소스 | fries 감자 튀김

🍮 오늘의 꿀팁!

콩글리쉬 경보! hiking vs. climbing

한국인들에게 인기 있는 취미 활동 중 하나는 등산이에요. 이를 표현할 때 동사 climb를 쓰면 콩글리쉬입니다. climb은 에베레스트 같이 험난한 산을 밧줄과 같은 장비를 이용해 오를 때 쓰는 단어이고, 걷기가 주가 되는 한국형 등산은 hike를 써서 표현해야 합니다.

A: Are you doing anything this weekend? 주말에 뭐해?
B: If the weather is good, I'll go **hiking**. 날씨가 좋으면 등산할 거야.

Day 23 | to부정사 표현 vs. 동명사 표현

아래 우리말 문장은 각각 to부정사와 동명사 표현을 이용해 나타낼 수 있습니다. 어떻게 영작할지 생각해 보세요.

Point 1

그 시험은 너무 어려워서 통과할 수 없었다.

시험이 정말 너무 어려웠다니까!

Point 2

나는 그 질문들을 이해하는데 애를 먹었다.

문제를 이해하기가 얼마나 어렵던지!

몸풀기 영작 연습

우리말에 맞는 영어 표현을 골라보세요.

1 그녀는 너무 수줍어서 친구를 사귈 수 없다.
   She is too shy (**to make** / **making**) friends.

2 그녀는 친구를 사귀는데 애를 먹는다.
   She has trouble (**to make** / **making**) friends.

Point **1** to부정사 표현

The test was too difficult to pass.

not과 같은 부정어는 없지만 부정적인 내용을 표현할 때 쓸 수 있는 표현이 'too ~ to부정사'예요.
'너무 ~해서 …할 수 없다'의 뜻이에요.

'too ~ to부정사' 표현을 사용한 문장을 더 살펴봅시다.

Sarah는 너무 착해서 거짓말을 못한다.
Sarah is <u>too nice to tell a lie</u>.

위 문장의 밑줄 친 부분을 아래 표현들로 바꾸어 말해 보세요. 필요한 경우 형태를 바꾸세요.

☐ young / buy beer 어린 / 술을 사다　　　　　☐ late / catch the train 늦은 / 기차를 타다
☐ shy / be an actor 부끄러워하는 / 배우가 되다　☐ sick / get out of bed 아픈 / 침대에서 일어나다
☐ busy / go to the movies 바쁜 / 영화를 보러 가다
☐ scared / watch horror movies 무서운 / 공포 영화를 보다

Point **2** 동명사 표현

I had trouble understanding the questions.

'어떤 일을 하는데 어렵다', '고생한다', '애를 먹는다'는 동명사의 관용 표현을 알아두면 쉽게 영작
할 수 있어요. 'have trouble + 동명사'를 써 보세요. 물론 시제는 적절하게 바꿔서 써야겠죠.

'have trouble + 동명사' 표현을 사용한 문장을 더 살펴봅시다.

Steve는 사람들에게 거절의 말을 하는데 어려움을 겪는다.
Steve <u>has trouble saying no to people</u>.

위 문장의 밑줄 친 부분을 아래 표현들로 바꾸어 말해 보세요. 필요한 경우 형태를 바꾸세요.

☐ find a job 일자리를 찾다　　　　　　　☐ figure out what to do 무엇을 할지 알아내다
☐ express himself 자기를 표현하다　　　　☐ sleep at night 밤에 잠을 자다
☐ download pictures 사진을 다운로드하다　☐ remember the times tables 구구단을 기억하다

영작 문법 파헤치기

A 부정사 표현 too ~ to / enough to...

too(너무)는 부사로서 부정적인 의미를 내포해요. too가 to부정사와 함께 쓰이면 'too ~ to부정사' 형태가 되어 '너무 ~해서 …할 수 없다'는 부정의 뜻을 나타내요.

- Alan is **too** sick **to go** to work. Alan은 너무 아파서 출근할 수 없다.
- Jessica is **too** young **to get** married. Jessica는 너무 어려서 결혼할 수 없다.
- They were **too** late **to catch** the flight. 그들은 너무 늦어서 비행기를 탈 수 없었다.

enough는 부사로서 '충분히'라는 뜻이에요. enough가 to부정사와 함께 쓰이면 '형용사 + enough + to부정사' 형태가 되어 '~하기에 충분히 ~하다', '~할 만큼 충분히 ~하다'의 뜻을 나타내어요.

- Tim is **tall enough to be** a model. Tim은 모델이 될 수 있을 정도로 충분히 키가 크다.
- She was **stupid enough to believe** the story. 그녀는 그 이야기를 믿을 정도로 충분히 어리석었다.
- Eric is not **old enough to buy** alcohol. Eric은 술을 살 수 있을 정도의 나이가 아니다.

연습 문제

다음 우리말에 맞게 빈칸에 들어갈 말을 써 보세요.

1 넌 너무 어려서 이 공포 영화를 볼 수 없어.

You are _____ this horror movie.

2 이 청바지는 그에게 맞을 만큼 충분히 크다. (fit)

These jeans are _____ him.

3 당신은 아픈 사람들을 돌볼 만큼 충분히 인내심이 강한가요? (patient)

Are you _____ care of sick people?

4 그는 한 번 실패했지만 다시 시작할 만큼의 용기를 충분히 가지고 있었다. (brave)

He failed once, but he was _____ over.

5 그 역은 너무 멀어서 여기에서 걸어갈 수 없다. (far)

The station is _____ to from here.

6 Bob은 혼자 힘으로 살 수 있을 만큼 충분히 독립적이지 않다. (independent)

Bob is not _____ on his own.

7 그 어린 소년은 키가 너무 작아서 롤러코스터를 탈 수가 없다.

The little boy is _____ on the roller coaster.

---

❷ 참고 어휘 horror movie 공포 영화 | fit 맞다 | take care of 돌보다 | fail 실패하다 | brave 용감한 | independent 독립적인 | on one's own 혼자서, 독립적으로

B 동명사 표현 **have trouble -ing / spend time -ing…**

'have trouble –ing'는 동명사를 포함하는 관용 표현으로 '~하는데 어려움을 겪다'라는 뜻을 나타내어요. trouble 대신 a hard time, a problem, difficulty 등을 쓸 수도 있어요.

- **I have trouble understanding** British accents. 나는 영국 억양을 이해하는데 어려움을 겪는다.
- She is **having a problem downloading** the application.
  그녀는 어플을 다운받는데 문제를 겪고 있다.
- Did the school **have a hard time hiring** good teachers?
  그 학교가 좋은 선생님을 채용하는데 애를 먹었나요?

'spend/waste + 시간 + –ing'도 동명사를 포함하는 표현으로 '~하는데 시간을 소비하다/낭비하다'라는 뜻을 나타내어요.

- We **spent** two hours **fixing** the copy machine. 복사기를 고치는데 두 시간이 걸렸다.
- Don't **waste** your life **worrying** about nothing. 아무것도 아닌 일을 걱정하는데 인생을 낭비하지 말아라.

연습 문제

다음 우리말에 맞게 빈칸에 들어갈 말을 써 보세요.

1 그는 비밀번호를 기억하는데 항상 어려움을 겪는다.

He always _____ his passwords.

2 사람들은 인생을 어떻게 살아야 하는지 생각하는데 많은 시간을 보낸다. (figure out)

People _____
_____ what to do with their lives.

3 그녀는 졸업 논문을 쓰느라 여러 달을 보냈다.

She has _____ her graduation thesis.

4 제 형편없는 글씨를 읽느라 힘드셨나요?

Did you _____ my terrible
handwriting?

5 나는 쇼핑몰에서 쇼핑하면서 내 인생을 낭비하고 싶지 않다.

I don't want to _____ at the mall.

6 요즘 젊은 사람들이 취업에 어려움을 겪고 있다.

Young people _____ jobs these days.

7 남을 험담하는데 시간을 낭비하지 말아라. (gossip)

Don't _____ .

✔ 참고 어휘   figure out 알아내다 | several 몇몇의 | handwriting 손글씨 | gossip (남의) 험담을 하다

영작 훈련하기

A 다음 주어진 단어를 바르게 배열하여 문장을 완성하세요. 필요한 경우 동사의 형태를 바꾸세요.

1 밤에 주무시는데 어려움을 겪고 계세요? (you / sleeping / have / at night / trouble)

_____

2 Andy는 모바일 게임을 하느라 최소한 세 시간을 보낸다. (Andy / at least / playing / three hours / mobile games / spend)

_____

3 그의 직업은 너무 좋아서 진짜일 리가 없다. (good / be / too / to / his job / be / true)

_____

4 그녀는 드라마 보는데 너무 많은 시간을 보내는 것 같아. (spend / too / watching / much time / she / soap operas)

_____

5 Dan은 학교에 갈 수 있을 만큼 충분히 건강하다. (be / well / Dan / to / go to school / enough)

_____

❷ 참고어휘 **at least** 최소한 | **soap opera** 드라마

B 다음 ( ) 안에 주어진 말을 이용하여 다음 문장을 영작하세요.

1 Robert는 잘못된 줄에 서서 기다리느라 30분을 낭비했다. (half an hour, in the wrong line)

_____

2 모든 것에 대해 불평하면서 네 인생을 낭비하지 말아라. (complain about)

_____

3 Nick는 프로젝트를 이끌 수 있을 정도로 충분히 똑똑하다. (lead the project)

_____

4 나는 일에 집중하는데 애를 먹고 있다. (concentrate on)

_____

5 우리는 오늘 너무 바빠서 점심 시간을 낼 수 없었다. (take a lunch break).

_____

❷ 참고어휘 **half an hour** 30분 | **complain about** ~에 대해 불평하다 | **lead** 이끌다 | **concentrate on** ~에 집중하다

다음 소셜미디어 게시물을 읽고, 빈칸에 알맞은 문장을 영작하여 지문을 완성하세요.

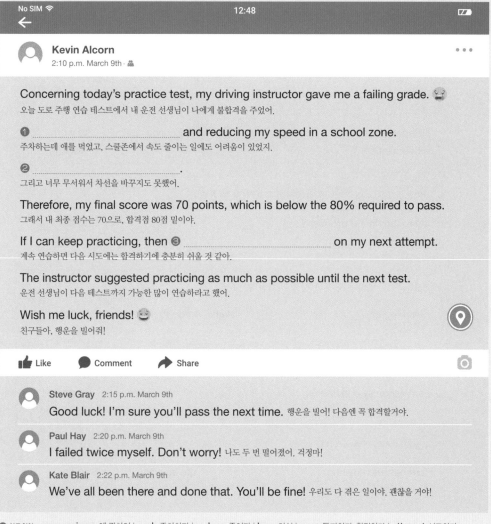

Kevin Alcorn
2:10 p.m. March 9th · 👥

Concerning today's practice test, my driving instructor gave me a failing grade. 😫
오늘 도로 주행 연습 테스트에서 내 운전 선생님이 나에게 불합격을 주었어.

❶ _____ and reducing my speed in a school zone.
주차하는데 애를 먹었고, 스쿨존에서 속도 줄이는 일에도 어려움이 있었지.

❷ _____.
그리고 너무 무서워서 차선을 바꾸지도 못했어.

Therefore, my final score was 70 points, which is below the 80% required to pass.
그래서 내 최종 점수는 70으로, 합격점 80점 밑이야.

If I can keep practicing, then ❸ _____ on my next attempt.
계속 연습하면 다음 시도에는 합격하기에 충분히 쉬울 것 같아.

The instructor suggested practicing as much as possible until the next test.
운전 선생님이 다음 테스트까지 가능한 많이 연습하라고 했어.

Wish me luck, friends! 😊
친구들아, 행운을 빌어줘!

👍 Like　💬 Comment　➡ Share

Steve Gray 2:15 p.m. March 9th
Good luck! I'm sure you'll pass the next time. 행운을 빌어! 다음엔 꼭 합격할거야.

Paul Hay 2:20 p.m. March 9th
I failed twice myself. Don't worry! 나도 두 번 떨어졌어. 걱정마!

Kate Blair 2:22 p.m. March 9th
We've all been there and done that. You'll be fine! 우리도 다 겪은 일이야. 괜찮을 거야!

❷ 참고어휘　concerning ~에 관하여 | park 주차하다 | reduce 줄이다 | lane 차선 | pass 통과하다, 합격하다 | attempt 시도하다

🥤 **오늘의 꿀팁!**

'내가 일등 했어!'라는 표현은 영어로 어떻게?

'경기에서 이기다' 혹은 '경기에서 지다'라는 의미는 win와 lose를 써서 만들 수 있어요. win the game 또는 lose the game을 쓰면 되죠. 하지만 '1등을 하다'는 어떻게 표현할까요? 바로 win first place라고 합니다. win 대신에 get이나 take 동사를 써도 되어요. 2등은 당연히 win second place가 되겠죠. 하나 더! come first, come second도 각각 '1등 하다', '2등 하다'라는 뜻입니다.

A: Who is that singer? He is good! 저 가수 누구야? 노래 잘한다!
B: His name is TJ. He **won first place** in an audition program. 이름이 TJ야. 공개 오디션 프로그램에서 일등을 했어.

A 다음 우리말에 맞게 빈칸에 알맞은 말을 선택하여 문장을 완성하세요.

1 그는 영어 발음을 연습하느라 몇 달을 썼다.

He spent months _____ on his English
pronunciation.

☐ to work
☐ working

2 전 남자친구는 내게 더 이상 전화하지 않기로 약속했다.

My ex-boyfriend promised not _____
me anymore.

☐ to call
☐ calling

3 Kevin은 그 남자에게 욕한 것을 후회한다.

Kevin regrets _____ swear words to the man.

☐ to say
☐ saying

4 나는 그 제안을 수락하는 것을 심각하게 고려하고 있다.

I am seriously considering _____ the offer.

☐ to accept
☐ accepting

5 Tom은 막 빨래를 끝냈다.

Tom has just finished _____ the laundry.

☐ to do
☐ doing

6 Dylan은 그녀의 감정을 이해할 만큼 충분히 섬세하다.

Dylan is sensitive enough _____ her feelings.

☐ to understand
☐ understanding

7 시험 삼아 종합 비타민을 매일 먹어봐.

Try _____ multivitamin tablets every day.

☐ to take
☐ taking

8 Hamilton 씨 가족은 아프리카 여행을 위해 돈을 아끼려고 노력 중이다.

The Hamiltons are trying _____ money for a
trip to Africa.

☐ to save
☐ saving

to부정사, 동명사

B 다음 ( ) 안에 들어 있는 말을 이용하여 주어진 문장을 영작하세요.

1 전화기를 진동으로 바꾸어 주시겠어요? (mind, switch, to vibrate)

----

2 집에 오는 길에 달걀 사오는 것을 잊지마. (pick up, on the way home)

----

3 Kim은 문을 잠근 것을 기억한다. (lock the door)

----

4 나는 와인 마시는 것을 끊었다. (drink wine)

----

5 넌 비둘기를 무서워하기엔 나이가 너무 많아. (old, be scared of)

----

6 나는 스키 타는 법을 배우기로 결심했다. (how to ski)

----

7 나에게는 휴식을 취할 여유가 없다. (afford, take a break)

----

8 학생들이 Nadim 교수님의 억양을 이해하는데 어려움을 겪고 있다. (Professor Nadim's accent)

Day 24

수동태의 현재와 과거 vs. **진행과 완료**

아래 우리말 문장은 각각 과거시제와 과거진행시제를 쓴 수동태 문장으로 나타낼 수 있습니다.
어떻게 영작할지 생각해 보세요.

Point 1   그는 경찰에 체포되었다.

경찰이 날 체포했어!
난 체포를 당했지!

Point 2   그는 경찰에 체포되고 있었다.

경찰이 날 체포하고
있는 중이었어!

몸풀기 영작 연습

우리말에 맞는 영어 표현을 골라보세요.

1 그는 누군가에게 감시를 당했다.   He (**was watched** / **was being watched**) by someone.
2 그는 누군가에게 감시를 당하고 있었다.   He (**was watched** / **was being watched**) by someone.

166

Point 1   수동태의 현재와 과거

He was arrested by the police.

'그가 경찰에 의해 체포를 당했다'는 의미는 수동태와 과거시제를 써서 표현할 수 있어요. 과거시제의 수동태 문장은 「was/were + 과거분사(p.p.)」 형태로 나타내고, 행위의 주체는 「by + 목적격」으로 써요.

수동태와 과거시제를 사용한 문장을 더 살펴봅시다.

그 별장은 나의 삼촌에 의해 지어졌다.

The cottage was built by my uncle.

위 문장의 밑줄 친 부분을 아래 표현들로 바꾸어 말해 보세요. 필요한 경우 형태를 바꾸세요.

- ☐ clean / by a maid 청소하다 / 청소부에 의해
- ☐ paint / by Tim 칠하다 / Tim에 의해
- ☐ destroy / by a fire 파괴하다 / 화재로
- ☐ redecorate / by a contractor 개조하다 / 업체에 의해
- ☐ maintain / by my cousin 유지하다 / 사촌에 의해
- ☐ break into / by a thief 침입하다 / 도둑에 의해

Point 2   수동태의 진행과 완료

He was being arrested by the police.

'체포되고 있는 중이었다'를 표현하려면 수동태와 진행형을 함께 써야 해요. 과거진행시제의 수동태는 「was/were + being + 과거분사(p.p.)」로 표현해요.

수동태와 과거진행시제를 사용한 문장을 더 살펴봅시다.

컴퓨터가 직원들에 의해 사용되고 있었다.

The computers were being used by the staff.

위 문장의 밑줄 친 부분을 아래 표현들로 바꾸어 말해 보세요. 필요한 경우 형태를 바꾸세요.

- ☐ fix / by technicians 고치다 / 기술자에 의해
- ☐ install / by a man 설치하다 / 남자에 의해
- ☐ test / by Fred 시험하다 / Fred에 의해
- ☐ damage / by kids 피해를 입히다 / 아이들에 의해
- ☐ carry / by students 옮기다 / 학생들에 의해
- ☐ monitor / by a spy 감시하다 / 스파이에 의해

영작 문법 파헤치기

A 수동태의 현재와 과거 is done / was done...

능동태는 주어가 어떤 행동을 스스로 할 때 쓰고, 수동태는 주어가 어떤 행동에 의한 영향을 받을 때 써요. 이때 '(주어가) ~해지다', '~ 당하다'로 해석해요. 능동태를 수동태로 전환하는 방법은 능동태의 목적어를 주어 자리에 놓고 동사를 「be동사 + 과거분사(p.p.)」로 바꿔요. 능동태의 주어는 「by + 목적격」이 되어 수동태 문장 맨 뒤에 써요.

- The maids clean the hotel rooms. 청소부가 호텔방을 청소한다.
  → The hotel rooms **are cleaned by the maids.** 호텔방이 청소부에 의해 청소된다.

수동태는 누가 어떤 행동을 했는지 모를 때나 누가 했는지가 중요하지 않을 때 써요. 따라서 행동의 주체를 나타내는 「by + 목적격」은 생략되는 경우가 많아요.

- Paper **was invented** in China. 종이는 중국에서 발명되었다.
- The opera house **was built** in 1973. 오페라하우스는 1973년에 지어졌다.
- My laptop **was stolen** at the Star Café yesterday. 어제 내 노트북을 Star 카페에서 도난당했다.

연습문제

다음 우리말에 맞게 빈칸에 들어갈 말을 써 보세요.

1 그 커피는 누군가에 의해 엎질러졌다. (spill)

The coffee _____ someone.

2 그 비밀 문서는 금고에 보관된다.

The confidential documents _____ in the safe.

3 동전들이 은행출납원에 의해 세어졌다. (count)

The coins _____ the teller.

4 두 마리의 다람쥐가 고양이에게 쫓겼다. (chase)

Two squirrels _____ the cat.

5 Main 가에 있는 그 교회는 300년 전에 지어졌다.

The church on Main Street _____ three hundred years ago.

6 바나나는 원숭이에게 사랑받는다.

Bananas _____ monkeys.

7 며칠 전에 내 자전거를 도난당했다. (steal)

My bike _____ the other day.

---

❷ 참고 어휘   spill 엎지르다 | confidential 비밀의 | safe 금고 | teller 은행출납원 | squirrel 다람쥐

B 수동태의 진행과 완료 is being done / have been done...

능동태의 다양한 시제를 수동태에도 적용시킬 수 있어요. 현재진행과 과거진행시제에 대해 알아봐요.
능동태의 현재진행시제 「am/are/is + –ing」을 수동태로 바꾸면 「am/are/is + being + p.p.」가 되고,
능동태의 과거진행시제 「was/were + –ing」를 수동태로 바꾸면 「was/were + being + p.p.」가 돼요.

- Look! Your car **is being towed**! 봐! 네 차가 견인되고 있어!
- The boat **was being fixed** when I got there. 내가 그곳에 도착했을 때 보트는 수리되고 있었다.
- She **was being watched** by someone. 그녀는 누군가에 의해 감시를 당하고 있었다.

미래시제와 현재완료시제에 대해서도 알아봐요. 능동태의 미래시제 「will + 동사원형」을 수동태로
바꾸면 「will + be + p.p.」가 되고, 능동태의 현재완료시제 「have/has + p.p.」를 수동태로 바꾸면
「have/has + been + p.p.」가 돼요.

- Mr. Davis **will be promoted** next month. Davis 씨는 다음 달에 승진할 것이다.
- A lot of concerts **have been canceled**. 많은 콘서트가 취소되었다.
- Jack **has** not **been invited** to the party. Jack은 파티에 초대되지 않았다.

연습문제

다음 우리말에 맞게 빈칸에 들어갈 말을 써 보세요.

1 그의 새로운 앨범이 다음주 금요일에 발매될 것이다. (release)

   His new album _____ next Friday.

2 다행히도 배에 있던 모든 사람들이 구조되었다. (rescue)

   Fortunately, everybody on the ferry _____ .

3 도서관의 모든 컴퓨터가 사용되고 있었다.

   All the computers at the library _____ .

4 그 도로는 수리되고 있다.

   The road _____ .

5 마케팅 보고서는 다음주에 마무리될 것이다.

   The marketing report _____ next week.

6 그 강당은 지금 페인트칠되고 있다.

   The auditorium _____ now.

7 몇몇 직원들이 회사에 의해 해고되었다. (fire)

   Some of the employees _____ by the company.

❷ 참고 어휘   release 출시하다, 발매하다 | ferry 배 | rescue 구조하다 | repair 수리하다 | auditorium 강당 | fire 해고하다

영작 훈련하기

A

다음 주어진 단어를 바르게 배열하여 문장을 완성하세요. 필요한 경우 동사의 형태를 바꾸세요.

1 이 고층 빌딩은 2000년도에 지어졌다. (be / this skyscraper / in 2000 / built)

----

2 숲의 많은 나무들이 베어지고 있다. (being / be / a lot of / tress / in the forest / cut down)

----

3 그 결정은 재무이사에 의해 내려졌다. (have / the decision / by / made / been / the CFO)

----

4 음식물 쓰레기는 수요일마다 수거된다. (collected / be / Wednesday / food garbage / every)

----

5 나는 산에서 모기에 물어 뜯기고 있었다. (I / being / bitten / mosquitoes / by / in the mountains / be)

----

❷ 참고어휘 skyscraper 고층 빌딩 | forest 숲 | food garbage 음식물 쓰레기 | bite 물다 | mosquito 모기

B

다음 ( ) 안에 주어진 말을 이용하여 다음 문장을 영작하세요.

1 내 결혼 반지를 호텔방에서 도난당했다. (steal, from my hotel room)

----

2 모든 비행편이 태풍 때문에 취소되었다. (cancel, typhoon)

----

3 현재 그 회의실은 사용 중이다. (use, currently)

----

4 문서들은 비서에 의해 깔끔하게 출력된다. (print, neatly, by the secretary)

----

5 여행용 가방이 그들에 의해 옮겨지는 중이었다. (suitcases, carry)

----

❷ 참고어휘 steal 훔치다 | typhoon 태풍 | secretary 비서 | suitcase 여행용 가방 | carry 옮기다

다음 신문 기사를 읽고, 빈칸에 알맞은 문장을 영작하여 지문을 완성하세요.

2021.4.22

DRUNK DRIVER IS SENT TO PRISON FOR 2 MONTHS!

음주운전자는 2개월 동안 감옥에 수감된다!

Wayne Adams, 24, of Fairfax County, was found guilty of driving over the limit for alcohol.
페어팩스 카운티의 Wayne Adams(24세)가 음주운전으로 유죄 판결을 받았다.

He ❶ _____ even though he had no previous arrests.
그는 전과가 없음에도 불구하고 감옥에 보내졌다.

The reason was that Judge Jenkins felt it was only proper to set an example to other young drivers.
이러한 결정은 Jenkins 판사가 다른 젊은 운전자들에게 본보기를 보여야 한다고 생각했기 때문에 내려졌다.

Mr. Adams ❷ _____ after being observed driving on the wrong side of the main road.
Adams 씨는 대로에서 역주행을 하는 모습이 목격되어 체포되었다.

Following this, he admitted consuming a number of drinks at a local bar and then getting behind the wheel to drive home.
이후, 그는 동네 술집에서 술을 많이 마신 다음 집에 가려고 운전대를 잡았다는 점을 인정했다.

🔹 참고 어휘 drunk driver 음주운전자 | guilty 유죄의 | previous arrest 전과 | proper 적절한 | set an example 본보기로 삼다 | arrest 체포하다 | observe 목격하다 | admit 인정하다 | consume 소비하다 | get behind the wheel 운전하다

🍹 오늘의 꿀팁!

Survival English: 교통 법규 위반 (traffic offences)

안전 운전은 필수! 도로 위에서 벌어지는 사건 사고를 영어로 표현해 봐요.

ⓐ **running a red light** 신호 위반
   I accidently **ran a red light.** 나는 실수로 신호를 무시하고 달렸다.

ⓑ **going over the speed limit** 속도 위반
   He **went over the speed limit** by 25km per hour. 그는 제한 속도를 시속 25킬로미터 초과했다.

ⓒ **driving under the influence (DUI)** 음주운전
   He was fined for **driving under the influence**. 그는 음주운전으로 벌금을 물었다.

Day 25

4형식 문장의 수동태
vs. 5형식 문장의 수동태

아래 우리말 문장은 각각 4형식 동사와 5형식 동사를 이용해 나타낼 수 있습니다.
어떻게 영작할지 생각해 보세요.

Point 1　Bob은 거액의 보너스를 받았어요.

Point 2　Sam은 퇴사하라는 요청을 받았어요.

몸풀기
영작 연습

우리말에 맞는 영어문장을 연결하세요.

1 그는 100달러를 받았어요.　　　　　　　　　　•　　• He was asked to give 100 dollars.
2 그는 100달러를 지불하라는 요청을 받았어요.　•　　• He was given 100 dollars.

Point 1   4형식 문장의 수동태

Bob was given a big bonus.

4형식의 능동태 문장인 The company gave Bob a big bonus.를 먼저 떠올린 후 수동태로 바꾸면 수월해요. 사람목적어 Bob을 주어 자리에 놓고 gave(주었다)를 수동태로 바꾸면 was given(받았다)가 되죠. 사물목적어인 a big bonus는 그대로 써주면 돼요.

4형식 동사를 사용한 수동태 문장을 더 살펴봅시다.

당신은 <u>상을 받게</u> 될 거예요.
You will <u>be given an award</u>.

위 문장의 밑줄 친 부분을 아래 표현들로 바꾸어 말해 보세요. 필요한 경우 형태를 바꾸세요.

- ☐ give a present 선물을 주다
- ☐ offer a job 일자리를 제의하다
- ☐ send flowers 꽃을 보내다
- ☐ teach English grammar 영어 문법을 가르치다
- ☐ pay some money 돈을 내다
- ☐ ask questions 질문을 하다

Point 2   5형식 문장의 수동태

Sam was asked to resign.

5형식의 능동태 문장인 The company asked Sam to resign.을 먼저 떠올린 후 Sam을 주어로 수동태 문장을 만들어요. asked(요청했다)는 was asked(요청 받았다)로 바꾸고 목적보어로 쓰인 to부정사는 그대로 써주면 돼요.

5형식 동사를 사용한 수동태 문장을 더 살펴봅시다.

그는 <u>차를 옆으로 세우라는</u> 말을 들었다.
He <u>was told to pull over</u>.

위 문장의 밑줄 친 부분을 아래 표현들로 바꾸어 말해 보세요. 필요한 경우 형태를 바꾸세요.

- ☐ ask, to speak quietly 조용히 하라고 요청하다
- ☐ advise, to lose weight 살을 빼도록 충고하다
- ☐ encourage, to join 가입하라고 격려하다
- ☐ allow, to park here 여기에 주차를 허락하다
- ☐ expect, to attend 참석할 것을 기대하다
- ☐ tell, to stay still 조용히 하라고 말하다

A 4형식 문장의 수동태 be done + 목적어...

ask, give, offer, teach, send, pay와 같은 4형식 동사는 목적어를 두 개 갖기 때문에 각각의 목적어가 수동태의 주어가 될 수 있어요. 사람목적어가 주어이면 전치사가 필요 없지만, 사물목적어가 수동태의 주어가 될 때에는 전치사가 필요해요.

- The interviewer asked Nick difficult questions. 면접관이 Nick에게 어려운 질문을 했다.
  - → **Nick** was asked difficult questions by the interviewer. Nick은 면접관에게 어려운 질문을 받았다.
  - → **Difficult questions** were asked of Nick by the interviewer.
    면접관에 의해 Nick에게 어려운 질문이 주어졌다.

사물목적어보다 사람목적어가 주어로 사용되는 빈도가 더 높아요.

- **I** was given a smartphone by my brother. 나는 오빠에게서 스마트폰을 받았다.
- **Ms. Jones** was offered a job in finance. Jones 씨는 재무 분야의 일자리를 제안받았다.
- **The students** are paid 10,000 won an hour. 그 학생들은 시간당 만원을 받는다.

연습 문제

다음 우리말에 맞게 빈칸에 들어갈 말을 써 보세요.

1 아이들은 산타에 의해 크리스마스 선물을 받는다. (Christmas gifts)

   The children ⎯⎯⎯⎯⎯⎯⎯⎯⎯⎯⎯⎯⎯⎯⎯⎯⎯ by Santa.

2 Williams 씨는 암스테르담에서 일자리를 제의받았다.

   Mr. Williams ⎯⎯⎯⎯⎯⎯⎯⎯⎯⎯⎯⎯⎯⎯⎯ in Amsterdam.

3 Tiffany는 약혼자에게서 장미 100송이를 받았다. (send)

   Tiffany ⎯⎯⎯⎯⎯⎯⎯⎯⎯⎯⎯⎯⎯⎯⎯⎯⎯⎯⎯ by her fiancé.

4 우리는 교훈을 배울 필요가 있다. (teach)

   We need to ⎯⎯⎯⎯⎯⎯⎯⎯ a lesson.

5 Fiona는 발렌타인데이에 초콜릿 한 상자를 받았다.

   Fiona ⎯⎯⎯⎯⎯⎯⎯⎯⎯⎯ a box of ⎯⎯⎯⎯⎯⎯ on Valentine's Day.

6 나는 사적인 질문을 많이 받았다. (personal)

   I ⎯⎯⎯⎯⎯⎯⎯⎯ a lot of ⎯⎯⎯⎯⎯⎯⎯⎯⎯⎯⎯ .

7 Michael은 중고 오픈카 값으로 2천 달러를 받았다. (pay)

   Michael ⎯⎯⎯⎯⎯⎯⎯⎯⎯⎯⎯⎯ for his used convertible car.

● 참고 어휘 fiancé 약혼자 | lesson 교훈 | personal question 사적인 질문 | convertible car 오픈카

B 5형식 문장의 수동태 be done + to부정사...

5형식 문장 중에서 to부정사를 목적보어로 취하는 문장은 수동태로 자주 바뀌어 쓰여요. 수동태를 만들 때에는 능동태의 목적어가 수동태의 주어가 되고 목적보어인 to부정사는 그대로 따라와요.

- The doctor advised me to eat less meat. 의사는 내가 고기를 덜 먹어야 한다고 충고했다.

  → I was advised **to eat** less meat. 나는 고기를 덜 먹어야 한다는 충고를 받았다.
- I was told **to quarantine** for two weeks. 나는 2주 동안 자가 격리하라는 말을 들었다.
- We are not allowed **to park** here. 여기에 주차하면 안 된다.

5형식 수동태 문장에 자주 등장하는 동사로는 advise, tell, ask, allow, encourage, expect 등이 있어요. 부정의 의미를 나타내고자 할 때에는 to부정사 앞에 not을 붙여요.

- They were told **not to take** photos. 그들은 사진을 찍지 말라는 말을 들었다.
- Mr. Garcia was asked **not to leave** the company. Garcia 씨는 회사를 떠나지 말라는 요청을 받았다.

연습문제

다음 우리말에 맞게 빈칸에 들어갈 말을 써 보세요.

1 나는 금연하라는 충고를 받았다.

  I _____ smoking.

2 시끄러운 아이들은 소리지르지 말라는 말을 들었다.

  The noisy kids _____ scream.

3 학생들은 더 열심히 공부하라는 격려를 받았다. (encourage)

  The students _____ harder.

4 임원들에게만 빌딩 앞에 주차하는 것이 허용된다.

  Only executives _____ in front of the building.

5 모든 직원들이 온라인 미팅에 참석할 것으로 예상된다. (expect)

  All employees _____ the online meeting.

6 그들은 도서관에서 조용히 말하라는 요청을 받았다.

  They _____ quietly in the library.

7 젊은 사람들은 하루에 최소 30분씩 운동을 하라는 권고를 받았다. (encourage)

  The young _____ at least 30 minutes a day.

● 참고 어휘　advise 충고하다 | scream 소리지르다 | encourage 격려하다 | executive 임원 | employee 직원 | attend 참석하다 | at least 최소한

영작 훈련하기

A

다음 주어진 단어를 바르게 배열하여 문장을 완성하세요. 필요한 경우 동사의 형태를 바꾸세요.

1 나는 새 노트북을 사라는 조언을 받았다. (I / advised / be / get / to / a new laptop)

....

2 Oscar는 Kim 교수님에게서 영작을 배웠다. (English writing / be / Oscar / taught / by / Professor Kim)

....

3 Andy는 그것을 걱정하지 말라는 말을 들었다. (be / told / worry / to / not / about / it / Andy)

....

4 대부분의 직원들에게 사주가 될 기회가 주어졌다. (be / most / employees / to / become / shareholders / the opportunity / given)

....

5 그 커플에게 해안가의 주택 몇 채가 소개되었다. (beach houses / be / the couple / shown / to / a few)

....

✅ 참고 어휘 | laptop 노트북 | opportunity 기회 | shareholder 주주

B

다음 ( )안에 주어진 말을 이용하여 다음 문장을 영작하세요.

1 그 무례한 손님들은 즉시 나가라는 요청을 받았다. (leave, immediately)

....

2 우리는 그 일에 대해 2천 달러를 받았다. (pay, for the job)

....

3 내 남자친구는 우리 부모님들로부터 곤란한 질문들을 받았다. (tough questions)

....

4 우리는 수업 시간에 휴대폰을 사용하지 말라는 말을 들었다. (our cell phones, in class)

....

5 그 학생들은 그룹으로 공부하라는 권고를 받았다. (encourage, work in groups)

....

✅ 참고 어휘 | rude 무례한, 예의 없는 | immediately 즉시 | tough 곤란한, 어려운

다음 사내 공지를 읽고, 빈칸에 알맞은 문장을 영작하여 지문을 완성하세요.

Fire Safety Instructions for Office Fire Marshals

사내 소방요원을 위한 화재 안전 지침

In the event of the fire alarm being activated, the office fire marshals must follow the procedures below.

화재경보기가 작동될 경우, 사내 소방요원은 아래 절차를 따라야 합니다.

☑ Put on the fire marshals' vest.

　　화재 소방요원 조끼를 착용하세요.

☑ Start the evacuation of the building.

　　빌딩 대피를 시작하세요.

☑ Ensure ❶ ....

　　직원들이 엘리베이터를 이용하지 말라는 말을 들었는지 확인하세요.

☑ Make sure ❷ .... to exit the building.

　　장애인에게 건물 밖으로 나갈 수 있는 도움이 제공되는지 확인하세요.

☑ Check that the building is empty and that everyone has left.

　　빌딩이 비어 있고 모든 사람이 대피했는지 확인하세요.

☑ Head to the fire assembly point. (in the parking lot, by the trash cans)

　　화재시의 집결지로 가세요. (주차장, 쓰레기통 옆)

☑ Immediately check all the names of the staff members at the assembly point.

　　즉시 집결지에 있는 모든 직원 이름을 확인하세요.

☑ Hand over the list of names to the fire chief upon arrival.

　　소방서장이 도착하면 명단을 전달하세요.

Human Resources Department

🔵 참고 어휘 **instruction** 지시, 설명 | **fire marshal** 소방요원 | **evacuation** 대피 | **ensure** 반드시 ~하다 | **disability** 장애 | **assistance** 도움 | **exit** 나가다, 대피하다 | **assembly area** 집결지 | **hand over** 건네다

🥤 **오늘의 꿀팁!**

나라마다 달라요. 긴급구조 번호 (**emergency number**)

긴급구조 전화번호는 나라마다 달라요. 해외 여행시 반드시 알아야 하는 긴급구조 전화번호에 대해 알아봐요.

☐ Korean **119**　　☐ America **911**　　☐ England **999**　　☐ Canada **911**

☐ Australia **000**　　☐ New Zealand **111**　　☐ Singapore **995**　　☐ Hong Kong **999**

A: Help! I need a doctor right now. My wife is passed out. 도와주세요! 의사가 필요해요. 제 와이프가 기절했어요.

B: Hold on, sir. I'm connecting you with **911**. 잠시만 기다리세요. 911에 연결해 드릴게요.

A 다음 우리말에 맞게 빈칸에 알맞은 말을 선택하여 문장을 완성하세요.

1 따님이 음주로 체포되었습니다.

Your daughter _____ for drinking.
- ☐ arrested
- ☐ was arrested

2 Henson 씨는 회식에 초대되지 않았다.

Mr. Henson _____ to the company dinner.
- ☐ has not invited
- ☐ has not been invited

3 Eric은 체육관에 가입하라는 권유를 받았다.

Eric was encouraged _____ the gym.
- ☐ to join
- ☐ joining

4 이 집은 나의 증조할아버지에 의해 지어졌다.

This house was built _____ my great-grandfather.
- ☐ at
- ☐ by

5 그는 가만히 있어 달라는 말을 들었다.

He was told _____ still.
- ☐ stay
- ☐ to stay

6 당신은 미팅에서 많은 질문을 받게 될 것이다.

You will be asked _____ at the meeting.
- ☐ a lot of questions
- ☐ to a lot of questions

7 Emerson 씨가 다음 달에 신임 대변인으로 승진될 것이다.

Ms. Emerson _____ to be the new spokesperson.
- ☐ is promoted
- ☐ will be promoted

8 나는 Nancy보다 더 많은 돈을 받았다.

I _____ more money than Nancy.
- ☐ paid
- ☐ was paid

수동태

B 다음 ( ) 안에 들어 있는 말을 이용하여 주어진 문장을 영작하세요.

1 그는 크리스마스 보너스를 받지 못했다. (give, a Christmas bonus)

   ....

2 나는 항상 마스크를 착용하라는 말을 들었다. (tell, wear, at all times)

   ....

3 새 프로그램이 Fred에 의해 설치될 것이다. (install)

   ....

4 그 버릇없는 소년은 벌을 받고 있는 중이다. (naughty, punish)

   ....

5 여름 별장은 2주에 한 번씩 청소된다. (the summer house, once every two weeks)

   ....

6 Helen은 살을 빼라는 충고를 받았다. (advise, lose weight)

   ....

7 상자들이 트럭에 실리고 있는 중이다. (load, into the truck)

   ....

8 Cora는 다이아몬드 반지를 받았다. (a diamond ring)

   ....

Day 26 | 가정법 과거 vs. 가정법 과거완료

아래 우리말 문장은 각각 현재와 과거의 일에 대한 가정의 상황을 나타냅니다.
어떻게 영작할지 생각해 보세요.

Point 1 　나에게 돈이 있으면 멋진 차를 살 텐데.

내게 돈이 많으면 좋겠는데, 현실은 그렇지가 않네.

Point 2 　내가 공부를 더 열심히 했다면 A+를 받았을 텐데.

공부를 열심히 안 했더니 성적이 엉망이야.

몸풀기 영작 연습

우리말에 맞는 영어 표현을 골라보세요.

1 　내게 시간이 많으면 널 만날 텐데. 　　I would meet you if I (**have / had**) a lot of time.

2 　내가 너였다면 그러지 않았을 텐데. 　　I wouldn't have done it if I (**were / had been**) you.

Point 1   가정법 과거

If I had the money, I would buy a nice car.

현재 상황에 대한 가정이나 후회, 안타까움 등을 나타낼 때 '가정법 과거'를 써야 해요.
가정법 과거 문장의 if절에서는 과거 동사를, 주절에서는 조동사 would 등을 써요.

가정법 과거를 이용하여 현재 상황에 대한 안타까움을 나타내는 문장들을 더 살펴봅시다.

날씨가 더 좋으면 우리는 나가서 즐거운 시간을 보낼 텐데.

If we <u>had better weather</u>, we would go out and have fun.

위 문장의 밑줄 친 부분을 아래 표현들로 바꾸어 말해 보세요. 필요한 경우 형태를 바꾸세요.

☐ have more time 자유 시간이 더 많다   ☐ be feeling better 몸 상태가 좋다
☐ be not busy 바쁘지 않다   ☐ get invited to the party 파티에 초대 받다
☐ have a lot of friends 친구가 많다
☐ don't have to work tonight 오늘밤에 일할 필요가 없다

Point 2   가정법 과거완료

If I had studied harder, I would have gotten an A+.

과거에 있었던 일에 대한 후회, 아쉬움, 또한 가정의 상황 등을 나타낼 때에는 가정법 과거완료를 써야 해요. 가정법 과거완료 문장의 if절에서는 과거완료시제, 즉 'had + 과거분사'를, 주절에는 'would have + 과거분사' 형태를 써요.

가정법 과거완료를 이용하여 과거의 일에 대한 후회나 아쉬움을 나타내는 문장을 더 살펴봅시다.

내가 더 <u>열심히 일했다면</u> 더 나은 직장을 구했을 텐데.

If I <u>had worked harder</u>, I would have gotten a better job.

위 문장의 밑줄 친 부분을 아래 표현들로 바꾸어 말해 보세요. 필요한 경우 형태를 바꾸세요.

☐ speak English fluently 영어를 유창하게 하다   ☐ get a good reference 추천서를 잘 받다
☐ have a master's degree 석사 학위가 있다   ☐ have good social skills 사회성이 좋다
☐ be a good student in school 학교에서 모범생이다
☐ get support from my parents 부모님의 도움을 받다

영작 문법 파헤치기

A 가정법 과거 If I were ~ / If I had ~

현재 사실에 대한 반대 상황을 가정하거나, 현재 상황에 대한 아쉬움, 안타까움 등을 표현할 때 가정법 과거를 써요.

- **If** I **were** you, I would follow his advice. 내가 너라면 그의 충고를 따를 텐데.
- **If** there **were** fewer complaints, we would be a lot better off.
  불만이 더 적다면 우리 상황이 훨씬 나을 텐데.

  * 가정법 과거에서 if절의 주어가 I일 경우, be동사 자리에는 was나 were 모두를 쓸 수 있어요.

가정법 과거에서 if절에는 과거 동사를 쓰고, 주절에는 「would/could/might + 동사원형」의 형태를 써요. 주의해야 할 것은 가정법 과거는 형태가 '과거'이지, 의미는 '현재'라는 사실을 꼭 기억해야 해요.

- I **could travel** abroad more often if I **had** more savings.
  저축을 더 많이 하면 해외 여행을 더 자주 갈 수 있을 텐데.
- You **might** not **be** tired if you **didn't work** out too much.
  네가 운동을 너무 많이 하지 않으면 그렇게 피곤하지 않을 수도 있는데.

연습문제

다음 우리말에 맞게 빈칸에 들어갈 말을 써 보세요.

1 내가 복권에 당첨된다면 시골에 아름다운 집을 지을 텐데. (win the lottery, build)

   If I _____ , I _____ a beautiful house in the countryside.

2 저 고급 신발이 그렇게 비싸지 않으면 내가 살 수 있을 텐데. (get)

   I _____ those luxurious shoes if they _____ so expensive.

3 내가 선생님이라면 이렇게 많은 숙제를 내주지는 않을 텐데.

   If I _____ a teacher, I _____ as much homework as this.

4 내가 할 수 있으면 너를 도울 텐데, 그럴 수가 없어.

   I _____ you out if I _____ , but I can't.

5 사무실 일이 더 적다면 나는 더 자주 나가 놀 텐데. (hang out)

   I _____ more often if I _____ less work in the office.

6 범죄가 없다면 세상은 더 좋은 곳이 될 텐데.

   The world _____ a better place if there _____ no crimes.

● 참고 어휘   **win the lottery** 복권에 당첨되다 | **in the countryside** 시골에 | **luxurious** 고급스러운 | **give homework** 숙제를 내주다 | **hang out** 나가 놀다

B 가정법 과거완료 If I had been ~ / If I had gone ~

과거 사실에 대한 반대 상황을 가정하거나, 과거에 일어난 일에 대한 아쉬움, 안타까움 등을 표현할 때에는 가정법 과거완료를 써요.

■ **If I had known** that you were in the hospital, I would have gone to see you.

　네가 병원에 있던 것을 알았더라면 너를 보러 갔을 텐데.

■ **If** the weather **had been** nicer, we would have gone on a safari.

　날씨가 더 좋았더라면 우리가 사파리 투어를 갔을 텐데.

가정법 과거완료에서 if절에는 과거완료시제를 쓰고, 주절에는 「would/could/might + have + 과거분사」의 형태를 써요. 가정법 과거완료의 형태는 '과거완료'이지만, 의미는 '과거'라는 점을 꼭 기억하세요.

■ If you **had been** nice to her, she **would have offered** to help you.

　네가 그녀에게 잘 해 주었더라면 그녀가 너를 돕겠다고 했을 텐데.

연습문제

다음 우리말에 맞게 빈칸에 들어갈 말을 써 보세요.

1 내가 또 다른 외국어를 배웠더라면 여행하면서 편했을 텐데. (learn)

If I _____ another foreign language, it _____ _____ convenient while traveling.

2 그가 나를 거절했더라면 나는 엄청난 충격을 받았을 텐데. (turn me down)

If he _____, I _____ _____ devastated.

3 네가 그 자리에 지원했더라면 일자리를 구했을 텐데. (apply, get)

If you _____ for the position, you _____ _____ the job.

4 그들이 조금 더 일찍 출발했더라면 정시에 그곳에 도착했을 텐데. (take off, get there)

If they _____ a little early, they _____ _____ on time.

5 네가 오는 것을 알았더라면, 조금은 청소를 했을 텐데.

If I _____ you were coming, I _____ up a bit.

6 네가 나의 춤을 막지 않았더라면 내가 완전히 그들을 놀라게 했을 텐데. (blow)

If you _____ me from dancing, I _____ _____ them away.

● 참고어휘 　convenient 편리한 | turn ~ down ~을 거절하다 | devastated 엄청난 충격을 받은 | apply for ~에 지원하다 | take off 떠나다, 출발하다 | on time 정시에 | stop ~ from ~가 …하는 것을 막다 | blow somebody away ~을 깜짝 놀라게 하다

영작 훈련하기

A 다음 주어진 단어를 바르게 배열하여 문장을 완성하세요. 필요한 경우 동사의 형태를 바꾸세요.

1 내가 이 나라의 대통령이라면 모두에게 무료 백신을 나누어줄 텐데. (be / the president of this country / I / would / give everyone / a free vaccine / I / if)

....

2 네가 규칙적으로 운동을 한다면 너는 운동선수 같은 몸매를 가질 수 있을 텐데. (you / if / work out regularly / would / have an athletic body / you)

....

3 내가 그렇게 많이 마시지 않았더라면 고주망태가 되지는 않았을 텐데. (I / would / have been hammered / drink so much / not / if / I / not)

....

4 날씨가 따뜻하다면 수영을 하러 갈 수 있을 텐데. (go for a swim / could / we / it / be warm / if)

....

5 네가 나를 지지해 주지 않았더라면 나는 이 상을 탈 수 없었을 거야. (could / have won this award / if / not / you / I / not / support me)

....

❷ 참고 어휘   hammered 고주망태가 된 | athletic body 운동선수 같은 근육질 몸매 | go for a swim 수영하러 가다 | support 지지하다

B 다음 ( ) 안에 주어진 말을 이용하여 다음 문장을 영작하세요.

1 그 가방이 세일 중이면 내가 바로 살 텐데. (be on sale, right away)

....

2 내게 더 많은 지혜가 있었더라면 이 문제를 해결할 수 있었을 텐데. (more wisdom, figure out)

....

3 내가 너라면 그에게 솔직하게 말할 텐데. (give it to him straight)

....

4 내가 너를 막지 않았더라면 이 일은 영원히 계속되었을 거야. (go on forever)

....

5 네게 교육학 석사 학위가 있다면 학교에서 가르치는 일을 구할 수 있을 텐데. (get a teaching job, a master's degree)

....

❷ 참고 어휘   be on sale 세일 중인 | right away 당장 | wisdom 지혜 | figure out ~을 해결하다 | give it to somebody straight ~에게 솔직히 말하다 | go on forever 영원히 계속되다 | master's degree 석사 학위

다음 인터뷰를 읽고, 빈칸에 알맞은 문장을 영작하여 지문을 완성하세요.

Business

Interviewer: ❶ _____

if you won the lottery?
만일 복권에 당첨된다면 무엇을 하시겠어요?

DJ Wild Bull: Well, ❷ _____

_____ in property.
음, 제가 복권에 당첨된다면 부동산에 돈을 투자하겠어요.

The housing market is the best place to invest in these days.
요즘에 주택 시장은 투자하기 가장 좋은 곳입니다.

House prices are rising, and it seems that this trend will never end.
주택 가격이 상승하고 있고, 이러한 추세는 결코 끝날 것 같지 않습니다.

Interviewer: Really? You've changed.
정말로요? 당신 변했군요.

I'm not sure that is what you would have done twenty years ago.
20년 전에도 당신이 그랬을지는 모르겠네요.

DJ Wild Bull: Ha! Yes, you are right.
하! 네, 맞아요.

Back then ❸ _____ in a month
on parties and sport cars.
그때 돈이 많았더라면, 저는 한 달 만에 파티와 스포츠카에 모든 돈을 다 썼을 겁니다.

I must be getting old. These things don't attract me anymore.
늙어가나 봅니다. 이런 것들이 더 이상 저의 흥미를 끌지 못하는군요.

🔘 참고 어휘 lottery 복권 | property 부동산, 자산 | invest 투자하다 | attract (마음을) 끌다, 유인하다 | not ~ anymore 더 이상 ~ 않다

🥤 오늘의 꿀팁!

다양한 의미로 쓰이는 **blow away**

구동사인 blow away는 다양한 상황에서 다양한 의미로 사용될 수 있어요.

ⓐ 날려버리다

The strong winds **blew away** my hat. 바람이 내 모자를 날려버렸다.

ⓑ 깜짝 놀라게 하다, 깊은 인상을 남기다. (= **surprise someone so much**)

Her recent presentation just **blew** me **away**. 그녀의 최근 발표는 나를 깜짝 놀라게 했다.

ⓒ 패배시키다 (= **beat, defeat**)

We got **blown away** yesterday, losing 4:0. 우리는 어제 4:0으로 패했다.

Day 27 | I wish 가정법 VS. without 가정법

아래 우리말 문장은 각각 I wish와 without을 이용한 가정법 문장으로 나타낼 수 있습니다.
어떻게 영작할지 생각해 보세요.

Point 1 네가 여기에 우리와 함께 있으면 좋을 텐데.

네가 여기에 없어서
너무 아쉽다.

Point 2 당신이 없었다면 저는 이곳에 있지 못했을 것입니다.

당신이 없었다면,
이런 일은 불가능 했을 거야.
이 모든 것은 당신 덕분~

몸풀기
영작 연습

우리말에 맞는 영어 표현을 골라보세요.

1 내가 조금 덜 바쁘면 좋을 텐데.   I wish I (**were** / am) less busy.
2 네가 없다면 나는 너무 외로울 거야.   Without you, I (am / **would be**) so lonely.

Point 1   I wish 가정법

I wish you were here with us.

현재 상황에 대한 후회, 아쉬움을 나타내는 문장은 I wish를 이용해서 만들 수 있는데, 이때 주의해 야 할 것은 I wish 다음에 과거시제의 동사를 써야 한다는 점이에요.

I wish를 이용하여 현재 상황에 대한 안타까움을 나타내는 문장을 더 살펴봅시다.

나에게 자유 시간이 더 있으면 좋을 텐데.

I wish I had more free time.

위 문장의 밑줄 친 부분을 아래 표현들로 바꾸어 말해 보세요. 필요한 경우 형태를 바꾸세요.

- ☐ have more money 돈이 더 많다
- ☐ be not so tied up 바쁘지 않다
- ☐ be in good shape 몸매가 좋다
- ☐ be lucky enough to win the lottery 복권에 당첨될 정도로 운이 좋다
- ☐ be more athletic 운동을 더 잘하다
- ☐ be fluent in English 영어가 유창하다

Point 2   without 가정법

Without you, I wouldn't be here.

가정법을 간략하게 표현하는 방법으로 without과 함께 조동사의 과거형 would, could, might 등을 쓰는 방법이 있어요. '~이 없으면 ~일 텐데'라는 의미를 나타내어요.

without을 이용하여 현재 사실을 가정하는 문장을 더 살펴봅시다.

네가 없으면 나는 아무것도 아닐 거야.

Without you, I would be nobody.

위 문장의 밑줄 친 부분을 아래 표현들로 바꾸어 말해 보세요. 필요한 경우 형태를 바꾸세요.

- ☐ not be able to do anything 아무것도 못하다
- ☐ not achieve anything 아무것도 성취하지 못하다
- ☐ fail the exam 시험에 떨어지다
- ☐ live a freer life 더 자유로운 삶을 살다
- ☐ travel more often 더 자주 여행을 하다
- ☐ be in trouble 곤란에 처하다

A I wish 가정법 I wish I did ~ / I wish I had done ~

'~하면 좋을 텐데'라는 의미로, 현재 사실과 반대되는 가정을 하거나 혹은 아쉬움을 나타낼 때 I wish 가정법을 써요. 현재의 사실에 대한 가정을 할 때에는 I wish 다음에 '주어 + 동사의 과거형'을 쓴다는 점에 주의해야 해요.

- **I wish I had** more money to spend. 쓸 돈이 더 많으면 좋을 텐데.
- **I wish** there **were** some more space here. 여기에 공간이 더 많으면 좋을 텐데.
- It has been raining for two weeks. **I wish** it **would stop** raining.
  2주째 비가 오고 있다. 비가 그치면 좋겠는데.

'~했으면 좋았을 텐데'라는 의미로, 과거의 사실과 반대되는 상황을 가정하거나, 과거의 일에 대한 아쉬움, 후회 등을 나타낼 때에는 I wish와 가정법 과거완료를 써요. 이때 I wish 다음에는 '주어 + had + 과거분사'의 형태를 써야 해요.

- **I wish I had known** about it earlier. 내가 그 일에 대해 일찍 알았더라면 좋았을 텐데.
- **I wish** you **had paid** more attention to what the teacher said.
  네가 선생님 말씀에 더 주의를 기울였다면 좋았을 텐데.

연습문제

다음 우리말에 맞게 빈칸에 들어갈 말을 써 보세요.

1 이 지역에 눈이 더 많이 오면 좋겠는데. (more snow)

I wish we _____ in this area.

2 우리 엄마가 남의 말을 잘 듣는 사람이면 좋겠는데.

I wish _____ a good listener.

3 그들이 이것을 망치지 않았다면 좋았을 텐데. (blow)

I wish _____ this up.

4 내가 요리를 좀 더 잘하면 좋을 텐데. (be better at)

I wish I _____ cooking.

5 이 일이 내 인생에서 일어나지 않았으면 좋았을 텐데. (happen)

I wish this _____ in my life.

6 우리가 결혼식에 더 많은 사람들을 초대했으면 좋았을 텐데. (invite more people)

I wish we _____ to the wedding.

✔ 참고 어휘   **good listener** 남의 말을 잘 듣는 사람 | **blow up** ~을 망치다 | **be better at** ~을 더 잘하다

B

without 가정법 Without ~, I would ~ / Without ~, I would have done ~

'~이 없다면 ~할 텐데' 또는 '~이 아니라면 ~할 텐데'라는 의미의 가정법 문장을 만들 때에는 전치사 without과 함께 조동사 would, could 등을 써요.

- **Without** this bad weather, we **would do** more outdoor activities.

  이처럼 나쁜 날씨만 아니라면 우리는 실외 활동을 더 많이 할 텐데.
- **Without** his advice, I **wouldn't be** working here. 그의 충고가 없다면 나는 여기에서 일하고 있지 않을 텐데.
- **Without** my son, I **could go** out and find a job. 내 아들만 아니라면 나는 나가서 일자리를 찾을 수 있을 텐데.

'~이 없었다면 ~했을 텐데'라는 의미의 가정법 문장을 만들 때에는 전치사 without과 함께 「would/could/might + have + 과거분사」 형태를 써요.

- **Without** you, I **would have** not **had** such a great opportunity.

  네가 없었다면 나는 그처럼 멋진 기회를 얻지 못했을 거야.
- **Without** this error, I **would have won** first prize. 이러한 실수가 없었다면 내가 최우수상을 받았을 텐데.
- **Without** their interruptions, we **could have finished** before the deadline.

  그들의 방해가 없었더라면 우리가 마감 전에 그것을 끝낼 수 있었을 텐데.

연습문제

다음 우리말에 맞게 빈칸에 들어갈 말을 써 보세요.

1 이 사소한 실수만 없었다면 네 에세이는 완벽했을 텐데.

   Without this minor mistake, your essay ＿＿＿＿＿＿＿＿＿＿＿＿＿＿＿＿ perfect.

2 당신의 헌신이 없었다면 이 회사는 이렇게 크게 확장되지 못했을 것이다. (expand)

   Without your dedication, this company ＿＿＿＿＿＿＿＿＿＿＿＿＿＿＿＿
   this much.

3 이들 주머니가 없으면 이 코트는 아주 밋밋할 거야.

   Without these pockets, ＿＿＿＿＿＿＿＿＿＿＿＿＿＿＿＿ so bland.

4 너의 멋진 아이디어가 없었다면 우리는 이 웹사이트를 런칭하지 못했을 텐데. (launch)

   We ＿＿＿＿＿＿＿＿＿＿＿＿＿＿＿＿ this website without your great
   idea.

5 그 사건이 없었다면 내가 직업을 잃지 않았을 텐데. (lose)

   Without the incident, I ＿＿＿＿＿＿＿＿＿＿＿＿＿＿＿＿ my job.

6 네가 없다면 내 삶은 무의미하고 텅 비어있을 거야. (meaningless)

   Without you, my life ＿＿＿＿＿＿＿＿＿＿＿＿＿＿＿＿ and shallow.

◑ 참고 어휘 expand 확장하다 | bland 밋밋한, 특색이 없는 | launch 런칭하다, 착수하다 | meaningless 의미 없는 | shallow 얕은

영작 훈련하기

A 다음 주어진 단어를 바르게 배열하여 문장을 완성하세요. 필요한 경우 동사의 형태를 바꾸세요.

1 그가 오늘 회의에 오지 않으면 좋으련만. (today / I wish / at the meeting / he / be / not)

_____

2 네 노트가 없었다면 나는 시험 공부를 하지 못했을 거야. (your notebook / without / would not have studied / for the exam / I)

_____

3 그의 기타 연주가 없다면 이 밴드는 아주 지루할 텐데. (so boring / would be / his guitar playing / without / this band)

_____

4 우리가 재개장에 대한 소식을 조금 더 일찍 들었더라면 좋았을 텐데. (a little sooner / I wish / hear / about the reopening / we)

_____

5 우리를 위해 남아 있는 티켓이 더 있으면 좋을 텐데. (there / be / left for us / more tickets / I wish)

_____

✅ 참고 어휘　be at the meeting 미팅에 오다, 회의에 참석하다 | notebook 노트, 공책 | reopening 재개장

B 다음 ( ) 안에 주어진 말을 이용하여 다음 문장을 영작하세요.

1 당신의 협조가 없었다면 우리는 리모델링 공사를 시작할 수 없었을 것이다. (your cooperation, start the renovations)

_____

2 네가 없으면 나는 더 잘 살 거야. (live better off)

_____

3 우리가 이번 달에 돈이 부족하지 않으면 좋으련만. (be short of, this month)

_____

4 우리가 조금 일찍 출발했으면 좋았을 걸. (take off, a little early)

_____

5 이 쇼핑몰이 없다면 이곳에서의 나의 삶은 너무 지루할 거야. (so dull)

_____

✅ 참고 어휘　renovation 수리, 리모델링 | cooperation 협력, 협조 | be short of ~이 부족하다 | take off 떠나다, 출발하다 | dull 지루한

다음 수락 연설문을 읽고, 빈칸에 알맞은 문장을 영작하여 지문을 완성하세요.

Acceptance speech at an awards ceremony
시상식의 수락 연설

Dear ladies and gentlemen,
신사, 숙녀 여러분께,

Tonight, I am greatly honoured to accept the award for best director at the International Film Awards.
오늘 밤, 국제 영화 시상식에서 감독상을 받게 되어 너무나 영광입니다.

I am greatly moved that you chose to give this award to me.
저에게 이 상을 주신 것에 대해 너무나 큰 감명을 받았습니다.

However, I feel that a lot of praise should also go to my film crew.
하지만 저는 저의 스태프들이 이 칭찬을 받아야 마땅하다고 생각합니다.

❶ _____ this wonderful movie.
저의 동료들이 없었다면, 저는 이 멋진 영화를 만들 수 없었을 것입니다.

In fact, ❷ _____ in Hollywood.
사실, 이 친구들을 제가 처음 할리우드에서 일을 시작했을 때 알았으면 좋았을 텐데 말이죠.

It would have been a lot easier.
그럼 훨씬 더 쉬웠을 것입니다.

I also need to say a quick thanks to the producers at GMG Entertainment and a quick thanks to my agent. Cheers!
그리고 GMG 엔터테인먼트의 프로듀서들과 제 에이전트에게도 짧은 감사의 인사를 전하고 싶습니다. 파이팅!

On behalf of everyone, thank you so much!
모두를 대신해서 감사의 인사를 전합니다!

💡 참고 어휘 awards ceremony 시상식 | acceptance 수락 | be honored to ~하게 되어 영광이다 | director 감독 | be greatly moved 깊은 감명을 받다 | award 상 | praise 칭찬 | colleague 동료 | say a quick thanks to ~에게 짧은 감사의 인사를 전하다 | on behalf of ~을 대신하여

🥤 오늘의 꿀팁!

미묘하게 다른 조동사 would/could/might

가정법 문장을 만들 때 자주 등장하는 조동사인 would/could/might는 아주 조금씩 의미상의 차이를 나타내어요.

☐ Without the mistake, you **would** win the award. 그 실수만 아니면, 너는 상을 탈 텐데. (예정의 의미)
☐ Without the mistake, you **could** win the award. 그 실수만 아니면, 너는 상을 탈 수 있을 텐데. (가능의 의미)
☐ Without the mistake, you **might** win the award. 그 실수만 아니면, 너는 상을 탈지도 모르는데. (약한 추측의 의미)

A 다음 우리말에 맞게 빈칸에 알맞은 말을 선택하여 문장을 완성하세요.

1 나에게 친구가 더 많다면, 내가 지금처럼 외롭진 않을 텐데.

If I _____, I wouldn't be lonely like this.

☐ had more friends
☐ have more friends

2 네가 바쁜 걸 알았더라면, 너에게 전화하지 않았을 텐데.

If I _____ you were busy, I wouldn't
have called you.

☐ knew
☐ had known

3 네가 우리에게 도움을 요청했더라면, 우리가 도왔을 텐데.

If you _____ for help, we would have
helped you.

☐ asked
☐ had asked

4 너의 충고가 없었다면, 난 그 일을 해내지 못했을 거야.

Without your advice, I _____ it.

☐ wouldn't make
☐ wouldn't have made

5 네가 여기에 함께 있으면 좋을 텐데.

I wish you _____ here with us.

☐ were
☐ had been

6 너의 도움이 없었다면, 난 아무것도 하지 못했을 거야.

Without your help, I _____ nothing.

☐ would have done
☐ would do

7 내가 친구들과 더 많이 어울렸으면 좋았을 걸.

I wish I _____ more with my friends.

☐ had gone out
☐ went out

8 네가 좀 더 조심하는 성격이면 좋을 텐데.

I wish you _____ more cautious.

☐ were
☐ had been

가정법 과거, 가정법 과거완료

B 다음 ( ) 안에 들어 있는 말을 이용하여 주어진 문장을 영작하세요.

1 운동을 열심히 하면, 너는 몸이 더 좋아질 텐데. (be in better shape, work out hard)

    ----

2 네가 나라면 어떻게 하겠니? (what, do)

    ----

3 소음만 없다면 이 집은 완벽할 텐데. (without the noise, perfect)

    ----

4 네가 내 엄마이면 좋겠다.

    ----

5 내가 바쁘지 않았더라면, 너를 도왔을 텐데.

    ----

6 네가 없다면 이 모든 것은 의미가 없을 거야. (all of this, mean nothing, without)

    ----

7 내가 이 문제를 어떻게 풀지 알면 좋겠다. (I wish, how to solve)

    ----

8 네가 좀 더 주의했더라면, 이런 실수는 하지 않았을 텐데. (more careful, make this kind of mistake)

Day 28

주격 관계대명사 vs. 목적격 관계대명사

아래 우리말 문장은 관계대명사를 꼭 써야 하는 문장들입니다. 어떻게 영작할지 생각해 보세요.

Point 1   내 옆집에 사는 남자는 신문 기자야.

Point 2   네가 거기서 만난 남자는 유명 인사야.

몸풀기 영작 연습   우리말에 맞는 영어문장을 연결하세요.

1   옆집에 사는 여자는 가수야.
   The woman (**who / which**) lives next door is a professional singer.

2   네가 좋아하는 남자가 바로 우리 오빠야.
   The man (**which / whom**) you like is my brother.

Point 1 주격 관계대명사 who/which

The man who lives next door is a journalist.

'옆집에 살고 있는'이라는 의미로 명사를 수식하기 위해서는 관계대명사절을 이용해야 해요. 관계대명사절이란 who나 which 같은 관계대명사를 포함하고 있는 절이에요. 사람명사 the man을 꾸미기 위해서는 who로 시작하는 관계대명사절이 필요해요.

주격 관계대명사 who가 들어 있는 문장을 더 살펴봅시다.

나는 눈이 예쁜 한 여자를 만났다.

I met a woman who has beautiful eyes.

위 문장의 밑줄 친 부분을 아래 표현들로 바꾸어 말해 보세요. 필요한 경우 형태를 바꾸세요.

- □ have three children 아이가 셋이 있다
- □ have a mental problem 정신적인 문제가 있다
- □ be good at sports 운동을 잘하다
- □ used to be my teacher 나의 선생님이었다
- □ work as a tutor 가정 교사로 일하다
- □ be into jazz music 재즈 음악에 빠져 있다

Point 2 목적격 관계대명사 whom/which

The man whom you met there is a celebrity.

'네가 거기서 만난'이라는 의미로 명사 the man을 꾸미기 위해서는 whom으로 시작하는 관계대명사절이 필요해요. 이 경우, 꾸밈을 받는 명사가 사람이기 때문에 which를 쓰지 않고 whom을 써야 해요.

목적격 관계대명사 whom이 들어 있는 문장을 더 살펴봅시다.

네가 이야기 했던 남자가 내 상사이다.

The guy (whom) you talked about is my boss.

위 문장의 밑줄 친 부분을 아래 표현들로 바꾸어 말해 보세요. 필요한 경우 형태를 바꾸세요.

- □ you fell in love with 네가 사랑에 빠졌다
- □ you find attractive 네가 매력적으로 느끼다
- □ we met on the ship 배에서 만나다
- □ we hate the most 우리가 가장 싫어하다
- □ he had an argument with 그가 논쟁을 벌였다
- □ you can't stand being with 네가 함께 있지 못하다

영작 문법 파헤치기

A 주격 관계대명사 The girl who lives ~ / The store which sells ~

관계대명사는 보통 두 문장을 하나로 이어 주는 동시에 대명사 역할을 해요. 관계대명사가 주어의 역할을 하면 주격 관계대명사라고 하고, 목적어 역할을 하면 목적격 관계대명사하고 불러요.

■ I have a friend. <u>And the friend</u> lives in Chicago.
   내게는 친구가 하나 있다. 그리고 그 친구는 시카고에 살고 있다.

   → I have a friend <u>who lives in Chicago.</u> 나에게는 시카고에 살고 있는 친구가 있다.

   (who가 이끄는 관계대명사절이 바로 앞에 있는 a friend를 수식)

꾸밈을 받는 명사, 즉 선행사가 사람일 때에는 who를 쓰지만 사물인 경우에는 which를 써야 해요.

■ I am looking for a store. And the store sells camping gear.
   나는 상점을 찾고 있다. 그리고 그 상점은 캠핑용품을 판다.

   → I am looking for a store <u>which sells camping gear.</u> 나는 캠핑용품을 파는 상점을 찾고 있다.

   (which가 이끄는 관계대명사절이 바로 앞에 있는 a store를 수식)

연습문제

다음 우리말에 맞게 빈칸에 들어갈 말을 써 보세요.

1 부모님은 항상 나를 지지해 주는 사람들이다. (support)

My parents are the people _____ me.

2 나는 가구가 완벽하게 갖춰진 아파트를 찾고 있다. (fully furnished)

I am looking for an _____ .

3 그 회사는 영어와 중국어가 능통한 사람을 고용하려고 한다. (person, fluent)

The company is trying to hire a _____ in
English and Chinese.

4 저기에서 발표하고 있는 사람이 우리 교수님이야. (give a presentation)

The man _____ there is my
professor.

5 나에게는 미래를 볼 수 있다고 믿는 삼촌이 있다. (uncle, believe)

I have _____ he can see the future.

6 나는 이 바지랑 잘 어울리는 스웨터를 사고 싶다. (go well)

I would like to get _____ with
these pants.

⊙ 참고 어휘 support 지지하다, 후원하다 | fully furnished 가구를 완벽히 갖춘 | fluent 유창한 | give a presentation 발표하다 | see the future 미래를 보다 | go well with ~과 잘 어울리다

B 목적격 관계대명사 The man (whom) you met ~ / The book (which) you read ~

목적격 관계대명사로 꾸밈을 받는 명사, 즉 선행사가 사람일 때 who이나 whom을 쓸 수 있어요. 대부분의 경우 이 두 관계대명사는 생략되는 경우가 많아요.

* A guy is waiting for me in the lobby. And I have never met the guy before
  한 남자가 로비에서 나를 기다리고 있다. 그리고 나는 그 남자를 만나 본 적이 없다.

  → A guy (who/whom) I have never met before is waiting for me in the lobby.
    내가 전에 한 번도 만난 적이 없는 남자가 로비에서 나를 기다리고 있다.

    (who(m)가 이끄는 관계대명사 절이 바로 앞에 있는 a guy를 수식)

꾸밈을 받는 명사가 사물일 때에는 관계대명사 which를 써요. 이 역시 자주 생략이 된답니다.

* I just found the book. And you were interested in that book.
  나는 방금 책을 찾았다. 그리고 너는 그 책에 관심이 있었다.

  → I just found the book (which) you were interested in. 나는 네가 관심을 가졌던 책을 방금 찾았다.

    (which가 이끄는 관계대명사절이 바로 앞에 있는 the book을 수식)

연습문제

다음 우리말에 맞게 빈칸에 들어갈 말을 써 보세요.

1 내가 방금 말하고 있었던 여자를 만난 적이 있니? (just talk)

Have you seen the woman _____ . _____ to?

2 내가 자주 방문했던 식당은 지금 수리 중이다. (often visit)

The restaurant _____ is under renovation now.

3 안타깝게도 네가 지난 주에 산 컴퓨터가 지금 세일 중이야. (get, last week)

Unfortunately, the computer _____ _____ is now on sale.

4 내가 너무나 사랑했던 그 여자는 더 이상 여기에 없다. (love so much)

The woman _____ is no longer here with me.

5 여기 네가 유용하다고 생각할 것 같은 책을 가져왔어. (might find)

I grabbed a book _____ useful.

6 내 옆에 앉았던 사람은 정치인이었다. (sit)

The man _____ next to was a politician.

● 참고어휘   under renovation 수리 중인 | on sale 세일 중인 | no longer 더 이상 ~ 않다 | useful 유용한 | grab 잡다, 쥐다, 가져오다

영작 훈련하기

A
다음 주어진 단어를 바르게 배열하여 문장을 완성하세요. 필요한 경우 동사의 형태를 바꾸세요.

1 나는 한강을 내려다 보는 아파트를 구하고 싶다. (I / would like to get / overlook the Han River / which / an apartment)

----

2 우리는 며칠 전 당신이 추천한 식당에서 맛있는 저녁을 먹었다. (you / recommend / the diner / we really enjoy / the other day)

----

3 당신과 함께 일했던 사람들에게 무슨 일이 일어 났나요? (those people / you / work with / what happen to)

----

4 그 시험에 응시했던 모든 학생들이 자격증을 받았다. (get certificates / all the students / take the exam / who)

----

5 James는 자신이 지원한 일자리를 구하지 못했다. (apply for / get the job / couldn't / James / he)

----

❷ 참고 어휘　**overlook** 조망하다 | **diner** 식당 | **the other day** 며칠 전에 | **recommend** 추천하다 | **get a certificate** 자격증을 받다

B
다음 ( ) 안에 주어진 말을 이용하여 다음 문장을 영작하세요.

1 제가 당신을 위해 할 수 있는 일이 있을까요? (there, anything, for you)

----

2 나는 사교적인 사람들과 시간을 보내는 것이 좋다. (spend time with, outgoing)

----

3 네가 찾던 책들은 찾았니? (find, look for)

----

4 나는 늘 불평만 하는 사람을 정말 못 참는다. (can't stand, always complaining)

----

5 여기 책상 위에 있던 가방을 혹시 보았나요? (see, on the desk)

----

❷ 참고 어휘　**outgoing** 사교적인, 활발한 | **complain** 불평하다 | **can't stand** 참을 수 없다

다음 부고 기사를 읽고, 빈칸에 알맞은 문장을 영작하여 지문을 완성하세요.

Obituary
부고

Joan Marlowe has died at the age of 84.
Joan Marlowe가 84세의 나이로 사망했습니다.

A family member ❶ _____ said that she passed away during the night after a long illness.
이 뉴스를 발표한 가족 중 한 명은 그녀가 오랜 병환 끝에 밤에 숨을 거두었다고 전했습니다.

The famous actress, who was born in Boston in 1936, appeared in many Hollywood movies.
1936년에 보스턴에서 태어난 이 유명 배우는 많은 할리우드 영화에 출연했습니다.

She was known for playing many leading roles until her retirement in the 1990s.
그녀는 1990년대에 은퇴하기 전까지 여러 차례 주연을 맡은 것으로 알려져 있습니다.

Many of the films ❷ _____ were about romance and family life.
그녀가 주연한 대부분의 영화들은 사랑과 가정 생활에 관한 것들이었습니다.

She was also known for being married and divorced five times.
그녀는 또한 5번의 결혼과 이혼을 한 것으로 알려져 있습니다.

Her family said that her funeral service will be held sometime next week at the Forest Hills Cemetery, Los Angeles.
그녀의 가족들은 장례식이 다음주 L.A.에 있는 Forest Hills 추모 공원에서 열릴 것이라고 말했습니다.

💠 참고 어휘 obituary 부고 기사 | at the age of ~의 나이에 | release 발표하다 | pass away 죽다 | illness 질병 | play a leading role 주연을 맡다 | be known for ~으로 유명하다, ~으로 알려져 있다 | retirement 은퇴 | star in ~에서 주연을 맡다 | be married 결혼하다 | be divorced 이혼하다 | funeral service 장례식 | be held 열리다, 개최되다

🥤 오늘의 꿀팁!

유용하게 쓰이는 관계대명사 **that**

that은 주격이나 목적격으로, 꾸밈을 받는 명사가 사람인지 사물인지에 관계없이 사용할 수 있는 관계대명사예요. 어떤 관계 대명사를 써야 할지 헷갈릴 때 that을 잘 활용하면 아주 편리하답니다.

☐ The woman **that [who]** lives next door is a pharmacist. 옆집에 사는 여자는 약사이다. (주격)

☐ Have you met the teacher (**that [who]**) I was talking about? 내가 얘기했던 선생님 만나 봤니? (목적격)

☐ Is this the smart watch (**that [which]**) you've always wanted to get?
이것이 네가 늘 갖고 싶어했던 스마트워치니? (목적격)

Day 29

관계대명사 whose vs. what

아래 우리말 문장은 관계대명사를 써서 나타낼 수 있습니다.
어떻게 영작할지 생각해 보세요.

Point 1 그곳은 수하물을 분실한 승객을 위한 줄입니다.

Point 2 이것이 바로 내가 오랫동안 원하던 것이야.

꿈 같은 휴식, 이것이 바로 내가 원하던 것이야.

몸풀기
영작 연습

우리말에 맞는 영어 표현을 골라보세요.

1 여기는 뉴욕으로 가는 승객을 위한 줄입니다.
   This is a line (**whose** / **who**) destination is New York.

2 이것이 내가 찾던 것이야.
   This is (**what** / **that**) I was looking for.

Point 1   관계대명사 whose

It's a line for passengers whose luggage is missing.

passengers를 꾸미면서 '승객들의 수하물'이라는 '소유의 관계'를 나타내야 하므로 소유격 관계대명사인 whose가 필요한 문장이에요.

whose를 이용한 관계대명사 문장을 더 살펴 봅시다.

이곳은 모국어가 영어가 아닌 사람들을 위한 곳입니다.

This is a place for people whose first language is not English.

위 문장의 밑줄 친 부분을 아래 표현들로 바꾸어 말해 보세요. 필요한 경우 형태를 바꾸세요.

- ☐ mother is not around 엄마가 근처에 없다
- ☐ health is not good 건강이 좋지 않다
- ☐ house needs fixing 집수리가 필요하다
- ☐ financial situation is not stable 재정 상태가 좋지 않다
- ☐ interest is in stocks 주식에 관심이 있다
- ☐ nationality is Korean 국적이 한국이다

Point 2   관계대명사 what

This is just what I have wanted for a long time.

'~하는 것'이라는 의미로 명사를 포함한 관계대명사인 what을 써야 하는 문장이에요. 관계대명사 what은 선행사를 포함하고 있기 때문에 바로 앞에 꾸며주는 명사가 존재하지 않아요.

what을 이용한 관계대명사 문장을 더 살펴 봅시다.

이곳이 내가 찾던 곳이야.

This is what I have been looking for.

위 문장의 밑줄 친 부분을 아래 표현들로 바꾸어 말해 보세요. 필요한 경우 형태를 바꾸세요.

- ☐ happened yesterday 어제 일어났다
- ☐ everyone is talking about 모두가 이야기한다
- ☐ was discussed at the meeting 회의에서 논의되었다
- ☐ they wanted to have for lunch 점심으로 그들이 먹고 싶어했다
- ☐ the paper says 신문에 나와 있다
- ☐ I am trying to say 내가 말하려고 한다

영작 문법 파헤치기

A 관계대명사 whose

앞서 배운 대로 관계대명사는 보통 두 문장을 하나로 이어주면서 대명사 역할을 하기 때문에 관계대명사라고 불려요. 소유격 대명사를 대신하는 관계대명사는 소유격 관계대명사라 부르는데, 사람이나 사물에 관계 없이 소유격 관계대명사로는 whose를 써요.

- I met a girl. <u>And her</u> dream is to go to Mt. Everest.
  나는 한 소녀를 만났다. 그리고 그녀의 꿈은 에베레스트 산에 가는 것이다.
  → I met a girl <u>whose dream is to go to Mt. Everest</u>.
  나는 에베레스트 산에 가는 것이 꿈인 한 소녀를 만났다.
  (소유격 관계대명사 whose가 her를 대신함)

- I have a friend <u>whose mother writes fantasy novels</u>.
  나에게는 판타지 소설을 쓰는 엄마를 둔 친구가 있다.

- I would like to work for an organization <u>whose mission is to protect the environment</u>.
  나는 환경 보호가 주임무인 단체에서 일하고 싶다.

연습문제 다음 우리말에 맞게 빈칸에 들어갈 말을 써 보세요.

1 영어 실력이 훌륭한 사람을 추천해 줄 수 있나요?

   Can you recommend a guy _____ is excellent?

2 나는 나와 함께 학교를 다닌 사람의 언니를 만났다.

   I met someone _____ I went to school with.

3 하는 일이 사업체 경영인 사람이 여기에 있나요? (job)

   Is there anybody here _____ is to run a business?

4 나의 사촌은 제3세계의 사람들을 돕는 것이 목표인 단체에서 일하고 있다. (group, goal)

   My cousin is working for a _____ is to help people in the third world.

5 이 학교는 모국어가 한국어가 아닌 어린이들을 위한 곳이다. (first language)

   This school is for _____ is not Korean.

6 Sarah는 전 세계를 여행하는 것이 꿈인 소녀이다. (dream)

   Sarah is a _____ is to travel all around the world.

✅ 참고 어휘   recommend 추천하다 | run a business 사업을 하다, 사업체를 운영하다 | first language 모국어 | travel all around the world 전 세계를 여행하다

B 관계대명사 what

관계대명사 중 명사를 포함하는 관계대명사가 바로 what이에요. 관계대명사 what은 '~하는 것'으로 해석하고, the thing(s) that 등으로 바꾸어 쓸 수 있어요. 관계대명사 what은 이미 선행사를 포함하고 있기 때문에 what 앞에는 별도의 명사가 오지 않는다는 점에 주의하세요.

- I don't understand **what** you are trying to say. 나는 네가 하려는 말을 이해할 수가 없어.

  = I don't understand the things that you are trying to say.

- **What** he said is not true. 그가 말한 (모든) 것은 사실이 아니다.

  = Everything that he said is not true.

관계대명사 what이 이끄는 절은 주어 자리에 쓰일 수도 있고 목적어 자리에 쓰일 수도 있어요.

- What is being discussed here should be kept a secret.

  여기에서 논의되고 있는 것들은 모두 비밀에 부쳐야 한다.

  (what이 이끄는 관계대명사절이 문장의 주어 역할을 함)

- They would like to share what they decided at the meeting.

  그들은 회의에서 결정한 사항들을 공유하고 싶어 한다.

  (what이 이끄는 관계대명사절이 동사의 목적어 역할을 함)

연습 문제 다음 우리말에 맞게 빈칸에 들어갈 말을 써 보세요.

1 그들이 한 말을 들었나요?

Did you hear _____?

2 내가 너를 위해 할 수 있는 일을 할게.

I will do _____ for you.

3 어제 있었던 일은 모두 내 잘못이다. (happen)

_____ is all my fault.

4 아무도 그가 한 말을 믿지 않는다.

Nobody believes _____.

5 내가 하려고 하는 말은 이것들 모두가 중요하지 않다는 것이다. (try to say)

_____ is that none

of this matters.

6 여기에서 중요한 것은 아무도 프로젝트에 신경을 쓰지 않는다는 점이다. (important)

_____ is that nobody cares about the

project.

참고 어휘   try to ~하려고 애쓰다 | matter 중요하다

영작 훈련하기

A 다음 주어진 단어를 바르게 배열하여 문장을 완성하세요. 필요한 경우 동사의 형태를 바꾸세요.

1 내 말이 그 말이다. (I mean / what / be / that)

....

2 나는 당신이 방금 말한 것에 동의할 수 없다. (what / I / you / can't agree with / just say)

....

3 내게 지금 필요한 것은 밤에 잘 자는 것이다. (a good night's sleep / I need / what / be / at the moment)

....

4 내가 해변에서 했던 일은 쓰레기를 모두 치운 것이다. (at the beach / I do / to clean up all the trash / what / be)

....

5 그것이 내가 그 사건에 대해서 들은 바이다. (I was told / what / that / be / about the incident)

....

✅ 참고 어휘 **mean** 의도하다, 의미하다 | **a good night's sleep** 숙면, 밤에 잘 자는 것 | **at the moment** 지금 | **trash** 쓰레기 | **incident** 사건

B 다음 ( ) 안에 주어진 말을 이용하여 다음 문장을 영작하세요.

1 이것이 오늘 일어난 일이에요. (here, happen)

....

2 미안하지만 나는 당신이 원하는 것을 줄 수 없다. (can't give, want)

....

3 내가 이전 회사에서 했던 일은 마케팅 계획을 수립하는 것이었다. (at my previous company, set up, marketing plans)

....

4 저 사람들이 먹고 있는 것으로 주문할게요. (will order, have)

....

5 책에 쓰여있는 것이 가끔은 틀릴 수도 있다. (say, can be wrong)

....

✅ 참고 어휘 **set up** 계획 등을 세우다, 수립하다

다음의 공항 안내 메시지를 읽고, 빈칸에 알맞은 문장을 영작하여 지문을 완성하세요.

Airport notice: Updated Flight Information

공항 공지: 항공 정보 업데이트

Flights leaving the Scotland International Airport are slowly resuming after this morning's disruption.

오늘 오전에 중단되었던, 스코틀랜드 국제 공항을 출발하는 비행편이 점차적으로 재개될 예정입니다.

❶ _____ was a malfunctioning radar in the air traffic control center.

이 상황을 초래한 것은 공항 관제탑의 레이더 고장이었습니다.

However, the machine that broke down is now working again.

하지만 고장 났던 기기가 현재 다시 작동 중입니다.

The delay of flights departing from SIA has caused a backlog of flights and will take a few hours to resolve.

스코틀랜드 국제 공항을 출발하는 비행편들이 지연됨에 따라 다른 비행편들도 지연되고 있고, 이 상황을 해결하기까지 몇 시간이 소요될 예정입니다.

Therefore, it is advised for ❷ _____, should contact customer service for more information.

따라서 비행편이 지연된 승객들께서 추가 정보를 얻고자 하시는 경우에는 고객 서비스센터로 문의하시기 바랍니다.

On behalf of the Scotland International Airport, we sincerely apologize for any inconvenience caused.

스코틀랜드 국제 공항을 대표하여 불편함을 끼쳐드린 것에 대해 진심으로 사과를 드립니다.

🔵 참고 어휘 notice 공지 | updated 업데이트된 | resume 재개하다 | disruption 중단, 혼란 | malfunctioning 작동이 제대로 되지 않는, 고장 난 | beak down 고장 나다 | delay 연기, 지연 | depart 출발하다 | backlog 지연, 밀린 일 | resolve 해결하다 | on behalf of ~을 대신하여 | apologize for ~에 대해 사과하다 | inconvenience 불편

🥤 오늘의 꿀팁 !

동사 say(말하다)의 특별한 의미

'~이라고 쓰여 있다'는 표현을 하기 위해 be written과 같은 수동태를 쓰려는 경우가 간혹 있는데요, 이때 자연스럽지 못한 문장이 만들어 지는 경우가 많아요. 이 경우 be written 대신 '말하다'라는 의미의 동사 say를 써 보세요. say는 '~이라고 쓰여 있다'는 의미로 자주 쓰인답니다.

☐ It **says** right here that today's special is only $9.99. 여기에 오늘의 특별 메뉴가 단 $9.99라고 쓰여 있다.

☐ The box **says** that this game is for people 12 and up. 박스에 이 게임은 12세 이용가라고 쓰여 있다.

☐ Sometimes I cannot trust what a book **says**. 때때로 나는 책에 쓰여진 내용을 신뢰할 수가 없다.

A 다음 우리말에 맞게 빈칸에 알맞은 말을 선택하여 문장을 완성하세요.

1 우리는 영어와 중국어에 능통한 사람을 찾고 있다.

We are looking for someone _____ is fluent in English and
Chinese.

☐ who
☐ whom

2 나는 책가방을 분실한 한 학생을 만났다.

I met a student _____ bag is missing.

☐ what
☐ whose

3 지금 너와 같은 반에 있는 그 학생은 내 친구야.

The student _____ you are in the same class with is my friend.

☐ who
☐ which

4 이것이 바로 내가 찾던 것이다.

This is exactly _____ I have been looking for.

☐ that
☐ what

5 우리 옆집에 사는 남자는 유명한 배우이다.

The man _____ lives next door is a famous actor.

☐ who
☐ whom

6 유기농 식품을 파는 매장은 다음 블록에 있어.

The store _____ sells organic foods is located on the next
block.

☐ that
☐ what

7 나는 이 드레스랑 어울리는 샌들을 사고 싶어.

I would like to get some sandals _____ go well with this dress.

☐ which
☐ what

8 며칠 전 내가 읽은 책은 말도 안 되는 이야기로 가득 차 있다.

The book _____ I read a couple of days ago is full of nonsense.

☐ that
☐ who

관계대명사

B 다음 ( ) 안에 들어 있는 말을 이용하여 주어진 문장을 영작하세요.

1 이것이 내가 얘기 했던 책이야. (talk about)

2 네가 나를 위해 해 줄 수 있는 건 없어. (nothing, do for me)

3 이 수업은 모국어가 영어가 아닌 학생들을 위한 것입니다. (first language, this class)

4 네가 추천해 주었던 식당에 갔었어. (the restaurant, you recommend)

5 당신이 관심을 가지고 있는 책은 지금 없다. (interested in, available)

6 요리를 배우는 것은 내가 오랫동안 원했던 것이야. (learning to cook, have wanted)

7 네가 날 위해 해 준 일은 내게 정말로 엄청난 의미가 있어. (mean the world to me)

8 당신이 가리키고 있던 차는 내 것이었다. (belong to me, point at)

Day 30

시간 전치사 vs. 장소 전치사

아래 우리말 문장은 각각 시간과 장소에 관한 내용을 표현하고 있습니다.
어떻게 영작할지 생각해 보세요.

Point 1   우리는 2월에 이사를 할 거예요.

2월에 이사하려면
1월부터 짐 싸느라
정신없을 거야.

Point 2   우리는 큰 도시에 살고 있어요.

나는 뉴욕에 살아. 뉴욕은
정말 근사한 도시야.

**몸풀기
영작 연습**

우리말에 맞는 영어 표현을 골라보세요.

1   그는 남미에 있는 한 나라를 방문했어요.
    He visited a country (**on / in**) South America.

2   저는 1월 12일에 병원 예약이 있어요.
    I have a doctor's appointment (**at / on**) January 12.

Point 1   시간 전치사

We are moving in February.

'2월에'라는 의미의 시간을 나타내는 표현은 적절할 전치사를 이용해 나타낼 수 있어요. 연도, 월, 계절을 나타낼 때에는 전치사 in을 쓰고, 요일이나 날짜에는 on을, 시각을 나타낼 때에는 at을 써야 해요.

시간을 나타내는 표현을 포함한 문장을 더 살펴봅시다.

자정에 불꽃놀이가 있을 거예요.
There will be fireworks <u>at midnight</u>.

위 문장의 밑줄 친 부분을 아래 표현들로 바꾸어 말해 보세요. 필요한 경우 형태를 바꾸세요.

- ☐ on New Year's Eve 새해 전날 밤에
- ☐ at 9 o'clock 9시에
- ☐ in December 12월에

- ☐ at night 밤에
- ☐ on Saturday 토요일에
- ☐ on the Fourth of July 7월 4일(미국 독립기념일)에

Point 2   장소 전치사

We live in a big city.

'큰 도시에'라는 장소를 나타낼 때에는 알맞은 장소 전치사를 사용해야 해요. 가장 흔히 사용하는 전치사로 at, on, in을 들 수 있는데, 대체로 넓은 장소나 내부에 있는 사물을 나타낼 때에는 in(~안에)을, 표면이나 위에 있는 것에는 on(~위에)을, 특정 지점을 설명할 때에는 at(~에)을 사용해요.

장소를 나타내는 표현을 포함한 문장을 더 살펴봅시다.

나는 <u>그의 손 위에</u> 있는 테니스 공을 봤어요.
I saw a tennis ball <u>on his hand</u>.

위 문장의 밑줄 친 부분을 아래 표현들로 바꾸어 말해 보세요. 필요한 경우 형태를 바꾸세요.

- ☐ in the box 상자 안에
- ☐ at the street corner 길 모퉁이에
- ☐ in your classroom 당신 교실 안에

- ☐ on the ground 땅 위에
- ☐ in her car 그녀의 자동차 안에
- ☐ at the top of the hill 언덕 꼭대기 위에

영작 문법 파헤치기

A 시간 전치사 on Sunday / at noon...

가장 흔하게 사용되는 시간 전치사로 at, on, in이 있어요. at은 시각, on은 요일과 날짜, in은 연도, 계절, 월, 그리고 하루 중의 일부 시간을 나타낼 때 쓰여요.

- My mom wants me to go to bed **at** 10:00. 우리 엄마는 내가 10시에 자러 가기를 원한다.
- Amanda has an important meeting **on** April 1. Amanda는 4월 1일에 중요한 회의가 있다.
- We can hear birds singing **in** the early morning. 우리는 이른 아침에 새 노래 소리를 들을 수 있다.

이 밖에 시간을 나타내는 주요 전치사로 before(~ 전에), after(~ 후에), in(~ 후에), within(~ 이내에), from(~부터), to(~까지), for(~ 동안), during(~ 동안), until(~까지), by(~까지) 등을 들 수 있어요.

- We didn't have time to talk **before** class. 우리는 수업 전에 이야기할 시간이 없었다.
- The movie starts **in** 30 minutes. 영화가 30분 후에 시작한다.
- What happened **after** the accident? 사고 후에 무슨 일이 있었니?

연습문제 다음 우리말에 맞게 빈칸에 들어갈 말을 써 보세요.

1 새로운 학년이 3월에 시작한다.

   The new school year begins _____ _____.

2 알람 시계가 정오에 울렸다.

   The alarm clock rang _____ _____.

3 우리는 이번 주 금요일 전에 주문을 해야 한다.

   We have to place an order _____ _____.

4 당신은 파티 후에 현수막을 걷어야 한다.

   You should remove the banner _____.

5 모든 것이 3시간 이내에 준비되어야 한다.

   Everything must be ready _____.

6 나는 생일에 많은 선물을 받는다.

   I get a lot of presents _____.

7 당신은 마감 시간까지 리포트를 제출해야 한다. (deadline)

   You have to submit your report _____.

---

❷ 참고 어휘　school year 학년 | alarm clock 알람 시계 | place an order 주문하다 | remove 제거하다 | banner 현수막 | be ready 준비되다 | a lot of 많은 | submit 제출하다 | deadline 데드라인, 기한

B 장소 전치사 in Korea / on the wall...

at, on, in은 장소 전치사로도 많이 사용되어요. at은 '~에'라는 뜻으로 특정 지점과 함께 쓰이고, on은 표면 등과 접촉해 있는 상태의 '~위에'라는 의미를 나타내요. 그리고 in은 '~안에'라는 뜻으로 어떤 대상이 내부에 있음을 표현해요.

- There is a gift shop **at** the corner of the street. 그 길 모퉁이에 선물 가게가 있다.
- My father found some scratches **on** the car. 아버지께서 차에 흠집들이 있는 걸 발견하셨다.
- The old clothes are stored **in** the basement. 낡은 옷들은 지하실에 보관되어 있다.

기타 장소 전치사로는 between(~ 사이에), over(~ 위에), under(~ 아래에), from(~부터), to(~까지), next to(~ 옆에), by(~ 옆에), near(~ 가까이에), in front of(~ 앞에), behind(~ 뒤에) 등이 있어요.

- We would like to live **near** the lake. 우리는 호수 근처에서 살고 싶다.
- Mr. Phillips is **from** Australia. Phillips 씨는 호주에서 왔다.
- Who is that girl **between** Tom and Jonathan? Tom과 Jonathan 사이에 있는 소녀는 누구니?
- I love the lyrics "Somewhere **over** the rainbow, bluebirds fly."
  나는 "무지개 너머 어딘가에 파랑새는 날아다니고"라는 가사를 매우 좋아한다.

연습문제 다음 우리말에 맞게 빈칸에 들어갈 말을 써 보세요.

1 그 소년은 담요 밑에 숨어 있다. (blanket)

   The boy is hiding _____ .

2 Baker 씨가 버스 정거장에서 기다리고 있었다.

   Ms. Baker was waiting _____ .

3 그 강 위에 오래된 다리가 하나 있다.

   There is an old bridge _____ .

4 박물관 안에서는 카메라가 허용되지 않는다. (museum)

   No cameras are allowed _____ .

5 우리는 천장에 풍선을 붙일 것이다. (ceiling)

   We will stick some balloons _____ .

6 당신 집 앞에 있는 저 표지판은 무엇인가요?

   What is that sign _____ ?

7 나는 역 근처에 있는 집이 마음에 들지 않았다.

   I didn't like the house _____ .

⊙ 참고 어휘 hide 숨다 | blanket 담요 | bus stop 버스 정거장 | bridge 다리 | stick 붙이다 | balloon 풍선 | sign 표지, 표지판

영작 훈련하기

A 다음 주어진 단어를 바르게 배열하여 문장을 완성하세요. 필요한 경우 동사의 형태를 바꾸세요.

1 우리는 6월 6일에 학교에 가지 않는다. (June 6 / to school / on / go / not / we)

   ....

2 그는 카펫 아래에서 동전을 찾았다. (the carpet / find / he / under / a coin)

   ....

3 그 은행 옆에 자동판매기가 있니? (next to / be / there / the bank / a vending machine)

   ....

4 선생님께서 주말 전에 우리에게 숙제를 조금 내 주셨다. (give us / the weekend / the teacher / before / some homework)

   ....

5 감독관이 두 의자 사이에 서 있다. (be / standing / the supervisor / the two chairs / between)

   ....

❷ 참고어휘 find 찾다 | coin 동전 | next to ～ 옆에 | vending machine 자동판매기 | weekend 주말 | supervisor 감독관

B 다음 ( ) 안에 주어진 말을 이용하여 다음 문장을 영작하세요.

1 그의 인터뷰는 2시간 동안 지속되었다. (last)

   ....

2 아파트 건물 뒤에 놀이터가 있다. (playground, apartment building)

   ....

3 그녀는 그 일을 10분 이내에 마칠 수 있다. (complete, task)

   ....

4 우리는 보통 저녁에 산책을 한다. (take a walk)

   ....

5 Jennifer는 탁자 위에 커피잔 네 개를 놓았다. (place, four coffee cups)

   ....

❷ 참고어휘 last 지속되다 | playground 놀이터 | complete 마치다, 완료하다 | task 작업, 임무 | take a walk 산책하다 | place 놓다

다음 이메일을 읽고, 빈칸에 알맞은 문장을 영작하여 지문을 완성하세요.

New message _ ×

To mpalmer@tmail.com

Subject Reservation

Dear Mr. Palmer,
Palmer 씨께,

I am confirming your room reservation on Monday, the 18th of February.
2월 18일 월요일 객실 예약을 확인 드리고자 합니다.

❶ _____ .
귀하께서는 오후 3시에 체크인을 하실 수 있을 것입니다.

If you wish to arrive in the morning, then you can leave your suitcase at reception.
오전에 도착하고자 하신다면, 프런트에 짐을 맡기실 수 있습니다.

❷ _____ .
주차장은 지하에 있습니다.

Thank you again for choosing Bilton Four-Star Hotel for your stay in London!
런던 체류에 Bilton Four-Star 호텔을 선택해 주신 점에 대해 다시 한번 감사를 드립니다!

Yours sincerely,
The reception team

Send

◎ 참고 어휘 **confirm** 확인하다, 확정하다 | **will be able to** ~할 수 있을 것이다 | **check in** 체크인하다, 투숙 수속을 밟다 | **leave** 맡기다, 남기다 | **reception** (호텔의) 접수처, 프런트 | **parking lot** 주차장 | **basement** 지하 | **choose** 선택하다

오늘의 꿀팁!

우리말이 같아서 혼동하기 쉬운 for vs. during

for과 during은 둘 다 '~ 동안'이라는 뜻을 나타내지만, for은 지속 시간을 설명하는 how long에 대한 개념인 반면, during은 발생 시점, 즉 when과 관련된 개념입니다. 이처럼 전치사들 중에는 우리말로 같은 뜻이지만 구별해서 써야 하는 것들이 있습니다.

She studied English **for 30 minutes**.
(지속 시간) 30분 동안
그녀는 30분 동안 영어 공부를 했다.

She studied English **during her vacation**.
(발생 시점) 방학 동안
그녀는 방학 동안 영어 공부를 했다.

비교 ~까지: until (동작의 이어짐) / by (마감 기한)   ~ 위에: on (접촉해 있는 표면) / over (떨어져 있는 위)

Day 31

기타 전치사 1 vs. 기타 전치사 2

아래 우리말 문장에는 각각 도구와 행위자를 나타내는 표현이 포함되어 있습니다.
어떻게 영작할지 생각해 보세요.

Point 1   그 문은 열쇠로 열렸어요.

이 문을 열려면 열쇠가 필요해.

Point 2   그 문은 경비원에 의해 열렸어요.

무슨 소리가 난 것 같으니 문을 열고 확인해 봐야겠군.

몸풀기 영작 연습   우리말에 맞는 영어 표현을 골라보세요.

1 그는 팩스로 본인의 정보를 보냈어요.   He sent his information (with / by) fax.
2 그녀는 가위로 리본을 잘랐어요.   She cut the ribbon (with / by) scissors.

Point 1   기타 전치사 1

The door was opened with a key.

'열쇠로 문을 열다'에서 '열쇠로'라는 표현은 전치사 with를 써서 나타낼 수 있어요. 열쇠를 도구로 사용한다는 의미이기 때문에 도구를 나타내는 전치사 with를 써야 해요. 이때의 with는 '~으로', '~을 이용하여'라는 의미예요.

도구를 나타내는 문장을 더 살펴봅시다.

Julia는 펜으로 시를 쓸 거예요.

Julia is going to <u>write a poem with a pen</u>.

위 문장의 밑줄 친 부분을 아래 표현들로 바꾸어 말해 보세요. 필요한 경우 형태를 바꾸세요.

☐ play a song with her guitar 기타로 곡을 연주하다 ☐ make a duck with clay 찰흙으로 오리를 만들다
☐ draw with a pencil 연필로 그림을 그리다   ☐ wash her hands with soap 비누로 손을 씻다
☐ cover the piano with a blanket 담요로 피아노를 덮다
☐ decorate the cake with flowers 꽃으로 케이크를 장식하다

Point 2   기타 전치사 2

The door was opened by a security guard.

전치사 by는 '~에 의해'라는 뜻으로 동작의 주체, 즉 행위자를 나타낼 때 사용되는데, 수동태 표현에서 자주 볼 수 있어요. '~으로'라는 의미로 수단이나 방법을 나타낼 때에도 by를 써요.

수단, 방법, 행위자를 나타내는 문장을 더 살펴봅시다.

그 책은 우편으로 보내질 거예요.

The book will <u>be sent by mail</u>.

위 문장의 밑줄 친 부분을 아래 표현들로 바꾸어 말해 보세요. 필요한 경우 형태를 바꾸세요.

☐ be written by the author 그 작가에 의해 쓰여지다 ☐ arrive by express mail 특급 우편으로 도착하다
☐ be read by many people 많은 이들에 의해 읽히다 ☐ be purchased by cash 현금으로 구입되다
☐ be reviewed by the editor 편집자에 의해 검토되다
☐ be sold by a salesperson 영업 사원에 의해 판매되다

영작 문법 파헤치기

A 기타 전치사 1 with a pen / through the tunnel…

전치사 with는 '함께'라는 뜻 이외에도 '~으로', '~을 가지고'라는 도구의 의미로도, 그리고 '~으로', '~ 때문에'라는 이유의 의미로도 쓰여요. without은 '~ 없이'라는 뜻이에요.

- He wiped the old piano **with** a soft cloth. 그는 낡은 피아노를 부드러운 천으로 닦았다.
- The listeners became speechless **with** surprise. 청취자들은 놀라움으로 할 말을 잃었다.
- The musical continued **without** intermission. 그 뮤지컬은 휴식 시간 없이 계속되었다.

기타 주요 전치사로 through(~을 통과하여), into(~ 안으로), out of(~ 밖으로), toward(~을 향해), along(~을 따라), across(~ 건너편으로) 등 방향과 관련된 전치사들이 있어요.

- You should drive **through** the tunnel to get there. 거기에 가려면 운전을 해서 터널을 통과해야 한다.
- They are putting up posters **along** the street. 그들은 길을 따라 포스터를 붙이고 있다.
- The crowd moved **toward** the entrance. 군중들이 입구를 향해 움직였다.

연습문제

다음 우리말에 맞게 빈칸에 들어갈 말을 써 보세요.

1 우리는 이제 극장 안으로 들어가야 한다. (theater)

   We should go _____ now.

2 나는 내 친구와 함께 미술관에 갈 것이다.

   I will go to the gallery _____.

3 그 배우는 문을 향해 걸어갔다.

   The actor walked _____.

4 그들은 노란색 페인트로 캔버스를 칠하고 있다.

   They are coloring the canvas _____.

5 아름다운 노래가 창밖으로 흘러나오고 있었다.

   A beautiful song was coming _____.

6 그녀는 꿈을 이루기 위해 바다 건너편으로 갔다.

   She traveled _____ to achieve her dream.

7 그 축제는 아무런 사고 없이 끝났다.

   The festival has ended _____.

---

❷ 참고 어휘   **theater** 극장, 공연장 | **gallery** 미술관 | **color** 색칠하다 | **canvas** 캔버스, 화폭 | **ocean** 바다 | **achieve** 이루다, 성취하다 | **accident** 사고

B 기타 전치사 2 by bus / about a girl...

전치사 by는 시간이나 장소 이외에도 여러 가지 뜻을 나타낼 때 쓰여요. '~으로'라는 뜻으로 수단이나 방법을 설명하거나, '~에 의해'라는 뜻으로 행위자를 나타낼 수도 있어요.

- The best way to go to the museum is **by** subway. 박물관에 가는 최선의 방법은 지하철로 가는 것이다.
- You can pay **by** credit card. 당신은 신용카드로 지불할 수 있다.
- The symphony was composed **by** Beethoven. 그 교향곡은 베토벤에 의해 작곡되었다.

기타 주요 전치사로 about(~에 대해), for(~을 위해, ~을 향해), of(~의, ~으로 인해, ~으로 만든), except (for)(~을 제외하고) 등이 있어요.

- The instructor talked **about** modern art. 그 강사는 현대 미술에 대해 이야기했다.
- The dance performance was **for** children. 그 댄스 공연은 어린이들을 위한 것이었다.
- The movie director died **of** old age. 그 영화 감독은 노환으로 사망했다.
- I can play every song **except (for)** this one. 나는 이 곡을 제외하고 모든 노래를 연주할 수 있다.

연습 문제

다음 우리말에 맞게 빈칸에 들어갈 말을 써 보세요.

1 기차로 그 도시를 방문하면 좋을 것 같다.

It will be nice to visit the city _____.

2 나를 제외하고 모두가 그림을 다 그렸다.

Everyone finished drawing _____.

3 저에게 이메일로 팸플릿을 보내 주세요.

Please send me the brochure _____.

4 나는 클래식 음악의 열렬한 팬이다. (classical music)

I am a huge fan _____.

5 오늘 콘서트는 우리의 이웃들을 위해 기획되었다.

Today's concert has been planned _____.

6 이 장르는 그 화가에 의해 처음 소개되었다. (artist)

This genre was first introduced _____.

7 그 비평가의 리뷰는 주로 배우들에 대한 것이었다.

The critic's review was mainly _____.

❂ 참고 어휘 finish ~을 마치다 | draw 그리다 | brochure 팸플릿, 소책자 | huge 엄청난, 거대한 | classical music 클래식 음악 | neighbor 이웃 | genre 장르 | critic 비평가, 평론가 | mainly 주로

영작 훈련하기

A 다음 주어진 단어를 바르게 배열하여 문장을 완성하세요. 필요한 경우 동사의 형태를 바꾸세요.

1 이것은 한 가지만 제외하면 완벽한 그림이다. (one thing / this / be / except for / a perfect painting)

---

2 삶과 죽음에 관한 예술 영화를 보자. (let's / life and death / the art film / about / watch)

---

3 프랑크푸르트행 비행기가 곧 출발한다. (Frankfurt / for / be / leaving soon / the flight)

---

4 그 사진 작가는 자신의 카메라로 모든 것을 기록한다. (her camera / record / the photographer / everything / with)

---

5 그는 비상구를 통해 건물을 빠져나갔다. (through / the building / he / the emergency exit / leave)

⊙ 참고 어휘 **painting** 그림 | **art film** 예술 영화 | **flight** 비행기, 항공편 | **record** 기록하다 | **photographer** 사진 작가 | **emergency exit** 비상구

B 다음 ( ) 안에 주어진 말을 이용하여 다음 문장을 영작하세요.

1 지휘자가 청중을 향해 돌아섰다. (conductor, turn, audience)

---

2 무대 위에 있는 저 나무들은 종이로 만들어진 것이다. (stage, be made of)

---

3 그 조각품은 배로 운송될 것이다. (sculpture, be transported)

---

4 우리는 전시실 안으로 걸어 들어갔다. (walk, exhibition room)

---

5 그녀는 내 도움 없이 골동품점을 찾았다. (find, antique shop)

⊙ 참고 어휘 **conductor** 지휘자 | **turn** 돌아서다 | **audience** 청중 | **be made of** ~으로 만들어지다 | **sculpture** 조각품 | **transport** 운송하다, 운반하다 | **exhibition room** 전시실 | **antique shop** 골동품점

다음 도서 리뷰를 읽고, 빈칸에 알맞은 문장을 영작하여 지문을 완성하세요.

Thomas Dylan & the Ghost Adventure,
by A. J. Walker

Thomas Dylan과 고스트 어드벤처, A. J. Walker 저

★ ★ ★ ★ ★
kano**** 2021.03.09

The latest addition to the *Thomas Dylan* series will delight many young readers.
Thomas Dylan 시리즈의 최신작은 많은 어린 독자들에게 기쁨을 안겨줄 것입니다.

❶ _____, and it is about a boy's adventure.
이 책은 A. J. Walker에 의해 쓰여졌고, 한 소년의 모험에 관한 것입니다.

Thomas Dylan is a curious boy who doesn't listen to his parents.
Thomas Dylan은 부모님 말씀을 듣지 않는, 호기심 많은 소년입니다.

One night, sneaking out of bed, ❷ _____.
어느 날 밤 침대에서 몰래 빠져 나와서 그는 애완 동물들과 모험을 떠납니다.

This is an enjoyable book that encourages children to read by themselves.
어린이들이 스스로 책을 읽도록 독려해 주는 재미있는 책입니다.

Highly recommended for the whole family!
가족 모두에게 강력 추천합니다!

Five out of five stars!
별 다섯 만점에 다섯 개입니다!

🔵 참고어휘 adventure 모험 | latest 최신의 | delight 기쁨을 주다 | curious 호기심 많은 | sneak out of ~에서 몰래 빠져나가다 | go on an adventure 모험을 떠나다 | enjoyable 즐거운 | encourage 독려하다 | by oneself 스스로, 혼자서 | recommend 추천하다

🍮 오늘의 꿀팁!

원인에 따라 쓰임이 달라지는 **die of** vs. **die from**

같은 동사라도 from과 of를 구분해서 사용해야 하는 경우가 있습니다. die of는 사망의 원인이 '질병' 등 내부적인 원인일 때 쓰고 die from은 '사고' 등 외부적인 요인일 때 사용합니다.

The old man **died of** cancer.
(병으로) 사망하다
그 노인은 암으로 사망했다.

The old man **died from** a car accident.
(사고로) 사망하다
그 노인은 자동차 사고로 사망했다.

비교 ~으로 만들어진: made of (재료를 알 수 있음 - 물리적 변형) / made from (재료를 알 수 없음 - 화학적 변형)

A 다음 우리말에 맞게 빈칸에 알맞은 말을 선택하여 문장을 완성하세요.

1 이번 행사는 우리 고객들을 위해 준비되었다.

This event has been organized _____.

☐ to our customers
☐ for our customers

2 당신 펜으로 서류에 서명했나요?

Did you sign the paper _____?

☐ by your pen
☐ with your pen

3 나는 길모퉁이에서 신문 가판대를 보았다.

I saw a newspaper stand _____ of the street.

☐ at the corner
☐ in the corner

4 10분 후에 축구 경기가 시작한다.

The soccer game begins _____.

☐ at 10 minutes
☐ in 10 minutes

5 소년이 해변을 따라 자전거를 타고 있다.

The boy is riding a bicycle _____.

☐ along the beach
☐ across the beach

6 모든 신청서는 이메일로 제출되어야 합니다.

All applications must be submitted _____.

☐ by e-mail
☐ with e-mail

7 우리는 주말 동안 프로젝트를 끝낼 것이다.

We will finish the project _____.

☐ for the weekend
☐ during the weekend

8 강 위에 몇몇 나뭇잎들이 떠다니고 있다.

Some leaves are floating _____.

☐ on the river
☐ over the river

전치사

B 다음 ( ) 안에 들어 있는 말을 이용하여 주어진 문장을 영작하세요.

1 그들은 내 도움 없이 퍼즐을 풀었다. (solve, puzzle)

_____

2 두 나무 사이에 벤치가 하나 있다. (bench)

_____

3 경비원이 앞문을 통해 들어왔다. (enter, front door)

_____

4 Julie는 내가 그녀에게 오늘밤 8시에 전화하기를 원한다.

_____

5 그는 팸플릿을 특급 우편으로 보내지 않았다. (brochure)

_____

6 회의실에 있는 탁자는 나무로 만들어져 있다. (meeting room, wood)

_____

7 당신은 납부 기한까지 세금을 내야 한다. (pay, due date)

_____

8 Michael이 건물 앞에서 그녀를 기다리고 있었다. (wait for)

_____

Day 32

명사절 접속사 that vs. what

아래 우리말 문장은 모두 자신이 어떤 것을 믿는지를 자세히 설명하고 있습니다.
어떻게 영작할지 생각해 보세요.

Point 1   저는 그녀가 제게 진실을 말했다는 것을 믿어요.

저는 진실만을 말할 것을 맹세합니다.

Point 2   저는 그녀가 제게 말한 것을 믿어요.

어머나, 그 소문이 사실이었구나!

몸풀기
영작 연습

우리말에 맞는 영어 표현을 골라보세요.

1 그는 그녀가 러시아에서 왔다고 들었어요.
   He heard (**that** / **what**) she was from Russia.
2 우리는 그들이 원하는 것을 기억해요.
   We remember (**that** / **what**) they want.

Point **1**　명사절을 이끄는 접속사 that

I believe that she told me the truth.

'…가 ~한다는 것'을 이라는 표현 안에는 주어와 동사가 포함되어 있음을 알 수 있어요. 이런 형태를 명사절이라고 부르는데, 이런 경우 접속사인 that를 써서 「that + 주어 + 동사」의 구조의 절을 만들 수 있어요.

명사절 접속사 that이 쓰인 문장을 더 살펴봅시다.

나는 Brian이 행운의 사나이라고 생각해요.
I think that Brian is a lucky guy.

위 문장의 밑줄 친 부분을 아래 표현들로 바꾸어 말해 보세요. 필요한 경우 형태를 바꾸세요.

☐ you should be careful 당신이 조심해야 한다 ☐ it was his mistake 그것은 그의 실수였다
☐ she is a nice person 그녀는 좋은 사람이다 ☐ you will be the winner 네가 우승자가 될 것이다
☐ this is more important 이것이 더 중요하다
☐ this game is too expensive 이 게임은 너무 비싸다

Point **2**　명사절을 이끄는 접속사 what

I believe what she told me.

'그녀가 내게 말한 것'은 문장 속에서 목적어 역할을 하는데, 이처럼 what이 이끄는 명사절은 문장 속에서 주어, 목적어, 보어 역할을 할 수 있어요. that과 달리 what 다음에는 불완전한 문장 형태가 이어져요.

명사절 접속사 what이 쓰인 문장을 더 살펴봅시다.

내가 원하는 것은 정말 간단해요.
What I want is really simple.

위 문장의 밑줄 친 부분을 아래 표현들로 바꾸어 말해 보세요. 필요한 경우 형태를 바꾸세요.

☐ she likes 그녀가 좋아하다 ☐ I learned from you 나는 당신에게서 배웠다
☐ it means 그것이 의미하다 ☐ they concluded 그들이 결론을 내렸다
☐ he cares about 그가 신경을 쓰다 ☐ you can do 당신은 할 수 있다

영작 문법 파헤치기

A 명사절 접속사 that that he has a car...

that은 명사절을 이끄는 접속사로 사용될 수 있어요. 「that + 주어 + 동사」의 형태로 쓰인 명사절은 '…가 ~라는 것'이라는 의미를 나타내요.

- Albert admitted **that** it was his fault. Albert는 그것이 자신의 잘못이라는 점을 인정했다.
- I am sure **that** Ms. Wilson will be elected. 나는 Wilson 씨가 당선될 것으로 확신한다.
- The listeners thought **that** he was guilty. 청취자들은 그가 유죄라고 생각했다.

또 다른 명사절 접속사인 if 또는 whether는 '~인지 (아닌지)'라는 뜻으로 that과 마찬가지로 뒤에 '주어 + 동사'의 형태가 쓰여요.

- The manager asked **if** she could find the solution. 매니저는 그녀가 해결책을 찾을 수 있을지 물었다.
- We don't know **whether** it is a good choice. 우리는 그것이 좋은 선택인지 모른다.
- Judy can't decide **whether** she should buy it or not.
  Judy는 그것을 사야 할지 사지 말아야 할지 결정을 할 수 없다.

연습 문제

다음 우리말에 맞게 빈칸에 들어갈 말을 써 보세요.

1 그들은 그녀에게 책임이 있다고 굳게 믿는다.

They strongly believe _____ responsible.

2 Lopez 씨는 그가 그녀의 지갑을 훔쳤는지 확신하지 못한다. (steal)

Ms. Lopez is not sure _____ her wallet.

3 Kyle은 그 답이 맞는지 모른다.

Kyle doesn't know _____ correct.

4 변호사는 그것이 어려운 케이스였다고 언급했다.

The lawyer commented _____ a difficult case.

5 그는 그 사고에 추가 조사가 필요하다고 느낀다. (accident)

He feels _____ further investigation.

6 나는 네가 시험을 통과할지 아닐지 잘 모르겠다. (pass)

I am not sure _____ the test or not.

7 우리는 지금이 협력할 때라는 것에 동의한다.

We agree _____ time to cooperate now.

✔ 참고 어휘 **strongly** 굳게, 강력히 | **responsible** 책임이 있는 | **steal** 훔치다 | **correct** 맞는 | **lawyer** 변호사 | **comment** 언급하다 |
further investigation 추가 조사 | **pass** 통과하다 | **agree** 동의하다 | **cooperate** 협력하다

B 명사절 접속사 what what he has...

명사절을 이끄는 what 뒤에는 불완전한 문장이 이어져요. 이어지는 내용의 주어 또는 목적어가 what
으로 변형되어 '~것'이라는 의미를 나타내요.

- **What** is important is their positive response. 중요한 것은 그들의 긍정적인 반응이다.
- I know **what** you did last summer. 나는 네가 지난 여름에 한 것을 알고 있다.

명사절을 이끄는 접속사로 의문사인 who, what, where, when, why, how가 올 수도 있어요. 각 의문
사의 뜻에 따라 '무엇이 ~하는지', '어디에서 ~하는지', '언제 ~하는지' 등의 의미를 나타내요.

- Can you guess **who** Alice talked to yesterday? Alice가 어제 누구랑 이야기했는지 추측할 수 있겠니?
- They are arguing about **what** caused the economic crisis.
  그들은 무엇이 경제 위기를 야기시켰는지에 대해 논쟁을 하고 있다.
- I told Joe **where** he should go next. 그가 다음에 어디를 가야 할지 내가 Joe에게 말해 주었다.
- We should find out **when** the results come out. 우리는 결과가 언제 나오는지 알아봐야 한다.
- May I ask you **why** you accepted that offer? 당신이 왜 그 제안을 받아들였는지 물어봐도 될까요?

**연습
문제**

다음 우리말에 맞게 빈칸에 들어갈 말을 써 보세요.

1 그들은 그것이 어디에서 일어났는지 잘 모른다.

   They are not sure _____.

2 당신은 소녀에게 그녀가 무엇을 더 좋아하는지 물으면 된다.

   You can ask the girl _____ more.

3 우리는 누가 새 리더가 될 것인지 궁금하다.

   We wonder _____ the new leader _____.

4 그들이 언제 그 실수를 깨달았는지 모르겠다. (realize)

   I don't know _____ the error.

5 그것을 더 나쁘게 만든 것은 그의 거만함이었다.

   _____ worse was his arrogance.

6 내가 그 문제를 어떻게 풀었는지 당신에게 보여주겠다. (solve)

   Let me show you _____ the problem.

7 Phil은 그녀가 왜 화가 났는지 이해하지 못한다.

   Phil doesn't understand _____ angry.

💲 참고 어휘   sure 확신하는 | happen 일어나다 | wonder 궁금하다 | realize 깨닫다 | error 실수, 오타 | worse 더 나쁜 | arrogance
거만함 | solve 풀다, 해결하다

영작 훈련하기

A 다음 주어진 단어를 바르게 배열하여 문장을 완성하세요. 필요한 경우 동사의 형태를 바꾸세요.

1 나의 상사가 나에게 일을 잘 했다고 말했다. (that / I / my boss / do a good job / tell me)

_____

2 그들은 경기 도중 무엇이 잘못되었는지에 대해 토론 중이다. (be / discussing / during the game / what / they / go wrong)

_____

3 그는 Marie가 왜 그렇게 생각하는지 알고 싶어 한다. (why / want to know / Marie / he / think so)

_____

4 손님은 그 제품이 인기가 있는지 물었다. (the product / ask / the customer / be popular / if)

_____

5 우리는 그들이 언제 우승자를 발표한 것인지 기다리고 있다. (they / be / waiting for / we / the winner / when / will announce)

_____

💡 참고어휘 boss 상사 | discuss 토론하다 | go wrong 잘못되다 | product 제품 | customer 손님, 고객 | announce 발표하다

B 다음 ( ) 안에 주어진 말을 이용하여 다음 문장을 영작하세요.

1 내 친구는 가격이 올라갈 것이라고 생각한다. (price, increase)

_____

2 위원회가 누가 옳았는지 결정할 것이다. (committee, decide)

_____

3 당신은 우리가 그 정보를 어디에서 찾을 수 있는지 아나요? (find, information)

_____

4 Judy는 그 출처가 믿을 만한 것인지 확인하는 중이다. (check, source, reliable)

_____

5 내가 크리스마스에 원하는 것은 새 컴퓨터이다. (want, for Christmas)

_____

💡 참고어휘 increase 올라가다, 증가하다 | committee 위원회 | decide 결정하다 | source 출처 | reliable 믿을 만한

다음 경찰 리포트를 읽고, 빈칸에 알맞은 문장을 영작하여 지문을 완성하세요.

POLICE REPORT

Incident report – June 28th
사건 보고서 - 6월 28일

At 7:30 P.M., I arrested a suspect named Charlie Spencer in the area of the robbery on Main Street.
오후 7시 30분, Main 가에 있는 도난 지역에서 Charlie Spencer라는 이름의 용의자를 체포했다.

❶ _____.
몇몇 목격자들이 그가 범죄에 연루되어 있다고 신고했다.

While I was interrogating him, I noticed that he had some of the jewelry from the crime in his pocket.
그를 심문하는 동안, 범죄 현장에서 나온 보석 일부가 그의 주머니에 있다는 것을 알아차렸다.

His explanations were unconvincing, so ❷ _____.
그의 설명은 설득력이 없었고, 나는 그가 말한 것을 믿지 않았다.

Shortly afterwards, the suspect confessed to the crime.
얼마 지나지 않아 용의자는 범죄 사실을 자백했다.

Officer Pearson (Oxford Police Station)

🔖 참고 어휘 incident 사건 | arrest 체포하다 | suspect 용의자 | robbery 도난, 강도 | witness 목격자 | report 신고하다 | be connected to ~와 연관되다 | interrogate 심문하다, 취조하다 | crime 범죄 | unconvincing 설득력이 없는 | shortly afterwards 얼마 지나지 않아, 곧 | confess to ~을 자백하다

🥤 오늘의 꿀팁!

의문사 다음의 어순에 주의해야 하는 who he likes vs. who likes him

명사절 접속사로 쓰이는 의문사 중 who와 what은 주어와 목적어로 모두 쓰일 수 있습니다. Who does he like?라는 의문문을 명사절로 바꾼 것이 who he likes이고 Who likes him?을 명사절로 바꾸면 그대로 who likes him이 됩니다.

I don't know **who he likes**.
     (who - 목적어) 그가 누구를 좋아하는지
나는 그가 누구를 좋아하는지 모른다.

I don't know **who likes him**.
     (who - 주어) 누가 그를 좋아하는지
나는 누가 그를 좋아하는지 모른다.

비교 what I changed (what - 목적어) 내가 무엇을 바꿨는지 / what changed me (what - 주어) 무엇이 나를 바꿨는지

Day 33

시간 및 이유의 부사절 접속사 VS. 조건 및 양보의 부사절 접속사

아래 우리말 문장은 각각 시간과 조건을 나타내는 표현을 포함하고 있습니다.
어떻게 영작할지 생각해 보세요.

Point 1   시간 있을 때, 저한테 전화 주세요.

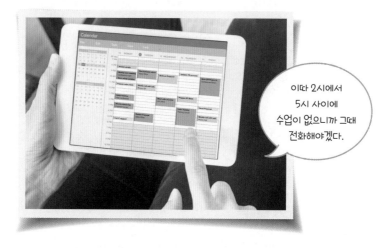

이따 2시에서
5시 사이에
수업이 없으니까 그때
전화해야겠다.

Point 2   시간 있으면, 저한테 전화 주세요.

정말 너무 바빠서
전화할 시간이 있을지
모르겠어.

몸풀기
영작 연습

우리말에 맞는 영어문장을 연결하세요.

1 Carol이 안 바쁘면 당신을 도와줄 거예요.   Carol will help you (**while / unless**) she is busy.

2 제가 없는 동안 Paul이 전화를 받았어요.   Paul answered the phone (**while / unless**) I was away.

Point 1　시간 및 이유를 나타내는 부사절 접속사

When you have time, please call me.

'시간 있을 때'라는 표현은 시간을 나타내는 접속사 when을 이용해서 나타낼 수 있어요.
when 다음에는 주어와 동사가 와야 하는데, 이 문장에서는 우리말로 '당신'이라는 말이 없어도
전화를 달라는 요청을 2인칭인 상대방에게 하고 있기 때문에 부사절에서는 you를 주어로 써요.

시간을 나타내는 접속사가 들어간 문장을 더 살펴봅시다.

한가할 때 그녀는 그녀의 고양이와 논다.

She plays with her cat <u>when she is free</u>.

위 문장의 밑줄 친 부분을 아래 표현들로 바꾸어 말해 보세요. 필요한 경우 형태를 바꾸세요.

- ☐ when she is not busy 바쁘지 않을 때에
- ☐ before she goes to bed 자러 가기 전에
- ☐ until dinner is ready 저녁이 준비될 때까지
- ☐ after she finishes her homework 숙제를 끝낸 후에
- ☐ while her mom is away 엄마가 집을 비운 동안에
- ☐ when it rains outside 밖에 비가 올 때에

Point 2　조건 및 양보를 나타내는 부사절 접속사

If you have time, please call me.

'시간 있으면'이라는 표현은 조건을 나타내는 접속사 if를 써서 표현할 수 있어요. 접속사 다음에는
주어와 동사가 와야 하므로 「if + 주어 + 동사」의 구조가 필요해요. 참고로 이처럼 시간이나 조건
등을 나타내는 부사절에서는 미래가 현재를 대신해요.

조건을 나타내는 접속사가 들어간 문장을 더 살펴봅시다.

그가 정상에 도달한다면 기자가 그를 인터뷰할 것이다.

If he gets to the top, the reporter will interview him.

위 문장의 밑줄 친 부분을 아래 표현들로 바꾸어 말해 보세요. 필요한 경우 형태를 바꾸세요.

- ☐ if he succeeds 그가 성공한다면
- ☐ if the issue becomes serious 문제가 심각해지면
- ☐ unless the date is changed 날짜가 변경되지 않는다면
- ☐ unless the plan is canceled 계획이 취소되지 않는다면
- ☐ if he gets elected 그가 당선된다면
- ☐ as long as he is available 그에게 시간이 있는 한

A 시간 및 이유를 나타내는 부사절 접속사 when you want / because he is busy...

시간을 나타내는 부사절 접속사로는 when(~ 때), while(~ 동안), until(~ 때까지), since(~ 이래로), as(~ 때, ~함에 따라), before(~ 전에), after(~ 후에), as soon as(~하자마자) 등이 있어요.

- They were impressed **when** they visited the rainforest. 그들은 열대 우림을 방문했을 때 감명을 받았다.
- **While** I was driving, I saw a shooting star. 나는 운전하는 동안 별똥별을 봤다.
- My energy bill was lowered **after** I changed all the light bulbs.
  전구를 모두 교체하고 난 후 전기 요금이 줄어들었다.

이유를 나타내는 부사절 접속사에는 because(~ 때문에), as(~ 때문에, ~이므로), since(~ 때문에, ~이므로) 등이 있어요.

- We kept the windows open **because** it was too hot. 너무 더워서 창문을 열어 두었다.
- Our next topic is the environment **since** it is a big issue these days.
  요새 큰 이슈가 되고 있으므로 다음 번 주제는 환경이다.

연습 문제

다음 우리말에 맞게 빈칸에 들어갈 말을 써 보세요.

1 그것을 버리기 전에 두 번 생각해라.

Think twice _____ it away.

2 그는 이를 닦을 때 물을 잠근다.

He turns off the water _____ his teeth.

3 야생 동물을 보호하기 때문에 우리는 그 단체를 지지한다. (protect)

_____ wild animals, we support the organization.

4 그들이 문제를 찾을 때까지 공원은 문을 닫을 것이다.

The park will be closed _____ the problem.

5 쓰레기가 월요일에 수거되기 때문에 나는 오늘밤에 쓰레기를 내놨다. (trash)

I took the garbage out tonight _____ collected on Mondays.

6 그는 어렸을 때부터 태양 에너지에 관심을 가져왔다.

He has been interested in solar energy _____ a child.

7 시장이 연설을 끝내자마자 기자들이 질문을 하기 시작했다. (mayour, finish)

_____ the speech, the reporters started asking questions.

⊘ 참고 어휘 throw away 버리다 | protect 보호하다 | wild animal 야생 동물 | organization 단체, 기구 | solar energy 태양 에너지

B 조건 및 양보를 나타내는 부사절 접속사 *if you win / although it is old...*

조건을 나타내는 부사절 접속사로 if(만약 ~이라면), unless(만약 ~이 아니라면), as long as(~하는 한), in case(~에 대비해서) 등이 있어요.

- Why don't you volunteer **if** you want to help? 네가 돕고 싶으면 자원봉사를 하는 게 어때?
- There is always a way **as long as** you don't give up. 포기하지 않는 한 언제나 방법이 있다.
- I made a checklist **in case** a fire occurs. 불이 났을 때를 대비해서 나는 체크리스트를 만들었다.

양보를 나타내는 부사절 접속사로는 although(비록 ~이지만), even though(비록 ~이지만), even if(비록 ~일지라도) 등이 있어요.

- Don't scratch **even if** you feel itchy. 간지럽더라도 긁지 말아라.
- We were not scared **even though** the storm got stronger. 폭풍이 더 거세졌지만 우리는 두렵지 않았다.
- **Although** the temperature dropped, there were more people on the street.
  기온이 떨어졌지만, 거리에는 더 많은 사람들이 있었다.

연습문제

다음 우리말에 맞게 빈칸에 들어갈 말을 써 보세요.

1 나는 좋은 리뷰를 받았더라도 이 마스크들이 마음에 들지 않는다. (receive)

   I don't like these masks _____ good reviews.

2 우리가 재생용지를 사용하면 돈도 절약할 수 있다.

   _____ recycled paper, we can save money as well.

3 지진이 생기는 경우를 대비해서 준비를 해야 한다.

   You should be prepared _____ an
   earthquake.

4 약을 먹었음에도 불구하고 Emma는 병이 났다.

   _____ the medicine, Emma got sick.

5 우리가 무언가를 하지 않으면 문제는 사라지지 않을 것이다.

   _____ something, the problem won't go away.

6 그는 모자를 쓰더라도 햇볕에 탈지 모른다. (wear)

   He may get a sunburn _____ a hat.

7 그가 동의하는 한 그들은 계획을 바꾸지 않을 것이다.

   They won't change the plan _____
   _____ .

✔ 참고 어휘 recycled paper 재생용지 | as well 또한 | earthquake 지진 | take medicine 약을 먹다 | get a sunburn 햇볕에 타다

영작 훈련하기

A 다음 주어진 단어를 바르게 배열하여 문장을 완성하세요. 필요한 경우 동사의 형태를 바꾸세요.

1 당신이 이 가방을 재사용하면 가게에서 할인을 해 준다. (if / the store / give you / this bag / you reuse / a discount)

   _____

2 전기가 나갔기 때문에 그녀는 초를 찾고 있다. (the power / she / be / looking for / go out / as / some candles)

   _____

3 우리가 여행하는 동안 그 불은 켜져 있었다. (while / the light / we / be / on a trip / be on)

   _____

4 그들이 진다고 할지라도 우리는 그들을 계속해서 응원해야 한다. (we should / them / even if / keep cheering for / they lose)

   _____

5 그는 해가 질 때까지 해변에 앉아 있을 것이다. (the sun / until / he will sit / set / on the beach)

   _____

● 참고 어휘   reuse 재사용하다 | discount 할인 | look for ~을 찾다 | go out (전기 등이) 나가다 | on a trip 여행 중에 | keep -ing 계속 ~하다 | cheer for 응원하다 | set (해가) 지다

B 다음 ( ) 안에 주어진 말을 이용하여 다음 문장을 영작하세요.

1 너는 서두르지 않으면 세미나를 놓치게 될 것이다. (hurry up, miss)

   _____

2 나는 아주 어렸을 때부터 동물들을 사랑해왔다. (love animals)

   _____

3 그는 집에 오자마자 샤워를 했다. (take a shower, come home)

   _____

4 우리가 더 애를 썼음에도 불구하고 공해는 더 심해졌다. (get worse, try harder)

   _____

5 우리는 환경에 대해 신경을 쓰기 때문에 비닐 봉지를 쓰지 않는다. (plastic bags, care about)

   _____

● 참고 어휘   hurry up 서두르다 | miss 놓치다 | take a shower 샤워를 하다 | get worse 악화되다, 더 심해지다 | pollution 공해, 오염 | plastic bag 비닐 봉지 | care about ~에 대해 신경을 쓰다

다음 사내 메일을 읽고, 빈칸에 알맞은 문장을 영작하여 지문을 완성하세요.

New message   ✕

To all@MGTech.com

Subject Guidelines

Dear new employees,
신입사원 여러분,

First of all, I hope you are settling into your new jobs here with us.
먼저, 여러분들이 이곳 새 직장에서 자리를 잘 잡기를 바랍니다.

As an environmental officer, I would like to inform you of a few guidelines.
저는 환경 담당 직원으로서 여러분께 몇 가지 방침에 대해 알려 드리고자 합니다.

▶ ❶ _____, please keep the windows closed.
에어컨이 켜져 있을 때, 창문은 닫은 상태를 유지해 주십시오.

▶ All trash needs to be placed into the four separate recycling bins.
모든 쓰레기는 서로 다른 네 개의 재활용품 수거함에 버려야 합니다.

▶ ❷ _____, please turn off all the lights.
여러분이 사무실에서 늦게 나가야 한다면 모든 불을 꺼 주십시오.

Yours sincerely,
Chris Stewart

≡ A ✐ ⇔ ☺ 🖼 ☆ ♺ 🗑   Send

✅ 참고 어휘 | **first of all** 우선, 가장 먼저 | **settle into** ~에 자리잡다 | **officer** 담당자, 관리 | **inform A of B** A에게 B를 알리다 | **guideline** 지침 | **air conditioner** 에어컨 | **trash** 쓰레기 | **separate** 각각의, 분리된 | **recycling bin** 재활용품 수거함 | **leave** 나가다, 떠나다 | **turn off** ~을 끄다

🥤 오늘의 꿀팁!

뜻을 잘 구별해서 써야 하는 if vs. when

우리말로 '~한다면'을 영어로 표현할 때 반사적으로 if를 사용하기 쉬운데, 상황에 따라 when을 써야 하는 경우가 있습니다. if는 일어나지 않을 수도 있는 일을 가정할 때 쓰고 when은 어쨌든 일어날 일을 언급하는 경우에 사용합니다.

If he comes back, I'll let you know.
(만약에라도) 그가 돌아오면
그가 돌아오면 너에게 알려줄게

When he comes back, I'll let you know.
(오긴 올 텐데) 그가 돌아오면
그가 돌아오면 너에게 알려줄게

비교 **내가 졸업하면:** If I graduate (만약 졸업한다면) / When I graduate (졸업하는 시기가 되면)

Day 34

접속사 vs. 전치사

아래 우리말 문장은 같은 표현을 포함하고 있지만, 각기 다른 품사를 써서 나타내야 합니다.
어떻게 영작할지 생각해 보세요.

Point 1   그는 우리가 수업을 받는 동안에 계속 전화를 확인했어요.

학생들 가르치는 중에
미안하지만 급한 전화가
올 게 있어서.

Point 2   그는 수업 동안 계속 전화를 확인했어요.

수업보다 친구들과의
문자가 더 재미있거든.

몸풀기
영작 연습

우리말에 맞는 영어문장을 연결하세요.

1 Jake는 세일 중이었기 때문에 그 시계를 샀어요.
   Jake bought the watch (**because / because of**) it was on sale.
2 Anne은 비 때문에 밖에 나가지 않았어요.
   Anne didn't go out (**because / because of**) the rain.

Point 1 접속사

He kept checking his phone while we were in class.

'우리가 수업 받는 동안에'를 영어로 표현하려면 '우리가'라는 주어와 '수업을 받다'라는 동사가 모두 필요하다는 점을 알 수 있어요. 따라서 '동안에'라는 뜻을 가진 접속사인 while을 써야 해요.

접속사 다음에 '주어 + 동사'가 들어 있는 형태의 문장을 더 살펴봅시다.

Eddie는 이야기가 지루했기 때문에 잠이 들었어요.

Eddie fell asleep because the story was boring.

위 문장의 밑줄 친 부분을 아래 표현들로 바꾸어 말해 보세요. 필요한 경우 형태를 바꾸세요.

- □ because he was tired 그가 피곤했기 때문에
- □ while I was talking 내가 이야기하는 동안에
- □ although he had a test 시험이 있었음에도 불구하고
- □ even though it was only 8:00 8시밖에 되지 않았음에도 불구하고
- □ since he felt sick 그가 몸이 안 좋았기 때문에
- □ as soon as he came home 그가 집에 오자마자

Point 2 전치사

He kept checking his phone during class.

'수업 동안에'라는 표현에는 '동안에' 앞에 '수업'이라는 명사 혼자만 있다는 점을 알 수 있어요. 따라서 '동안에'라는 뜻을 가진 전치사 for 또는 during 중에 하나를 써야 해요. for는 지속된 시간을 나타낼 때 쓰이는 전치사이므로 이 문장의 경우 during을 쓰는 것이 맞아요.

전치사 다음에 명사가 이어지는 형태의 문장을 더 살펴봅시다.

Betty는 사이즈 때문에 왼쪽 블라우스를 골랐어요.

Betty chose the blouse on the left because of its size.

위 문장의 밑줄 친 부분을 아래 표현들로 바꾸어 말해 보세요. 필요한 경우 형태를 바꾸세요.

- □ because of its color 색깔 때문에
- □ due to many reasons 많은 이유 때문에
- □ because of its design 디자인 때문에
- □ despite its poor quality 좋지 못한 품질에도 불구하고
- □ thanks to my advice 내 조언 덕분에
- □ in spite of its high price 비싼 가격에도 불구하고

영작 문법 파헤치기

A 접속사 because I have a problem...

접속사 다음에는 '주어 + 동사'의 형태가 이어져요.

- I have always wanted to go to this school **since** I moved here.
  여기에 이사 온 이래로 나는 계속 이 학교를 다니고 싶었다.
- You need to collect 50 more points **until** you finish. 너는 마칠 때까지 50점을 더 모아야 한다.
- **When** the bell rang, everyone left immediately. 벨이 울렸을 때, 모두가 그 즉시 나갔다.

비슷한 의미의 전치사와 구분해서 써야 하는 주요 접속사로 while(~ 동안에), because/since/as(~ 때문에), although/even though(~에도 불구하고) 등이 있어요.

- She watched the video **while** she was on the bus. 그녀는 버스를 타고 있는 동안 비디오를 봤다.
- We gave it up **because** the tuition was too high. 등록금이 너무 높아서 우리는 그것을 포기했다.
- **Even though** the school uniform looks nice, it is uncomfortable. 그 교복은 멋져 보이지만 불편하다.

연습문제 다음 우리말에 맞게 빈칸에 들어갈 말을 써 보세요.

1 과외선생님이 필요하면 내가 엄마에게 말할 것이다. (need)

I will tell Mom ＿＿＿＿＿＿＿＿＿＿＿＿＿＿＿＿＿ a tutor.

2 그 소문을 들었을 때 아이들은 놀란 것 같았다.

The kids seemed surprised ＿＿＿＿＿＿＿＿＿＿＿＿＿＿ the rumor.

3 그녀는 버스를 놓쳤음에도 불구하고 수업에 늦지 않았다.

＿＿＿＿＿＿＿＿＿＿＿＿＿＿＿＿＿ the bus, she wasn't late for class.

4 우리는 관심이 있었기 때문에 그들의 웹사이트를 확인했다.

We checked their website ＿＿＿＿＿＿＿＿＿＿＿＿ interested.

5 물리 수업을 받는 도중에 Karen은 메시지를 받았다.

Karen got the message ＿＿＿＿＿＿＿＿＿＿＿＿ in physics class.

6 Tony는 대학을 졸업한 후 해외 여행을 하고 싶어한다. (graduate)

＿＿＿＿＿＿＿＿＿＿＿＿＿＿＿ from college, Tony wants to travel abroad.

7 훌륭한 프로그램임에도 불구하고 '오늘의 이슈'는 인기가 없다.

Today's Issues is not popular ＿＿＿＿＿＿＿＿＿＿＿＿＿＿ a great program.

◆ 참고어휘 tutor 과외교사 | seem ~인 것 같다 | rumor 소문 | miss 놓치다 | be late for ~에 늦다 | physics 물리학 | graduate from ~을 졸업하다 | travel abroad 해외를 여행하다

B 전치사 because of the problem...

전치사 다음에는 명사(구)가 와야 하고, 대명사가 올 때에는 목적격이 쓰여야 해요. as of(~ 부로), instead of(~ 대신에), according to(~에 따르면), thanks to(~ 덕분에)처럼 둘 이상의 단어가 합쳐져 구전치사가 만들어지기도 해요.

■ All of the children gathered **around** him. 모든 아이들이 그의 주변에 모였다.

■ I am thinking **about** joining the club. 나는 그 클럽에 가입하는 것에 대해 생각 중이다.

■ The new rule will be enforced **as of** March 2. 새로운 규칙이 3월 2일 부로 시행될 것이다.

비슷한 의미의 접속사와 구분해서 써야 하는 주요 전치사로는 for/during(~ 동안에), because of/due to(~ 때문에), in spite of/despite(~에도 불구하고) 등이 있어요.

■ Some parents took pictures **during** the school play. 일부 부모들이 학교 연극 중에 사진을 찍었다.

■ The fair was postponed **because of** the bad weather. 박람회는 좋지 않은 날씨 때문에 연기되었다.

■ Peter passed the exam **despite** the fact that he didn't study at all.
Peter는 공부를 전혀 하지 않았다는 사실에도 불구하고 시험에 합격했다.

연습문제 다음 우리말에 맞게 빈칸에 들어갈 말을 써 보세요.

1 Clara는 내 추천 덕분에 승진했다. (recommendation)

Clara got promoted _____.

2 그 임시 교사는 어제 부로 해고되었다.

The substitute teacher was fired _____.

3 Jimmy에 따르면 오늘 특별 수업이 있다.

_____ Jimmy, we have a special class today.

4 그들은 이 주제를 3주 동안 다룰 것이다.

They will cover this subject _____.

5 명성에도 불구하고 Harrison 박사의 강의는 정말 지루했다. (reputation)

Dr. Harrison's lecture was really boring _____.

6 Jasmine은 밖에 나가는 것 대신 집에 있기로 결정했다.

Jasmine decided to stay home _____ out.

7 우리의 응원에도 불구하고 우리 팀이 졌다. (support)

Our team lost _____.

✔ 참고 어휘　**get promoted** 승진하다 | **substitute teacher** 임시 교사 | **cover** 다루다 | **subject** 주제, 과목 | **lecture** 강의 | **reputation** 명성

영작 훈련하기

A 다음 주어진 단어를 바르게 배열하여 문장을 완성하세요. 필요한 경우 동사의 형태를 바꾸세요.

1 그들이 Daniel을 당신 코치로 채용했다. (hire / your coach / Daniel / they / as)

_____

2 학생들은 공사 때문에 체육관을 이용할 수 없다. (due to / students / the gym / can't use / the construction)

_____

3 Sarah는 스키를 타던 도중에 다리가 부러졌다. (she / be / skiing / her leg / break / while / Sarah)

_____

4 화학을 좋아함에도 불구하고 나는 그것을 잘하지 못한다. (I like / I / be / not / chemistry / even though / good at it)

_____

5 우리는 프랑스어 이외에도 스페인어를 배워야 한다. (we / French / have to learn / in addition to / Spanish)

_____

❷ 참고어휘 hire 채용하다 | coach 코치 | gym 체육관 | construction 공사 | break 부러뜨리다 | be good at ~을 잘하다 | in addition to ~에 더하여, ~에 덧붙여

B 다음 ( ) 안에 주어진 말을 이용하여 다음 문장을 영작하세요.

1 그 소녀는 2시간 동안 바이올린을 연습했다. (practice, violin)

_____

2 나는 시간이 없기 때문에 너를 도울 수 없다. (have time)

_____

3 뉴스에 따르면 그가 수학 경시대회에서 우승을 했다. (win, math competition)

_____

4 그녀는 실패했음에도 불구하고 실망하지 않았다. (fail, disappointed)

_____

5 학교들이 폭설 때문에 문을 닫을 것이다. (be closed, snowstorm)

_____

❷ 참고어휘 practice 연습하다 | math competition 수학 경시대회 | disappointed 실망한 | snowstorm 폭설, 눈보라

다음 메모를 읽고, 빈칸에 알맞은 문장을 영작하여 지문을 완성하세요.

The use of phones in class
수업 중의 핸드폰 사용

To all teachers,
모든 교사 여러분,

❶ _____.
학교 방침에도 불구하고 몇몇 학생들이 여전히 자신의 전화를 사용하고 있습니다.

Yesterday morning, I saw several students using their phones in class.
어제 아침 저는 몇몇 학생들이 수업 시간에 전화기를 쓰고 있는 것을 보았습니다.

I need to remind all teachers that the use of phones is strictly banned.
모든 교사분들께 전화기 사용은 엄격히 금지된다는 점을 상기시켜 드립니다.

The use of such technology is a distraction in class.
그와 같은 기기의 사용은 수업에 방해가 됩니다.

Please **❷** _____.
부디 학생들이 공부하고 있는 동안에 학생들을 면밀히 모니터해 주십시오.

Ms. Thornbury (Principal)

🔵 참고 어휘 **subject** 제목 | **school policy** 학교 방침 | **several** 몇몇의, 여럿의 | **remind** 상기시키다, 다시 알려주다 | **strictly banned** 엄격히 금지된 | **technology** 기기, 기술 | **distraction** 집중을 방해하는 것 | **closely monitor** 면밀히 감시하다 | **principal** 교장

🥤 오늘의 꿀팁 !

품사에 따라 의미가 달라지는 접속사 since vs. 전치사 since

since가 접속사로 쓰일 때에는 '~ 때문에' 혹은 '~이래로'라는 뜻을 나타내지만, 전치사로 쓰일 때에는 '~ 부터', '~ 이래'라는 뜻으로 쓰입니다. 이처럼 품사에 따라 의미가 달라지는 단어들은 문맥과 문장 구조에 맞게 주의해서 활용해야 합니다.

Helen went to bed early **since she was tired**.　　　　Janice hasn't eaten anything **since yesterday**.
　　　　　　　　　　(접속사) ~ 때문에　　　　　　　　　　　　　　　　　　　　　　(전치사) ~부터
Helen은 피곤했기 때문에 일찍 자러 갔다.　　　　　　　　Janice는 어제부터 아무것도 먹지 않았다.

비고 **as** (접속사) ~할 때, ~함에 따라, ~때문에, ~이므로 / (전치사) ~으로, ~으로서

A 다음 우리말에 맞게 빈칸에 알맞은 말을 선택하여 문장을 완성하세요.

1 Amy는 수업을 받는 도중에 잠이 들었다.

Amy fell asleep _____ she was in class.

☐ while
☐ during

2 전기가 나갔기 때문에 그들은 아무것도 볼 수 없었다.

They couldn't see anything _____ the power went out.

☐ because
☐ while

3 공연이 취소되지 않는 한, 우리는 갈 것이다.

_____ the show is not canceled, we will go.

☐ As soon as
☐ As long as

4 나는 James가 거짓말을 했다고 확신한다.

I am sure _____ James told a lie.

☐ that
☐ what

5 심한 폭설 때문에 몇몇 도로들의 통행이 차단되었다.

Some roads are closed _____ the heavy snow.

☐ because
☐ due to

6 당신은 지금 출발하지 않으면 늦을 것이다.

_____ you leave now, you will be late.

☐ If
☐ Unless

7 내가 오늘 아침에 왜 화가 났는지 설명해 줄게.

Let me explain _____ I was angry this morning.

☐ that
☐ why

8 그 노인은 크게 성공했음에도 불구하고 불행했다.

The old man was unhappy _____ his huge success.

☐ despite
☐ although

접속사

다음 ( ) 안에 들어 있는 말을 이용하여 주어진 문장을 영작하세요.

1 네 일을 그만두기 전에 다시 생각해라. (quit, job)

....

2 내 조언 덕분에 Tyler는 시험에 통과했다. (pass, test)

....

3 그녀가 좋아하는 것은 정말로 명확하고 간단하다. (clear and simple)

....

4 우리 엄마는 잊을 것을 대비해서 체크리스트를 만들었다. (forget)

....

5 Kelly는 그들이 결정을 내렸는지 모른다. (make a decision)

....

6 이 소파가 불편해 보이기는 하지만, 나는 정말로 그것을 좋아한다. (uncomfortable)

....

7 전문가들이 보고서를 받자마자 보고서를 검토할 것이다. (expert, review)

....

8 신문에 따르면, 사고는 Main 가에서 일어났다. (accident, happen, Main Street)

....

정답

Day 01

현재 vs. 현재진행

몸풀기 영작 연습   p.10

1 Peter (works out / is working out) twice a week.
2 Kelly (works out / is working out) with her friends.

영작 문법 파헤치기   p.12

A

1 I play tennis with my friends on weekends.
2 My brother goes for a swim every morning.
3 She goes cycling very often.
4 Mr. Green doesn't drink much tea.
5 They go to the park every morning and take a walk.
6 Do you often travel to foreign countries?
7 They want to go sightseeing in San Francisco.

B

1 Jin is trying to improve his English skills.
2 Are they waiting for a bus?
3 She is taking a break at the moment.
4 The treadmill is not working properly at the moment.
5 Many people are going camping this summer.
6 They are suffering from jet lag now.
7 Tim is reading a book in the library at the moment.

영작 훈련하기   p.14

A

1 He does not work overtime.
2 The museum opens at 9:00 every day.
3 They are having a special promotion.
4 Some people are taking a break.
5 He is having second thoughts about his plan.

B

1 I usually go to work at 8:00 in the morning.
2 Are they having an argument at the moment?
3 The center offers a variety of classes to residents.
4 We are not talking about the problem.
5 Most of my friends go hiking on the weekend.

실전 영작 따라잡기   p.15

❶ I work out at this gym every weekend
❷ They are having a special offer

Day 02

과거 vs. 과거진행

몸풀기 영작 연습   p.16

1 I (lived / was living) with my friends.
2 I (lived / was living) in New York.

영작 문법 파헤치기   p.18

A

1 All my friends got a B on the exam.
2 I won a scholarship twice last year.
3 Yesterday, I went to the library to study for a final exam.
4 Dr. Brown did not receive his doctor's degree in biotechnology.
5 Did you take an English course last semester?
6 Fortunately, I did not mess up the test this time.
7 Did you have a good time at the class reunion?

B

1 I was sitting in Dr. Kroger's statistics class.
2 I was waiting for a bus when you passed by.
3 My friends were cramming for an exam.
4 The copy machine was not working well.
5 Many people were standing in line to get food.
6 Mom was getting ready for dinner when I got home.
7 My feet were killing me on the way back home from hiking.

영작 훈련하기   p.20

A

1 Jack and I played a tennis match yesterday, and I beat him.
2 I dropped the course because I was so busy last semester.
3 They were not wearing their seatbelts in the car.
4 When you called me, I was taking a final exam.
5 The athlete didn't win a gold medal at the Olympics.

B

1 Jim was looking for a place to stay during his vacation.
2 Did you leave the window open?
3 I was not feeling well yesterday morning.
4 I went to bed before 10:00 last night.
5 Paula didn't go to work last week.

❶ I was living

❷ I was surfing

❸ I fell off

REVIEW TEST
Days 01-02   p.22

A

1 go for a swim
2 is looking for a job
3 don't work overtime
4 was not feeling well
5 went cycling
6 do you get
7 are they having
8 isn't working

B

1 My friends were traveling in Canada last year.
2 I don't drink much coffee.
3 Do you go for a walk in the neighborhood?
4 Tony didn't like living in the countryside.
5 The shopping mall closes at midnight.
6 The store is having a special promotion.
7 I didn't go to work yesterday.
8 Mr. Brown was working on the computer last night.

Day 03
현재완료의 경험 vs. 계속

몸풀기 영작 연습   p.24

1 (Do you ever / **Have you ever**) tried yoga?
2 I (**have always wanted** / always want) to go to Paris.

영작 문법 파헤치기   p.26

A

1 I <u>have</u> <u>never</u> <u>driven</u> a car.
2 I <u>have</u> <u>run</u> two marathons.
3 <u>Have</u> <u>you</u> <u>ever</u> <u>flown</u> in a helicopter?
4 <u>Have</u> <u>you</u> <u>ever</u> <u>gone</u> skydiving?
5 <u>Have</u> <u>you</u> <u>ever</u> <u>met</u> a celebrity in person?

6 Julia <u>has</u> <u>never</u> <u>been</u> late to school or work.

B

1 She <u>has</u> <u>worked</u> at a bank <u>since</u> 2010.
2 I <u>have</u> <u>lived</u> in this town <u>since</u> I was 10 years old.
3 I <u>have</u> <u>not</u> <u>cleaned</u> the room for 3 days.
4 James <u>has</u> <u>not</u> <u>eaten</u> anything <u>since</u> last night.
5 I <u>have</u> <u>wanted</u> to <u>live</u> abroad <u>for</u> a long time.
6 How long <u>have</u> <u>you</u> <u>learned</u> to play the piano?

영작 훈련하기   p.28

A

1 She has lived in Australia for 3 years.
2 Have you ever learned any foreign languages other than English?
3 I have not seen her since I graduated from high school.
4 My aunt has lived in Bangkok all her life.
5 Have you ever visited an old palace at night?

B

1 Have you ever lost your passport during a trip?
2 I have never imagined quitting this job.
3 How long have you learned to swim?
4 Have you lived in this area since you got married?
5 Have you ever hung out with local residents during a vacation?

실전 영작 따라잡기   p.29

❶ Have you ever been to the Maldives

❷ I have been there four times

❸ Have you ever been married

Day 04
현재완료 vs. 단순과거

몸풀기 영작 연습   p.30

1 My family (**went** / have gone) to Seattle last year.
2 I (**haven't seen** / didn't see) her since last Sunday.

영작 문법 파헤치기   p.32

A

1 I <u>have</u> <u>not</u> <u>seen</u> my friends in years.

2 My colleague has worked on the night shift for 3 weeks.

3 Jerry has not been to the gym in months.

4 It has not snowed since last winter.

5 Sam and Sarah have been married for 5 months.

6 Have you been very busy at work?

7 I have not studied English since I graduated from college.

B

1 I had a toothache all last week.

2 I have had a backache since last Friday.

3 The student canceled one of his classes yesterday.

4 He has canceled 3 courses so far this semester.

5 Yesterday, I got a new laptop computer because of my online classes.

6 I have not been single since I was 17 years old.

7 A new bakery opened in the neighborhood the day before yesterday.

영작 훈련하기   p.34

A

1 Jack has not seen his family in years.

2 I got a new SUV last month.

3 She quit her job a year ago despite her family's opposition.

4 My husband and I have lived in Seattle since 2005.

5 They moved to Boston in 2015 to find better jobs.

B

1 I have worked with her for 20 years.

2 She has lived in Vietnam all her life.

3 They decided to adopt a baby last month.

4 He flew to New York without saying goodbye a few days ago.

5 We haven't paid the electricity bill since last summer.

실전 영작 따라잡기   p.35

❶ I've worked in several restaurants

❷ I haven't worked in a kitchen

❸ worked at this restaurant two years ago

REVIEW TEST
Days 03-04   p.36

A

1 have never lived

2 have always wanted

3 were best friends

4 have been best friends

5 Have you ever flown

6 have known

7 did you live

8 broke up

B

1 I got a new car a couple of months ago.

2 How long have you had a headache?

3 I didn't understand what he said yesterday.

4 I have never read any of her novels.

5 You have already had three cups of coffee today.

6 The company has been making big profits for the last [past] 3 years.

7 They haven't seen each other since they were in college.

8 I have worked in this department for 5 years.

Day 05
미래시제 be going to vs. will

몸풀기 영작 연습   p.38

1 I (will / am going to) probably pass this time.

2 I (am going to / will) get a job after graduation.

영작 문법 파헤치기   p.40

A

1 I am going to go to the movies with some friends.

2 That is not going to happen.

3 I am going to have some friends over today.

4 Both of us are going to learn to swim next year.

5 Are you going to pick up the laundry on the way home?

6 She is not going to go to graduate school next semester.

7 I am not going to spend a lot of money on that outfit.

B

1 It is so cold outside. I <u>will</u> <u>grab</u> a warm coat.

2 That bag looks so heavy. I <u>will</u> <u>carry</u> it upstairs for you.

3 I <u>will</u> just <u>have</u> some cookies with hot tea.

4 It is so hot in this room. I <u>will</u> <u>go</u> and <u>turn</u> on the air conditioner.

5 I am not hungry at all. I <u>will</u> probably <u>skip</u> dinner.

6 I <u>will</u> just <u>go</u> and <u>find</u> out what the problem is.

7 We <u>will</u> probably <u>not</u> <u>take</u> the express train.

영작 훈련하기　　　　　　　　p.42

A

1 He is going to leave this country and get a job in another country.

2 I will think about the offer one more time.

3 Are you going to put this flowerpot in the corner?

4 Will you go over the report with me?

5 I am not going to just sit here and take it.

B

1 I am going to stay in Paris for 3 days.

2 I think they will turn down our proposal.

3 I will call her and ask about the assignment.

4 Can you lend me some money? I will pay you back next week.

5 He is not going to turn up at the graduation ceremony.

실전 영작 따라잡기　　　　　　p.43

❶ Chris and I are going to go to the movies

❷ We will see

❸ I'm going to meet

❹ I'll just call my girlfriend

Day 06
예측의 be going to vs. will

몸풀기 영작 연습　　　　　　　p.44

1 It looks like the picture (<u>is going to</u> / will) fall off the wall.

2 I don't think I (<u>will</u> / am going to) pass the exam.

영작 문법 파헤치기　　　　　　p.46

A

1 I promise that it <u>is</u> <u>not</u> <u>going to</u> <u>happen</u> again.

2 That chandelier looks dangerous. It <u>is</u> <u>going to</u> <u>fall</u> off the ceiling.

3 Look at the sky. It <u>is</u> <u>going to</u> snow.

4 I can't eat kiwi, but I just had some. I <u>am going</u> <u>to</u> <u>have</u> an allergic reaction soon.

5 I have a temperature and feel awful. I <u>am going</u> <u>to</u> <u>come</u> <u>down</u> with the flu.

6 Mike has been studying hard for two weeks. He <u>is</u> <u>going</u> <u>to</u> <u>get</u> a perfect score on the exam.

B

1 Watch out. Otherwise, you <u>will</u> <u>slip</u> on the ice.

2 I expect it <u>will</u> <u>be</u> <u>chilly</u> today.

3 The company <u>will</u> <u>pay</u> for your hotel room and food.

4 I am leaving for Hawaii early this morning. I <u>will</u> <u>be</u> at the beach tomorrow.

5 I <u>don't</u> <u>think</u> I <u>will</u> <u>be</u> here tomorrow.

6 <u>Do</u> <u>you</u> <u>think</u> you <u>will</u> <u>go</u> over to Susie's place?

7 I <u>don't</u> <u>expect</u> <u>they</u> <u>will</u> pay the rent.

영작 훈련하기　　　　　　　　p.48

A

1 I don't think the test will be very difficult.

2 They won't be back until next Friday.

3 If we don't hurry, we are going to miss the beginning of the show.

4 I expect there will be enough food for us all.

5 My team is going to win the world championship since we are the best.

B

1 I think my coworkers will arrive here soon.

2 My body is going to be itchy because I have a peanut allergy.

3 I don't think this will turn into a huge fight.

4 No one will care how old you are.

5 My parents are going to pay my tuition next year.

실전 영작 따라잡기　　　　　　p.49

❶ it's going to be sunny

❷ it is going to be bright in the morning

❸ It's going to be hot

❹ I expect it will rain

Days 05-06   p.50

A

1 will probably stay
2 am going to learn
3 will help
4 will go
5 am going to come
6 will get
7 am going to eat
8 is not going to

B

1 I am going to skip the gym today.
2 I think Mr. Baker will be at the meeting.
3 I will go and check out some books.
4 It looks like the book is going to fall off the shelf.
5 She is going to pass the exam because she is a straight-A student.
6 I am not going to buy the coat because it is too expensive.
7 I think she will love this idea.
8 Are you going to fly to New York next month?

B

1 He can <u>fix</u> <u>computers</u> easily.
2 Mr. Smith <u>owns</u> <u>a</u> <u>restaurant</u>.
3 It is easy to <u>lose</u> <u>a</u> <u>USB</u> <u>drive</u>.
4 Mary <u>does</u> <u>not</u> <u>return</u> <u>calls</u>.
5 Could you please <u>answer</u> <u>my</u> <u>question</u>?
6 Frank can <u>run</u> <u>really</u> <u>fast</u>.
7 I <u>ran</u> <u>the</u> <u>computer</u> <u>program</u>, but nothing <u>happened</u>.

영작 훈련하기   p.56

A

1 My job does not pay much.
2 I felt frustrated and helpless.
3 My neighbor opened a clothes shop on Park Avenue.
4 The file from Professor Kim didn't download.
5 First, you have to download the application.

B

1 My cell phone battery is dead.
2 Emily sings well.
3 Can I use this printer here?
4 The messaging application doesn't work at all.
5 I am going to take a lot of selfies on the beach.

실전 영작 따라잡기   p.57

❶ it does not work
❷ it was unable to download any files

Day 07
1·2형식 동사 vs. 3형식 동사

몸풀기 영작 연습   p.52

1 My computer won't start.
2 I can't start my computer.

영작 문법 파헤치기   p.54

A

1 The motor show <u>starts</u> tomorrow. I can't <u>wait</u>.
2 <u>Is</u> the project <u>going well</u>?
3 I <u>am</u> terribly <u>sorry</u> about that.
4 My computer <u>crashed</u> last <u>night</u>.
5 It <u>is</u> <u>raining</u> outside. <u>Stay</u> dry!
6 Ms. Jackson <u>sounded</u> <u>stressed</u> on the phone.
7 My boyfriend <u>is</u> <u>not</u> <u>a</u> <u>churchgoer</u>.

Day 08
4형식 동사 vs. 5형식 동사

몸풀기 영작 연습   p.58

1 She asked me a question.
2 She asked me to answer the question.

영작 문법 파헤치기   p.60

A

1 Eric <u>asked</u> <u>me</u> <u>personal</u> <u>questions</u> at the party.
2 I would like to <u>buy</u> <u>you</u> <u>coffee</u> sometime.
3 The professor will <u>give</u> <u>plenty</u> <u>of</u> <u>time</u> to <u>us</u>.
4 They <u>offered</u> <u>me</u> <u>a</u> <u>job</u> as a sales representative.
5 He <u>bought</u> <u>an</u> <u>expensive</u> <u>ring</u> for <u>me</u>.
6 Mr. Lee <u>got</u> <u>his</u> <u>boss</u> the confidential document.
7 Kim <u>makes</u> <u>her</u> <u>family</u> <u>a</u> <u>nice</u> <u>dinner</u> every day.

B

1 Jane <u>expects</u> <u>Jake</u> <u>to come</u> to her graduation.
2 I <u>would</u> <u>like</u> <u>you</u> <u>to attend</u> the weekly meeting.
3 My parents <u>advised</u> <u>me</u> <u>to join</u> a book club.
4 The humidity <u>made</u> <u>me</u> <u>feel</u> annoyed.
5 She <u>told</u> <u>us</u> <u>to dress</u> casually.
6 <u>Let me carry</u> the luggage for you.
7 Do you <u>want</u> <u>me</u> <u>to turn off</u> the lights?

영작 훈련하기   p.62

A

1 I hope you could do me a favor.
2 The sad news made me cry.
3 The IT company offered me a marketing job.
4 Aiden asked me to bring some food to the party.
5 The interviewer asked him a lot of questions.

B

1 The professor expects us to be on time.
2 Ian wants us to attend his presentation.
3 She sent her relatives an invitation card.
4 The host got everybody a cold drink.
5 I would like you to stay with us as long as possible.

실전 영작 따라잡기   p.63

❶ I also want to ask you a favor
❷ I asked Meg to bring some big speakers

REVIEW TEST
Days 07-08   p.64

A

1 turn on
2 me a ride
3 stressed
4 you a favor
5 to forgive
6 feel
7 stop
8 ask

B

1 No one can stop my dad.
2 Can you turn on the air conditioner?
3 The final exams were extremely easy.
4 Professor Lee told us to submit the paper by tomorrow.
5 Your excuses are not going to work.

6 Rachel always sings BTS songs.
7 Cindy sings in a rock band.
8 Can you get me some envelopes?

Day 09
필요와 의무의 have to vs.
충고와 조언의 should

몸풀기 영작 연습   p.66

1 You (have to / should) stay home and rest tomorrow.
2 You (have to / should) stay home and rest tomorrow.

영작 문법 파헤치기   p.68

A

1 You <u>have</u> to <u>turn right</u> at the intersection.
2 Lisa <u>doesn't</u> <u>have</u> to <u>apologize</u> to him.
3 Mr. Simpson <u>has</u> to <u>wake up</u> early tomorrow.
4 I <u>don't</u> <u>have</u> to <u>wake up</u> early on Saturdays.
5 I <u>had</u> to <u>stay up</u> all night cramming for the exam.
6 <u>Do</u> <u>we</u> <u>have</u> to <u>submit</u> our essays by Tuesday?
7 You <u>didn't</u> <u>have</u> to <u>yell at</u> him.

B

1 You <u>should</u> <u>sit</u> in the front of the class.
2 I <u>think</u> we <u>should</u> <u>put</u> some family photos on the walls.
3 You <u>should</u> <u>cut</u> <u>down</u> on fatty foods.
4 I <u>think</u> you <u>should</u> <u>stop</u> taking selfies.
5 I <u>don't</u> <u>think</u> you <u>should</u> <u>play</u> mobile games now.
6 We <u>should</u> <u>not</u> <u>invite</u> MJ to our party.
7 <u>Do</u> <u>you</u> <u>think</u> I <u>should</u> <u>take</u> an umbrella?

영작 훈련하기   p.70

A

1 I have to get above 700 on the TOEIC.
2 Jeremy doesn't have to take the TOEIC.
3 I think you should take her to dinner sometime.
4 You should wear a helmet when cycling.
5 The government have to do something about microdust.

B

1 I think I should go to see a doctor.
2 Students have to submit their assignments on time.
3 You should not tell people what to do.
4 You don't have to finish this food.
5 Jim had to work till 9 o'clock last night.

실전 영작 따라잡기 p.71

1 you have to think about stopping
2 you should sleep more than seven hours a night

Day 10
가능성과 추측의 could/might vs. 능력의 can/could

몸풀기 영작 연습 p.72

1 He (could / can) be a math genius.
2 He (couldn't / can't) solve any questions.

영작 문법 파헤치기 p.74

A

1 She could be busy cramming for the exam.
2 It might snow later today.
3 What Jacob said could be true, but I don't think it is.
4 Are you looking for your purse? It could be in the car.
5 Juliet might not pass the bar exam.
6 She might have the flu.
7 Tim and Helen could get back together.

B

1 Kevin could do 100 push-ups three years ago.
2 We couldn't understand what Tom was talking about.
3 I can't do sit-ups at all.
4 My niece can speak three foreign languages.
5 I could speak Spanish very well when I was little.
6 Jim was the best tennis player. He could beat everyone.
7 I will try my best, but I know I can't win the race.

영작 훈련하기 p.76

A

1 Mr. Parker could play five musical instruments when he was younger.
2 Mr. Brown might not accept the job offer as a sales rep.
3 They could go to the Maldives for their honeymoon.
4 Kimberly is not at work today. She could be sick.
5 I can't pronounce the word *fabulous* correctly.

B

1 Nobody can tell you what to do.
2 I can smell burned toast in the house.
3 Nate's story about his family could be true, but I don't trust him.
4 The patients might not taste anything.
5 The police looked for Sam everywhere, but they couldn't find him.

실전 영작 따라잡기 p.77

❶ this could be the answer for you
❷ This car might be the most reasonably priced car

Day 11
could have p.p. vs. should have p.p.

몸풀기 영작 연습 p.78

1 I (could / should) have gone to bed early.
2 I (could / should) have gone to bed early.

영작 문법 파헤치기 p.80

A

1 I could have bought the book, but I just borrowed it from the library.
2 She might not have watched this film.
3 You might have seen me around here.
4 You could have left your coat in the café.
5 Mark could have studied harder, but he was lazy.
6 It could not have been an accident. Someone did it on purpose.
7 Tony's family might have moved to a different country. They disappeared.

B

1 Mark <u>must</u> <u>have</u> <u>overslept</u>. He is late for work again.

2 She <u>must</u> <u>have</u> <u>left</u> her wallet at home.

3 You <u>should</u> <u>have</u> <u>broken</u> up with your boyfriend.

4 Dylan <u>should</u> <u>not</u> <u>have</u> <u>gone</u> to bed late. He is extremely tired now.

5 Somebody <u>must</u> <u>have</u> <u>eaten</u> my banana in the fridge. It is gone.

6 I <u>should</u> <u>have</u> <u>thought</u> about the consequences.

7 The test <u>must</u> <u>not</u> <u>have</u> <u>been</u> easy.

영작 훈련하기　　　　　　　　　　　p.82

A

1 I should not have eaten those greasy fries.

2 Jake is late. He could have overslept.

3 I should not have cut in line. I feel guilty.

4 Jan might not have had dinner.

5 The man couldn't have robbed the bank. He has an alibi.

B

1 He must have lived in Japan. His Japanese is great.

2 You should have asked for my permission before you used my phone.

3 Danny must have freaked out. Is he okay now?

4 She could have worked as an accountant. She was good at math.

5 Tom might have won the marathon. Who knows?

실전 영작 따라잡기　　　　　　　　　p.83

❶ might have done nothing

❷ could have lost a lot of money

REVIEW TEST
Days 09-11　　　　　　　　　　　p.84

A

1 should

2 have to

3 might

4 must have lost

5 doesn't have to

6 could lose

7 should have invested

8 could speak

B

1 You could have hurt yourself.

---

2 He should have told me the truth.

3 Do I have to apologize to Gina?

4 Last night, she could hear some noise outside.

5 We have to cut down on our spending.

6 You might have left your wallet in your room.

7 You might have seen me around here before.

8 He might not be the one I'm looking for.

Day 12
셀 수 있는 명사 VS. 셀 수 없는 명사

몸풀기 영작 연습　　　　　　　　　　p.86

1 Nancy likes to drink (<u>coffee</u> / a coffee).

2 Eric already ordered (hamburger / <u>a hamburger</u>).

영작 문법 파헤치기　　　　　　　　　p.88

A

1 We don't have <u>many</u> <u>eggs</u> in the refrigerator.

2 My grandmother is making <u>a</u> <u>special</u> <u>dish</u> for us.

3 The man left <u>his</u> <u>glasses</u> on the chair.

4 Kelly tried on <u>five</u> <u>pairs</u> <u>of</u> <u>shoes</u>.

5 <u>How</u> <u>many</u> <u>fish</u> did you catch yesterday?

6 We booked a table for <u>four</u> <u>people</u>.

7 Can I borrow <u>a</u> <u>pair</u> <u>of</u> <u>scissors</u>?

B

1 Simon doesn't <u>drink</u> <u>coffee</u> at night.

2 <u>A</u> <u>bowl</u> <u>of</u> soup will make you warm.

3 Some people <u>eat</u> <u>rice</u> with chopsticks.

4 <u>Paris</u> <u>has</u> a lot of nice cafés.

5 The menu is printed on <u>a</u> <u>sheet</u> <u>of</u> thick paper.

6 <u>Oil</u> <u>is</u> lighter than <u>water</u>.

7 Would you like <u>two</u> <u>glasses</u> <u>of</u> wine?

영작 훈련하기　　　　　　　　　　　p.90

A

1 There are three cans of soda on my desk.

2 Jeans are not allowed in fancy restaurants.

3 I don't have time to finish this pizza.

4 Daniel went to bed after drinking some hot cocoa.

5 How many slices of cheese do you need?

B

1 New York has many musical theaters.

2 First, you should get a stick of butter.

3 They will hire two waiters next month.

4 My friend is wearing a new pair of sunglasses.

5 Three bags of flour may not be enough.

실전 영작 따라잡기 p.91

❶ It serves everything from sandwiches to pasta

❷ you can order a bottle of wine or a glass of beer

Day 13
부정관사 a(n) vs. 정관사 the

몸풀기 영작 연습 p.92

1 Sally bought (a chair / the chair) last weekend.

2 Jimmy is reading (a book / the book) about creativity.

영작 문법 파헤치기 p.94

A

1 Samuel is an expert in his own field.

2 Mr. Miller is a creative designer.

3 They live in an apartment near the park.

4 Some people say that a tomato is a vegetable.

5 The model has a charming face.

6 Tanya visits her dentist two times a month.

7 We bought a used car last week.

B

1 The man in the black suit is Kevin's roommate.

2 What are you going to do with the money?

3 Lisa has a pet. She takes care of the pet by herself.

4 He sang a song, and the song was really funny.

5 Everyone gathered around the lovely baby.

6 We don't believe the rumor about Josh and Nicole.

7 She is watching a movie in the living room.

영작 훈련하기 p.96

A

1 The shy boy didn't say a word.

2 Would you pass me the salt?

3 Jeremy must be a smart guy.

4 The little girl wants to be an actress.

5 I have never met a man with green eyes.

B

1 My friend has a unique sense of humor.

2 I cannot work with a lazy person.

3 Megan looks in the mirror five times a day.

4 Why don't you wear the shirt in your closet?

5 She made an impressive speech at the meeting.

실전 영작 따라잡기 p.97

❶ the woman should be fun and positive

❷ I am an athletic person

Day 14
무관사 표현 vs. 정관사 표현

몸풀기 영작 연습 p.98

1 My friend plays (piano / the piano) on Sundays.

2 I will play (tennis / the tennis) with Charlie.

영작 문법 파헤치기 p.100

A

1 My son has to go to school at 8:30.

2 It is hard to learn Chinese.

3 We don't play golf on weekdays.

4 Dr. Tyler arrived at the station by taxi.

5 Mr. and Mrs. Evans went to church last Sunday.

6 Mom is cooking spaghetti for dinner.

7 The band will play their new song on television tonight.

B

1 I like to meditate in the evening.

2 The moon shines brightly at night.

3 We heard the advertisement on the radio.

4 Bobby practiced the cello in his room.

5 My dream is to travel around the world.

6 When do you want to go to the ocean?

7 The fire started in the south.

영작 훈련하기 p.102

A

1 We held our wedding at the church.

2 Julie went to the library by subway.

3 My daughter comes home from school at 4 o'clock.

4 I saw the same painting in the museum.

5 They will play basketball in the afternoon.

B

1 History is my favorite subject.

2 The sun rises in the east.

3 We have lunch at noon every day.

4 My friend and I will go to the movies after work.

5 You can find a lot of information on the Internet.

실전 영작 따라잡기 p.103

❶ take the kids to school

❷ take them to the playground

Day **15**
명사의 소유격 ’s vs. **of**

몸풀기 영작 연습 p.104

1 (Helen’s homework / Homework of Helen) is to write a short essay.

2 I don’t remember (the movie’s title / the title of the movie).

영작 문법 파헤치기 p.106

A

1 What is your cousin’s nickname?

2 We are going to visit the children’s museum.

3 My mother’s necklace is in the jewelry box.

4 I think that the city’s atmosphere has changed.

5 Her sons’ rooms are all upstairs.

6 Today’s weather is perfect for a family picnic.

7 The lady in the back is Justin’s grandmother.

B

1 My uncle forgot the password of his laptop.

2 We didn’t like the design of the birthday cake.

3 Nancy’s nephew lives at the top of the hill.

4 The temperature of the water was too hot.

5 Her boyfriend fixed the leg of the table.

6 Do you know the meaning of your name?

7 We must move out by the end of the month.

영작 훈련하기 p.108

A

1 Alice loves the smell of the perfume.

2 My aunt works at the doctor’s office.

3 The beginning of the match was very slow.

4 His little sister attends a girls’ school.

5 I fell in love with London’s streets.

B

1 My friend is reading a women’s magazine.

2 Have you decided on the subject of your research?

3 They didn’t listen to the parents’ complaints.

4 Diana’s gloves were at the bottom of the drawer.

5 The scandal is already yesterday’s news.

실전 영작 따라잡기 p.109

❶ My daughter’s favorite dish is roast turkey

❷ I get tired by the end of the dinner

REVIEW TEST
Days **12-15** p.110

A

1 watching television

2 twice a day

3 How many shirts

4 title of the novel

5 play the piano

6 the door

7 girls’ names

8 two bowls of soup

B

1 Water is heavier than air.

2 What do you want for lunch?

3 Jimmy bought a pair of socks at the store.

4 The beginning of the movie is really funny.

5 We heard the rumor about the couple.

6 They looked at me at the same time.

7 There was an interesting article in yesterday’s newspaper.

8 Michelle made an impressive presentation at the conference.

Day 16

some vs. any

몸풀기 영작 연습   p.112

1 Andy drank (some / any) water.
2 Melissa didn't use (some / any) salt.

영작 문법 파헤치기   p.114

A

1 Mom needs <u>some</u> <u>help</u> setting the table.
2 Jefferey just finished <u>some</u> <u>sandwiches</u>.
3 Kate always drinks <u>something</u> <u>cold</u> every morning.
4 George will save <u>some</u> <u>seats</u> for us.
5 <u>Some</u> <u>apples</u> are organic, but <u>some</u> are not.
6 Can I borrow <u>some</u> <u>syrup</u>, please?
7 Ms. Harris wanted me to meet <u>someone</u> <u>from</u> <u>Russia</u>.

B

1 The owner won't accept <u>any</u> <u>returns</u>.
2 Does she use <u>any</u> <u>lemons</u> in her salad dressing?
3 The meal for my grandfather cannot include <u>anything</u> <u>sour</u>.
4 If he finds <u>any</u> <u>mistakes</u>, I'll be in trouble.
5 Did <u>anyone</u> cancel the reservation at the restaurant?
6 They didn't deliver <u>any</u> <u>frozen</u> <u>meat</u> last month.
7 A: Is there <u>any</u> <u>cheese</u>? B: No, there isn't <u>any</u>.

영작 훈련하기   p.116

A

1 Jack offered me some iced tea.
2 The waiter couldn't explain anything.
3 Why don't you try some French food?
4 Does anybody prefer this sauce?
5 If you have any allergies, please let me know.

B

1 My parents don't give me any chocolate at night.
2 Some mushrooms can be poisonous.
3 Did the chef make any extra soup?
4 The child wants to have something sweet.
5 Would you cook some rice for dinner?

실전 영작 따라잡기   p.117

❶ <u>I don't have any champagne glasses</u>
❷ <u>could you bring some chips</u>

Day 17

all, most vs. all of, most of

몸풀기 영작 연습   p.118

1 Lauren knows (most children / most of the children).
2 (Most people / Most of the people) like the song.

영작 문법 파헤치기   p.120

A

1 Special booklets will be provided to <u>all</u> <u>buyers</u>.
2 <u>Most</u> <u>ceremonies</u> last longer than an hour.
3 Christina sent out <u>most</u> <u>invitations</u> last week.
4 They will move <u>all</u> <u>furniture</u> to the other room.
5 <u>Most</u> <u>tourists</u> <u>love</u> local festivals.
6 <u>All</u> <u>booths</u> <u>are</u> open from 10:00 to 6:00.
7 <u>All</u> <u>greasy</u> <u>food</u> is bad for your heart.

B

1 The host introduced <u>all</u> <u>of</u> <u>the</u> <u>speakers</u>.
2 The winning team will receive <u>most</u> <u>of</u> <u>these</u> <u>prizes</u>.
3 I spend <u>most</u> <u>of</u> <u>my</u> <u>time</u> with my girlfriend.
4 <u>All</u> <u>the</u> <u>plates</u> on the table were too hot.
5 Mr. Graham invited <u>all</u> <u>of</u> <u>my</u> <u>family</u> to dinner.
6 <u>Most</u> <u>of</u> <u>those</u> <u>shows</u> <u>were</u> really exciting.
7 He will play <u>most</u> <u>of</u> <u>his</u> <u>songs</u> at the event.

영작 훈련하기   p.122

A

1 All rooms will be decorated with balloons.
2 Most of her knowledge came from books.
3 The reporter interviewed all the players.
4 Most gift cards don't have expiration dates.
5 He will post most of these photos on his website.

B

1 All (of) the visitors are enjoying the carnival.
2 We read most of the books in the library.
3 All museums are closed on national holidays.
4 Most of their money is in the bank.
5 Peter wants to explore all countries in Africa.

실전 영작 따라잡기   p.123

❶ <u>All employees must wear uniforms during the event</u>
❷ <u>Most of our customers will arrive by 6:30</u>

A

1 Most people
2 something special
3 anybody
4 All banks
5 most of the work
6 some milk
7 any questions
8 was donated

B

1 Special gifts will be provided to all participants.
2 Why don't you try some new desserts?
3 Most of his information was useless.
4 Peter doesn't want anything expensive for his birthday.
5 Most companies will hire more people this year.
6 Some students are tired, but others are not.
7 The manager won't allow any mistakes.
8 Emma has visited most of the countries on the list.

2 I often read fashion magazines in my free time.
3 The lovely girl kindly helped me.
4 Justin always carries an extra pair of glasses.
5 The gift arrived too late for Valentine's Day.
6 My sister organizes her drawers very neatly.
7 Unfortunately, all the swimsuits were sold out.

영작 훈련하기   p.130

A

1 Her outfit was quite impressive.
2 He became famous through social media.
3 The thrift shop is always crowded in the afternoon.
4 This turtleneck sweater feels really itchy.
5 You should wear a formal suit at the banquet.

B

1 My company allows casual clothes on Fridays.
2 His team checks market trends regularly.
3 The designer looked angry during the show.
4 The fabric seems perfect for a coat.
5 She sometimes buys used bags online.

실전 영작 따라잡기   p.131

❶ The designers chose lovely burgundy colors
❷ They walked confidently across the catwalk

Day 18

형용사 vs. 부사

몸풀기 영작 연습   p.126

1 Five is Betty's (lucky / luckily) number.
2 Larry lives (happy / happily) with his cat.

영작 문법 파헤치기   p.128

A

1 Ashley found a perfect jacket in the shop.
2 Robert's new shoes are still in the box.
3 The decoration idea sounded creative.
4 The lady is looking for some elegant blouses.
5 We will put a big red ribbon on the box.
6 Where did you get those rare items?
7 The hat in his closet looks very old.

B

1 The belt was relatively cheap.

Day 19

현재분사 vs. 과거분사

몸풀기 영작 연습   p.132

1 I was (embarrassing / embarrassed) by his answer.
2 The movie was so (boring / bored).

영작 문법 파헤치기   p.134

A

1 His answer is still confusing.
2 It feels nice to see falling snow.
3 The number of deaths is shocking.
4 Working for Mr. Stewart is pretty tiring.
5 The photographer took a picture of a dancing girl.
6 I found some interesting facts about the show.
7 He proudly handed me his report card showing his progress.

B

1 They couldn't open the locked door.

2 All of Sharon's friends were excited by her engagement.

3 The boy is always interested in new things.

4 You can see a lot of fallen leaves in autumn.

5 The audience was deeply moved by the song.

6 We need arguments supported by evidence.

7 His speech made everyone feel bored.

영작 훈련하기　　　　　　　　　　　　p.136

A

1 The characters in the cartoon are amazing.

2 You should review the updated data.

3 The little girl is scared of ghosts.

4 The noise from the construction site is so annoying.

5 Jake sent me a text admitting his mistake.

B

1 We were pleased with his success.

2 The man received a signed contract.

3 The exam results are disappointing to me.

4 The prices of the remaining tickets went up.

5 She was embarrassed by her daughter's behavior.

실전 영작 따라잡기　　　　　　　　　　p.137

❶ the story is really engaging

❷ I was a bit surprised by the ending

Day 20
비교급 vs. 최상급

몸풀기 영작 연습　　　　　　　　　　　p.138

1 It is the (earlier / earliest) train of the day.

2 My sister's room is (bigger / biggest) than mine.

영작 문법 파헤치기　　　　　　　　　　p.140

A

1 The wheel is rolling more slowly now.

2 Today is hotter than yesterday.

3 Orange juice is sweeter than grapefruit juice.

4 There are more players on our team.

5 She finished the project more successfully than him.

6 This failure will make him stronger in the future.

7 Randy can hold his breath longer than I can.

B

1 I bought the most expensive ticket.

2 Which is the lightest golf club here?

3 Annie is one of the smartest members of my group.

4 Christmas is the busiest time of the year.

5 He is one of the most famous athletes in Canada.

6 I think that skydiving is the most dangerous sport.

7 He was one of the youngest boys on the team.

영작 훈련하기　　　　　　　　　　　　p.142

A

1 The film industry became more competitive.

2 I won more games than her.

3 The boy climbed up the tallest tree in the park.

4 Baseball is one of the most popular sports in the U.S.

5 My friend is more flexible than I am.

B

1 Nathan made the most accurate prediction.

2 We are working at a larger company.

3 Emma is playing more actively than the last time.

4 It is the oldest stadium in this city.

5 She is one of the richest women in the world.

실전 영작 따라잡기　　　　　　　　　　p.143

❶ This record is over one minute faster than the previous record

❷ he will become the greatest runner

REVIEW TEST
Days 18-20　　　　　　　　　　　　　p.144

A

1 introducing

2 covered

3 quietly

4 sweeter

5 more carefully

6 embarrassing

7 really soft

8 the most competitive

B

1 Mike is eating faster than Steven.

2 Rachel put purple balloons on the wall.

3 The result was pretty disappointing to everyone.

4 Who is the richest person in the world?

5 Eric never plays computer games at school.

6 Fortunately, I brought an extra pair of glasses.

7 The coach was pleased with her record.

8 Michael Jordan is one of the best basketball players in history.

Day 21
to부정사 vs. 동명사 I

몸풀기 영작 연습 p.146

1 I have decided (to study / studying) Japanese.

2 I have stopped (to study / studying) Japanese.

영작 문법 파헤치기 p.148

A

1 We have decided to stay in San Francisco for a few more days.

2 When did you learn to drive?

3 She offered to help me with my assignment.

4 My family can't afford to eat out very often.

5 I promise not to spread the rumor.

6 Mr. Taylor refused to accept the bribe.

7 I hope to run my own restaurant.

B

1 I miss having brunch on Sunday mornings.

2 Do you enjoy reading romantic novels?

3 The children upstairs kept making so much noise.

4 I don't mind going to work on Saturdays.

5 The doctor suggested not eating anything after 7:00 P.M.

6 She is seriously considering moving to another country.

7 Have you quit smoking?

영작 훈련하기 p.150

A

1 I almost gave up losing weight. It is too tough.

2 Why do you keep making the same mistake?

3 The employees agreed to work overtime.

4 I promise not to call you an idiot.

5 We can't afford to buy a house in Hong Kong.

B

1 Nick offered to give me a ride home.

2 We decided to buy a second home in Jeju.

3 You have to finish doing the laundry first.

4 Lisa suggested going to the movies on Saturday.

5 Can you imagine living without a cell phone?

실전 영작 따라잡기 p.151

❶ I can't stop using my smartphone

❷ you can learn to play a musical instrument

Day 22
to부정사 vs. 동명사 II

몸풀기 영작 연습 p.152

1 I (try to skip / try skipping) every day.

2 I (tried to skip / tried skipping) the other day.

영작 문법 파헤치기 p.154

A

1 I forgot to send her a birthday card.

2 Sam forgot to brush his teeth this morning.

3 I am trying to focus here. Please be quiet.

4 Jane remembered to pick up some milk on the way.

5 Try to calm down and listen to me.

6 We regret to tell you that we cannot offer you the job this time.

7 Remember to turn in your paper by Friday.

B

1 Try taking vitamins and red ginseng regularly.

2 She deeply regrets not listening to her parents.

3 She forgot paying the phone bill and paid it again today.

4 I tried drinking soy milk, but it tasted disgusting.

5 Don't you remember meeting Mr. Miller?

6 I regret not going to graduate school.

7 Peter doesn't remember drinking whisky, but the bottle is empty.

영작 훈련하기 p.156

A

1 My brother doesn't remember borrowing money

from me.

2 I regret telling Karen my secret.

3 My grandmother forgets to close the gas valve.

4 Remember to call your father tonight.

5 I tried taking some sleeping pills, but they didn't work.

B

1 Randy forgot to set the alarm and woke up late.

2 Try to eat more fruits and vegetables.

3 I still remember being nervous on the stage.

4 We tried eating the snail dish in France.

5 We regret to inform you that we cannot deliver your package this week.

실전 영작 따라잡기   p.157

❶ I still remember eating kimchi for the first time

❷ please remember to eat some poutine

Day 23
to부정사 표현 vs. 동명사 표현

몸풀기 영작 연습   p.158

1 She is too shy (to make / making) friends.

2 She has trouble (to make / making) friends.

영작 문법 파헤치기   p.160

A

1 You are too young to watch this horror movie.

2 These jeans are big enough to fit him.

3 Are you patient enough to take care of sick people?

4 He failed once, but he was brave enough to start over.

5 The station is too far to walk to from here.

6 Bob is not independent enough to live on his own.

7 The little boy is too short to go on the roller coaster.

B

1 He always has trouble remembering his passwords.

2 People spend a lot of time figuring out what to do with their lives.

3 She has spent several months writing her graduation thesis.

4 Did you have a hard time reading my terrible handwriting?

5 I don't want to waste my life shopping at the mall.

6 Young people have difficulty finding jobs these days.

7 Don't waste your time gossiping.

영작 훈련하기   p.162

A

1 Do you have trouble sleeping at night?

2 Andy spends at least three hours playing mobile games.

3 His job is too good to be true.

4 I think she spends too much time watching soap operas.

5 Dan is well enough to go to school.

B

1 Robert wasted half an hour waiting in the wrong line.

2 Don't waste your life complaining about everything.

3 Nick is smart enough to lead the project.

4 I am having a hard time concentrating on my work.

5 We were too busy to take a lunch break today.

실전 영작 따라잡기   p.163

❶ I had trouble parking

❷ I was also too afraid to change lanes

❸ it should be easy enough to pass

REVIEW TEST
Days 21-23   p.164

A

1 working

2 to call

3 saying

4 accepting

5 doing

6 to understand

7 taking

8 to save

B

1 Do you mind switching your phone to vibrate?

2 Don't forget to pick up some eggs on the way home.

3 Kim clearly remembers locking the door.

4 I have stopped drinking wine.

5 You are too old to be scared of pigeons.

6 I have decided to learn how to ski.

7 I can't afford to take a break.

8 The students have trouble understanding Professor Nadim's accent.

Day 24
수동태의 현재와 과거 vs. 진행과 완료

몸풀기 영작 연습　　　　　　　　p.166

1 He (was watched / was being watched) by someone.

2 He (was watched / was being watched) by someone.

영작 문법 파헤치기　　　　　　　p.168

A

1 The coffee was spilled by someone.

2 The confidential documents are kept in the safe.

3 The coins were counted by the teller.

4 Two squirrels were chased by the cat.

5 The church on Main Street was built three hundred years ago.

6 Bananas are loved by monkeys.

7 My bike was stolen the other day.

B

1 His new album will be released next Friday.

2 Fortunately, everybody on the ferry has been rescued.

3 All the computers at the library were being used.

4 The road is being repaired.

5 The marketing report will be finished next week.

6 The auditorium is being painted now.

7 Some of the employees have been fired by the company.

영작 훈련하기　　　　　　　　　p.170

A

1 This skyscraper was built in 2000.

2 A lot of trees in the forest are being cut down.

3 The decision has been made by the CFO.

4 Food garbage is collected every Wednesday.

5 I was being bitten by mosquitoes in the mountains.

B

1 My wedding ring was stolen from my hotel room.

2 All flights have been canceled because of the typhoon.

3 Currently, the meeting room is being used.

4 Documents are printed neatly by the secretary.

5 The suitcases were being carried by them.

실전 영작 따라잡기　　　　　　　p.171

❶ was sent to jail

❷ was arrested

Day 25
4형식 문장의 수동태 vs.
5형식 문장의 수동태

몸풀기 영작 연습　　　　　　　　p.172

1 He was given 100 dollars.

2 He was asked to give 100 dollars.

영작 문법 파헤치기　　　　　　　p.174

A

1 The children are given Christmas gifts by Santa.

2 Mr. Williams was offered a job in Amsterdam.

3 Tiffany was sent one hundred roses by her fiancé.

4 We need to be taught a lesson.

5 Fiona was given a box of chocolate on Valentine's Day.

6 I was asked a lot of personal questions.

7 Michael was paid $2,000 for his used convertible car.

B

1 I was advised to stop smoking.

2 The noisy kids were told not to scream.

3 The students were encouraged to study harder.

4 Only executives are allowed to park in front of the building.

5 All employees are expected to attend the online meeting.

6 They <u>were</u> <u>asked</u> <u>to</u> <u>speak</u> quietly in the library.

7 The young <u>were</u> <u>encouraged</u> <u>to</u> <u>exercise</u> at least 30 minutes a day.

영작 훈련하기 p.176

A

1 I was advised to get a new laptop.

2 Oscar was taught English writing by Professor Kim.

3 Andy was told not to worry about it.

4 Most employees were given the opportunity to become shareholders.

5 A few beach houses were shown to the couple.

B

1 The rude customers were asked to leave immediately.

2 We were paid two thousand dollars for the job.

3 My boyfriend was asked tough questions by my parents.

4 We were told not to use our cell phones in class.

5 The students were encouraged to work in groups.

실전 영작 따라잡기 p.177

❶ <u>staff workers are told not to use the elevators</u>

❷ <u>anybody with a disability is offered assistance</u>

REVIEW TEST
Days 24-25 p.178

A

1 was arrested

2 has not been invited

3 to join

4 by

5 to stay

6 a lot of questions

7 will be promoted

8 was paid

B

1 He was not given a Christmas bonus.

2 I was told to wear a mask at all times.

3 The new program will be installed by Fred.

4 The naughty boy is being punished.

5 The summer house is cleaned once every two weeks.

6 Helen was advised to lose weight.

7 The boxes are being loaded into the truck.

8 Cora was given a diamond ring.

Day 26
가정법 과거 vs. 가정법 과거완료

몸풀기 영작 연습 p.180

1 I would meet you if I (have / had) a lot of time.

2 I wouldn't have done it if I (were / had been) you.

영작 문법 파헤치기 p.182

A

1 If I <u>won</u> the <u>lottery</u>, I <u>would</u> <u>build</u> a beautiful house in the countryside.

2 I <u>could</u> <u>get</u> those luxurious shoes if they <u>were</u> <u>not</u> so expensive.

3 If I <u>were</u> [was] a teacher, I <u>would</u> <u>not</u> <u>give</u> as much homework as this.

4 I <u>would</u> <u>help</u> you out if I <u>could</u>, but I can't.

5 I <u>would</u> <u>hang</u> <u>out</u> more often if I <u>had</u> less work in the office.

6 The world <u>would</u> <u>be</u> a better place if there <u>were</u> no crimes.

B

1 If I <u>had</u> <u>learned</u> another foreign language, it <u>would</u> <u>have</u> <u>been</u> convenient while traveling.

2 If he <u>had</u> <u>turned</u> <u>me</u> <u>down</u>, I <u>would</u> <u>have</u> <u>been</u> devastated.

3 If you <u>had</u> <u>applied</u> for the position, you <u>would</u> <u>have</u> <u>gotten</u> the job.

4 If they <u>had</u> <u>taken</u> <u>off</u> a little early, they <u>would</u> <u>have</u> <u>gotten</u> <u>there</u> on time.

5 If I <u>had</u> <u>known</u> you were coming, I <u>would</u> <u>have</u> <u>cleaned</u> up a bit.

6 If you <u>had</u> <u>not</u> <u>stopped</u> me from dancing, I <u>would</u> <u>have</u> <u>blown</u> them away.

영작 훈련하기 p.184

A

1 If I were the president of this country, I would give everybody a free vaccine.

2 If you worked out regularly, you would have an athletic body.

3 If I had not drunk so much, I would not have been hammered.

4 If it were warm, we could go for a swim.

5 I could not have won this award if you had not supported me.

B

1 If the bag was [were] on sale, I would get it right away.

2 If I had had more wisdom, I could have figured out this problem.

3 If I were you, I would give it to him straight.

4 If I had not stopped you, this would have gone on forever.

5 If you had a master's degree, you could get a teaching job at a school.

실전 영작 따라잡기 p.185

❶ What would you do

❷ if I won the lottery, I would invest the money

❸ if I had made a lot of money, I would have spent all my money

Day 27
I wish 가정법 vs. without 가정법

몸풀기 영작 연습 p.186

1 I wish I (were / am) less busy.

2 Without you, I (am / would be) so lonely.

영작 문법 파헤치기 p.188

A

1 I wish we had more snow in this area.

2 I wish my mother was [were] a good listener.

3 I wish they had not blown this up.

4 I wish I was [were] better at cooking.

5 I wish this had not happened in my life.

6 I wish we had invited more people to the wedding.

B

1 Without this minor mistake, your essay would have been perfect.

2 Without your dedication, this company would not have expanded this much.

3 Without these pockets, this coat would be so bland.

4 We could not have launched this website without your great idea.

5 Without the incident, I would not have lost my job.

6 Without you, my life would be meaningless and shallow.

영작 훈련하기 p.190

A

1 I wish he weren't [wasn't] at the meeting today.

2 Without your notebook, I would not have studied for the exam.

3 Without his guitar playing, this band would be so boring.

4 I wish we had heard about the reopening a little sooner.

5 I wish there were more tickets left for us.

B

1 Without your cooperation, we could not have started the renovations.

2 Without you, I would live better off.

3 I wish we were not short of money this month.

4 I wish we had taken off a little early.

5 Without this shopping mall, my life here would be so dull.

실전 영작 따라잡기 p.191

❶ Without my colleagues, I couldn't have made

❷ I only wish I had known these guys when I first started my career

REVIEW TEST
Days 26-27 p.192

A

1 had more friends

2 had known

3 had asked

4 wouldn't have made

5 were

6 would have done

7 had gone out

8 were

B

1 If you worked out hard, you would be in better shape.

2 If you were me, what would you do?

3 Without the noise, this house would be perfect.

4 I wish you were my mother.

5 If I had not been busy, I would have helped you.

6 Without you, all of this would mean nothing.

7 I wish I knew how to solve this problem.

8 If you had been more careful, you would not have made this kind of mistake.

Day 28
주격 관계대명사 vs. 목적격 관계대명사

몸풀기 영작 연습 p.194

1 The woman (who / which) lives next door is a professional singer.

2 The man (which / whom) you like is my brother.

영작 문법 파헤치기 p.196
A

1 My parents are the people who always support me.

2 I am looking for an apartment which is fully furnished.

3 The company is trying to hire a person who is fluent in English and Chinese.

4 The man who is giving a presentation there is my professor.

5 I have an uncle who believes he can see the future.

6 I would like to get a sweater which goes well with these pants.

B

1 Have you seen the woman who(m) I just talked to?

2 The restaurant which I often visited is under renovation now.

3 Unfortunately, the computer which you got last week is now on sale.

4 The woman who(m) I loved so much is no longer here with me.

5 I grabbed a book which you might find useful.

6 The man who(m) I was sitting next to was a politician.

영작 훈련하기 p.198
A

1 I would like to get an apartment which overlooks the Han River.

2 We really enjoyed the diner you recommended the other day.

3 What happened to those people you worked with?

4 All the students who took the exam got certificates.

5 James couldn't get the job he applied for.

B

1 Is there anything I can do for you?

2 I like to spend time with people who are outgoing.

3 Have you found the books (which) you were looking for?

4 I can't stand people who are always complaining.

5 Have you seen the bag which was here on the desk?

실전 영작 따라잡기 p.199

❶ who released the news
❷ (which) she starred in

Day 29
관계대명사 whose vs. what

몸풀기 영작 연습 p.200

1 This is a line (whose / who) destination is New York.

2 This is (what / that) I was looking for.

영작 문법 파헤치기 p.202
A

1 Can you recommend a guy whose English is excellent?

2 I met someone whose sister I went to school with.

3 Is there anybody here whose job is to run a business?

4 My cousin is working for a group whose goal is to help people in the third world.

5 This school is for children whose first language is not Korean.

6 Sarah is a girl whose dream is to travel all around the world.

B

1 Did you hear what they said?

2 I will do what I can do for you.

3 What happened yesterday is all my fault.

4 Nobody believes what he said.

5 What I am trying to say is that none of this matters.

6 What is important here is that nobody cares about the project.

영작 훈련하기 p.204

A

1 That is what I mean.

2 I can't agree with what you just said.

3 What I need at the moment is a good night's sleep.

4 What I did at the beach was to clean up all the trash.

5 That is what I was told about the incident.

B

1 Here is what happened today.

2 Sorry, but I can't give you what you want.

3 What I did at my previous company was to set up marketing plans.

4 I will order what they [those people] are having.

5 What a book says can sometimes be wrong.

실전 영작 따라잡기 p.205

❶ What caused this situation

❷ passengers whose flights have been delayed

REVIEW TEST
Days 28-29 p.206

A

1 who

2 whose

3 who

4 what

5 who

6 that

7 which

8 that

B

1 This is the book (that [which]) I was talking about.

2 There is nothing (that) you can do for me.

3 This class is for students whose first language is not English.

4 I went to the restaurant (that [which]) you recommended.

5 The book (that [which]) you are interested in is not available now.

6 Learning to cook is what I have wanted to do for a long time.

7 What you have done for me means the world to me.

8 The car (that [which]) you were pointing at belongs to me.

Day 30
시간 전치사 vs. 장소 전치사

몸풀기 영작 연습 p.208

1 He visited a country (on / in) South America.

2 I have a doctor's appointment (at / on) January 12.

영작 문법 파헤치기 p.210

A

1 The new school year begins in March.

2 The alarm clock rang at noon.

3 We have to place an order before this Friday.

4 You should remove the banner after the party.

5 Everything must be ready within three hours.

6 I get a lot of presents on my birthday.

7 You have to submit your report by the deadline.

B

1 The boy is hiding under the blanket.

2 Ms. Baker was waiting at the bus stop.

3 There is an old bridge over the river.

4 No cameras are allowed in the museum.

5 We will stick some balloons on the ceiling.

6 What is that sign in front of your house?

7 I didn't like the house near the station.

영작 훈련하기 p.212

A

1 We don't go to school on June 6.

2 He found a coin under the carpet.

3 Is there a vending machine next to the bank?

4 The teacher gave us some homework before the weekend.

5 The supervisor is standing between the two chairs.

B

1 His interview lasted for two hours.
2 There is a playground behind the apartment building.
3 She can complete the task within ten minutes.
4 We usually take a walk in the evening.
5 Jennifer placed four coffee cups on the table.

실전 영작 따라잡기 p.213

❶ You will be able to check in at 3 P.M.
❷ The parking lot is in the basement

Day 31
기타 전치사 1 VS. 기타 전치사 2

몸풀기 영작 연습 p.214

1 He sent his information (with / by) fax.
2 She cut the ribbon (with / by) scissors.

영작 문법 파헤치기 p.216

A

1 We should go into the theater now.
2 I will go to the gallery with my friend.
3 The actor walked toward the door.
4 They are coloring the canvas with yellow paint.
5 A beautiful song was coming out of the window.
6 She traveled across the ocean to achieve her dream.
7 The festival has ended without any accidents.

B

1 It will be nice to visit the city by train.
2 Everyone finished drawing except for me.
3 Please send me the brochure by e-mail.
4 I am a huge fan of classical music.
5 Today's concert has been planned for our neighbors.
6 This genre was first introduced by the artist.
7 The critic's review was mainly about the actors.

영작 훈련하기 p.218

A

1 This is a perfect painting except for one thing.
2 Let's watch the art film about life and death.
3 The flight for Frankfurt is leaving soon.
4 The photographer records everything with her camera.
5 He left the building through the emergency exit.

B

1 The conductor turned toward the audience.
2 Those trees on the stage are made of paper.
3 The sculpture will be transported by ship.
4 We walked into the exhibition room.
5 She found the antique shop without my help.

실전 영작 따라잡기 p.219

❶ This book was written by A. J. Walker
❷ he goes on an adventure with his pets

REVIEW TEST
Days 30-31 p.220

A

1 for our customers
2 with your pen
3 at the corner
4 in 10 minutes
5 along the beach
6 by e-mail
7 during the weekend
8 on the river

B

1 They solved the puzzle without my help.
2 There is a bench between the two trees.
3 The security guard entered through the front door.
4 Julie wants me to call her at 8 o'clock tonight.
5 He didn't send the brochure by express mail.
6 The table in the meeting room is made of wood.
7 You have to pay the tax by the due date.
8 Michael was waiting for her in front of the building.

Day 32
명사절 접속사 that VS. what

몸풀기 영작 연습 p.222

1 He heard (that / what) she was from Russia.

2 We remember (that / <u>what</u>) they want.

영작 문법 파헤치기 p.224

A

1 They strongly believe <u>that</u> <u>she</u> <u>is</u> responsible.

2 Ms. Lopez is not sure <u>if [whether]</u> <u>he</u> <u>stole</u> her wallet.

3 Kyle doesn't know <u>if [whether]</u> <u>the</u> <u>answer</u> <u>is</u> correct.

4 The lawyer commented <u>that</u> <u>it</u> <u>was</u> a difficult case.

5 He feels <u>that</u> <u>the</u> <u>accident</u> <u>needs</u> further investigation.

6 I am not sure <u>if [whether]</u> <u>you</u> <u>will</u> <u>pass</u> the test or not.

7 We agree <u>that</u> <u>it</u> <u>is</u> time to cooperate now.

B

1 They are not sure <u>where</u> <u>it</u> <u>happened</u>.

2 You can ask the girl <u>what</u> <u>she</u> <u>likes</u> more.

3 We wonder <u>who</u> the new leader <u>will</u> <u>be</u>.

4 I don't know <u>when</u> <u>they</u> <u>realized</u> the error.

5 <u>What</u> <u>made</u> <u>it</u> worse was his arrogance.

6 Let me show you <u>how</u> <u>I</u> <u>solved</u> the problem.

7 Phil doesn't understand <u>why</u> <u>she</u> <u>was</u> angry.

영작 훈련하기 p.226

A

1 My boss told me that I did a good job.

2 They are discussing what went wrong during the game.

3 He wants to know why Marie thinks so.

4 The customer asked if the product was popular.

5 We are waiting for when they will announce the winner.

B

1 My friend thinks that the price will increase.

2 The committee will decide who was right.

3 Do you know where we can find the information?

4 Judy is checking whether the source is reliable.

5 What I want for Christmas is a new computer.

실전 영작 따라잡기 p.227

❶ <u>Some witnesses reported that he was connected to the crime</u>

❷ <u>I didn't believe what he told me</u>

Day 33

시간 및 이유의 부사절 접속사 vs. 조건 및 양보의 부사절 접속사

몸풀기 영작 연습 p.228

1 Carol will help you (while / <u>unless</u>) she is busy.

2 Paul answered the phone (<u>while</u> / unless) I was away.

영작 문법 파헤치기 p.230

A

1 Think twice <u>before</u> <u>you</u> <u>throw</u> it away.

2 He turns off the water <u>when</u> <u>he</u> <u>brushes</u> his teeth.

3 <u>Because [As, Since]</u> <u>it</u> <u>protects</u> wild animals, we support the organization.

4 The park will be closed <u>until</u> <u>they</u> <u>find</u> the problem.

5 I took the garbage out tonight <u>because [as, since]</u> <u>trash</u> <u>is</u> collected on Mondays.

6 He has been interested in solar energy <u>since</u> <u>he</u> <u>was</u> a child.

7 <u>As</u> <u>soon</u> <u>as</u> <u>the</u> <u>mayor</u> <u>finished</u> the speech, the reporters started asking questions.

B

1 I don't like these masks <u>even</u> <u>though</u> <u>they</u> <u>received</u> good reviews.

2 <u>If</u> <u>we</u> <u>use</u> recycled paper, we can save money as well.

3 You should be prepared <u>in</u> <u>case</u> <u>there</u> <u>is</u> an earthquake.

4 <u>Although</u> <u>she</u> <u>took</u> the medicine, Emma got sick.

5 <u>Unless</u> <u>we</u> <u>do</u> something, the problem won't go away.

6 He may get a sunburn <u>even</u> <u>if</u> <u>he</u> <u>wears</u> a hat.

7 They won't change the plan <u>as</u> <u>long</u> <u>as</u> <u>he</u> <u>agrees</u>.

영작 훈련하기 p.232

A

1 If you reuse this bag, the store gives you a discount.

2 She is looking for some candles as the power went out.

3 While we were on a trip, the light was on.

4 Even if they lose, we should keep cheering for them.

5 He will sit on the beach until the sun sets.

B

1 Unless you hurry up, you will miss the seminar.
2 I have loved animals since I was very young.
3 He took a shower as soon as he came home.
4 The pollution got worse even though we tried harder.
5 We don't use plastic bags because we care about the environment.

실전 영작 따라잡기   p.233

❶ When the air conditioner is on
❷ If you have to leave the office late

Day 34
접속사 vs. 전치사

몸풀기 영작 연습   p.234

1 Jake bought the watch (because / because of) it was on sale.
2 Anne didn't go out (because / because of) the rain.

영작 문법 파헤치기   p.236

A

1 I will tell Mom if I need a tutor.
2 The kids seemed surprised when they heard the rumor.
3 Although she missed the bus, she wasn't late for class.
4 We checked their website because [since, as] we were interested.
5 Karen got the message while she was in physics class.
6 After he graduates from college, Tony wants to travel abroad.
7 Today's Issues is not popular even though it is a great program.

B

1 Clara got promoted thanks to my recommendation.
2 The substitute teacher was fired as of yesterday.
3 According to Jimmy, we have a special class today.
4 They will cover this subject for three weeks.
5 Dr. Harrison's lecture was really boring despite his reputation.
6 Jasmine decided to stay home instead of going out.
7 Our team lost in spite of our support.

영작 훈련하기   p.238

A

1 They hired Daniel as your coach.
2 Students can't use the gym due to the construction.
3 Sarah broke her leg while she was skiing.
4 Even though I like chemistry, I'm not good at it.
5 We have to learn Spanish in addition to French.

B

1 The girl practiced the violin for two hours.
2 I cannot help you because I don't have time.
3 According to the news, he won the math competition.
4 Although she failed, she was not disappointed.
5 Schools will be closed because of the snowstorm.

실전 영작 따라잡기   p.239

❶ Some students are still using their phones in spite of the school policy
❷ closely monitor students while they are studying

REVIEW TEST
Days 32-34   p.240

A

1 while
2 because
3 As long as
4 that
5 due to
6 Unless
7 why
8 despite

B

1 Think again before you quit your job.
2 Tyler passed the test thanks to my advice.
3 What she likes is really clear and simple.
4 My mother made a checklist in case she forgets.
5 Kelly doesn't know if [whether] they made a decision.

6 Although [Even though] this sofa looks uncomfortable, I really like it.

7 The experts will review the report as soon as they receive it.

8 According to the newspaper, the accident happened on Main Street.

memo

memo

memo

memo